人文社科教育教学课程

研究与实践

RENWEN SHEKE

JIAO YU JIAOXUE KECHENG

YANJIU YU SHIJIAN

郑文⊙主编

知识产权出版社

全国百佳图书出版单位

**内容提要**

　　本书论文多数都是从事人文社科教学的教师们近一年多来在原有基础上的教学实践和质量提升的经验总结，是对人文社科相关专业教育教学持续探索的结果。有对国内高校思政课的创新研究，有对培养目标和课程设置的研讨，有对课程改革和教材的探索，有对教学方法和教学手段的创新，也有科学研究的成果，等等。每篇论文各具特色，力图从不同的角度深入探讨某一方面的问题，从而方便读者从中找到自己感兴趣的内容，共同受益。

**责任编辑:张水华**

**图书在版编目(CIP)数据**

　　人文社科教育教学课程研究与实践/郑文主编. —北京：知识产权出版社，2012.8
　　ISBN 978-7-5130-1514-1

　　Ⅰ.①人… Ⅱ.①郑… Ⅲ.①社会科学—教学研究—高等学校
②人文科学—教学研究—高等学校 Ⅳ.①G41

　　中国版本图书馆 CIP 数据核字（2012）第 214583 号

## 人文社科教育教学课程研究与实践
RENWENSHEKE JIAOYU JIAOXUE KECHENG YANJIU YU SHIJIAN

郑文　主编

出版发行：知识产权出版社

社　　址：北京市海淀区马甸南村1号　　　　邮　　编：100088
网　　址：http://www.ipph.cn　　　　　　　邮　　箱：bjb@cnipr.com
发行电话：010-82000893　　　　　　　　　传　　真：010-82000860
责编电话：010-82000860 转 8389　　　　　责编邮箱：miss.shuihua99@163.com
印　　刷：知识产权出版社电子制印中心　　经　　销：新华书店及相关销售网点
开　　本：787mm×1092mm　1/16　　　　　印　　张：17.25
版　　次：2012 年 9 月第 1 版　　　　　　　印　　次：2012 年 9 月第 1 次印刷
字　　数：277 千字　　　　　　　　　　　　定　　价：48.00 元

ISBN 978-7-5130-1514-1/G·518　(10397)

# 目  录

## 第三部分　人文专业教育教学课程研究与实践

## 第四部分　教学管理改革

## 后　记

第一部分　高校
教改纵论

# 关于政府购买教育服务问题的思考

伊　强　刘娴静

（北京信息科技大学　人文社科系公共管理教研部）

**摘　要**　政府购买教育服务政策在我国的有效实施是在借鉴国外经验的基础上得到一定的发展的，在其实施过程中，需要不断探索和克服许多问题。本文结合我国当前政府购买教育服务的发展现状，对我国政府购买教育服务实施的过程中存在的问题从四个方面予以介绍并进行了分析，而且进一步提出改进与完善的建议。

**关键词**　政府　政府购买　教育服务

政府购买公共服务已经逐步成为我国当前公共服务改革的新方向。其中，政府购买教育服务问题也在局部进行探索，其中的经验与创新必将对我国未来教育事业改革与发展带来重大影响。本文以政府购买教育服务问题为出发点，探讨目前政府购买教育服务的效益性与局限性，以期完善我国政府购买教育服务的政策和环境。

## 一、当前政府购买教育服务的现状

向社会公众提供教育服务是政府基本公共职能之一。政府向社会公众提供教育服务的形式可分为两种，一是政府直接生产教育服务并提供给社会公众；二是政府向社会组织购买教育服务提供给社会公众。在政府购买教育服务过程中，提供教育服务仍是政府的职责所在，但政府不再是"直接生产"教育服务的提供者，而变成为"间接生产"教育服务的提供者。

（1）实施政府购买教育服务具有一定的可能性与必要性。

从当前我国社会经济的现实状况看，政府购买教育服务已具备了发展的社会条件。早在 1993 年颁布的《中国教育改革与发展纲要》就明确提出要建立起与社会主义市场经济体制、政治体制和科技体制相适应的教育体制。在办学体制上要改变政府包揽办学的格局，逐步建立起以政府办学为主体、社会各界共同办学的体制。在教育职能的承担方式上，政府将致力于"掌舵"，从而将更多"划桨"的任务交由具有教育专业资质的社会组织。社会主义市场经济的逐步建立、以简政放权、建立教育公共治理结构为主要特征的政府教育职能的转变，使政府购买教育服务的实施有了政策环境的可能性。

同时，我国教育实践中存在的社会公众多元、多层次的教育需求与政府优质教育资源供给不足的矛盾，为政府购买教育服务的实施提供了实践的必要性。目前，我国的教育改革已经进入新的发展阶段。教育发展机制正在从供给约束型教育转向需求导向型教育，社会公众对教育的需求已经从基本的教育需求转向公平、优质、多元化的教育需求。[1]而政府作为教育服务的提供者，受国家财力、政府精力等综合因素的影响，只能向社会公众提供基本的教育服务。政府应将自己在教育服务提供中无效、低效和无力提供的领域，以向市场中的社会组织购买教育服务的方式提供，打破政府包办的办学体制，教育的市场化公益性行为逐渐得到社会的认同，民间资本已经较大规模进入教育领域，这一切的变化标志着我国的教育发展进入多元渠道。同时，近几年我国教育中介组织的发展比较迅速，其类型主要有教育评估机构、教育咨询机构、教育信息中心、科技成果信息中心、人才交流机构、教育事务代理机构、教育管理事务所和教育培训机构等。[2]具有一定教育专业资质的、掌握一定社会资源的教育中介组织的快速发展，也为我国政府购买教育服务的实践提供了相应的组织准备。

（2）政府购买教育服务的主要形式。

目前，我国政府推行购买教育服务政策还处于初级起步阶段，大部分地区的政府购买教育服务还是空白，只有在少数地区初步进行了一些尝试，积累了一些经验。从我国各地政府购买教育服务的实践来看，大致有购买学位、购买管理、购买教育评估服务以及购买其他服务等形式。

第一，购买学位。政府购买学位就是政府以契约的方式向民办学校购买学生的入学位置，以保证学生平等入学的权利。其购买主要有两种具体的方式，一是减免民办教育机构所租校舍的租金；二是直接给予民办教育机构学生平均经费的补贴。在我国，购买学位目前主要用于解决城市中外来务工人员子女的入学问题。伴随着我国城市化进程的不断加快，一些大中城市外来务工人员子女的入学问题日益突出。针对现有公办教育无法满足所有外来人员子女的入学问题，政府通过向民办教育购买学位从而保障了外来务工人员子女能够平等地接受义务教育。

第二，购买管理。购买管理是指政府通过与社会组织签订契约，以契约的方式来购买社会组织的管理服务，委托其管理学校，以提高被委托学校的管理水平和办学效益。在教育委托管理中，委托主体是政府，委托客体是社会组织，委托对象是学校。购买教育委托管理目的在于购买优质教育管理，对区域内各类教育予以整合。尤其适用于购买区域外优质教育资源的委托管理，引入先进的办学模式与办学理念，这对于那些办学相对困难、需要引入先进办学机制、以求改变落后教育面貌的地区来讲是一种非常有积极意义的政府教育管理模式。如上海市浦东新区福山路外国语小学是一所国内较有影响力的品牌学校，拥有较好的教育资源。为了提高这些资源的利用效率，学校等各方通过资源的整合，培育成立了福山教育文化传播与管理咨询中心。政府以委托管理的方式向该中心购买教育服务，委托其管理区内的一所小学、一所幼儿园，从而使区域内优质教育资源在整合的同时，得到了总量放大效应。

第三，购买教育评估服务。政府在购买教育服务过程中，与受托服务方签订相应的协议。协议明确规定双方的权利与义务。政府作为服务的购买者，十分关注教育服务提供方的承诺是否能够实现，其实现的程度如何，并在此基础上最终付费。因此，选择具有专业资质的、中立的教育评估机构对服务提供方及其服务质量进行公正的、客观的、专业的评估尤为重要。教育评估方将受托的承诺设计成可以检测的对应评估指标，渗透到被委托管理学校的办学过程中，对办学者的具体办学行为作出客观判断。二是教育评估方通过指标的检测，形成专业性的评估报告，告之委托方，验证受托方的服务承诺。三是在委托执行一段时间后，教育评估方对政策进行"后续评估"，从执行主体、受益主体、决策主体三个层面上进行调查，检验其科学性、合理性，并在分析的基础上，为政府的再决策作出客观的判断和建议。四是公开评估结果，增强政府管理教育的公信度等。

最后，购买其他教育服务。购买学位解决了学生学位不足的问题，缓解了外来务工人员子女上学难的问题。购买管理在如何改造、发展区域内的薄弱学校、扩大优质教育资源的品牌与经验、满足人民群众多样的教育需求等方面做了有益的尝试。在有些地区，政府还在购买针对特殊人群的服务和购买中介组织的培训、项目研究服务等方面进行了探索。比如，上海市浦东新区政府通过购买服务的方式，成功实现送教上门，让重度残疾或智障儿童在家接受义务教育。再比如，政府对学校体育场等相关设施向社区非营利性开放的各公办中小学给予财政补贴等。

## 二、政府购买教育服务存在的问题

政府购买社会组织服务在我国处于起步阶段，而购买教育服务则更加滞后。制约我国政府购买教育服务发展的因素也是多方面的，以下几个问题值得我们深入思考。

（1）政府购买教育服务的社会条件尚不成熟。虽然我国已经建立社会主义市场经济体制，但是建立与社会主义市场经济相适应的教育体制尚需时日。近几年国家鼓励、引导社会力量进入教育领域，教育中介组织也得到了迅速发展，教育市场初现端倪。这种发展趋势为政府购买教育服务的实施提供了客观基础。同时我们也必须认识到，在我国推行政府购买教育服务缺少相匹配的法律政策环境、教育市场环境和社会文化环境，尤其是教育市场环境。虽然我国的教育市场已经有了初步的发展，但总的来说教育市场的发育还很不完善。许多教育中介组织的发展还非常稚嫩，教育市场中的社会组织数量不多，难以展开公平、有效地竞争；而且专业资质有待提高与鉴别。因此，政府购买教育服务政策有效实施所需的社会条件和社会环境的完善还将是一个长期的过程。

（2）社会教育理念急需转变。政府购买教育服务的一个理论前提，就是新自由主义理论所倡导的市场比政府配置教育资源更具有优势和效率。新自由主义的代表人物弗里德曼认为，造成公立学校质量低下的主要原因就是官僚体制的垄断，教育应该成为自由市场体系的一部分。国外政府购买教育服务的实践经验告诉我们，政府购买教育服务政策的初衷之一就是要借助市场的力量提高政府教育服务供给的效率和质量。但对于我国而言，如果政府、市场还没有做好相应的准备，那么购买教育服务政策的试行结果可能并不是提高教育服务供给的效率和质量，而是降低政府教育服务供给的效率和质量。

（3）政府购买教育服务成本评估标准与体系匮乏。政府与提供教育服务的组织签订合同，向其购买教育服务，并根据教育服务的质量以公共财政向其支付费用。政府与教育专业组织之间的购买关系在本质上是一种商品交易关系。在商品交易中必然存在交易成本的问题。在购买教育服务中，政府的交易成本主要是向教育专业组织支付教育服务生产的报酬与费用。政府购买教育服务的一个基本前提就是购买教育服务比政府生产教育服务的成本更低。美国政府在购买服务时，第一步就是首先做市场测试，发现相关市场的有无并比较购买服务与政府直接供给的优劣。然后再根据产品和服务过程的具体特征决定是否适合政府购买。[3] 这就要求政府在购买教育服务过程中，具备有效甄别、选择、管理与评价教育专业组织的能力，具备有效管理合同、评估合同的能力。如果政府不具备这些能力，就不能正确地决策与选择，势必带来政府成本的增加。

（4）缺乏真正有效的监督机制。购买教育服务过程中的一个重要风险就是易出现政府和教育专业组织之间的"寻租"行为，也就是公共权力与私人利益之间的隐蔽交换行为。公共选择理论认为，官僚是由政治家任命的公共政策和公共项目的执行人，在政治市场中起着十分重要的作用。官僚也像经济中的其他人一样，是效用最大化的追求者，包括对薪金、社会名望、额外所得、权力和地位的追逐。在政府购买教育服务中，极易出现不同类型的"寻租"行为。教育专业组织为了获得政府某项教育服务合同，而对政府官员展开游说、贿赂等活动；这样这些政府官员的收入就得到贿赂等额外收入的补充。其他级别较低的官员为了能拥有这个行政职位又会展开游说、公关、贿赂的活动；中标的教育专业组织在"寻租"后获得了好处，市场中的其他教育专业组织为了能获得此项利益，也必然展开"寻租"竞争活动。我们知道，寻租行为并不创造社会财富。政府与教育专业组织之间的"寻租"行为完全是社会资源的浪费，是政府的公共权力与社会组织的私人利益之间所进行的隐蔽交换，它会损害政府的公众信任度，破坏其赖以存在的合法性基础。

### 三、完善政府购买教育服务的对策

通过分析我国政府购买教育服务现存的问题及成因，同时借鉴西方发达国家政府购买教育服务的成熟做法以及我国已经取得的一些经验，笔者认为要提高我国政府购买教育服务的效益和质量，应从以下几个方面加以改进。

（1）转变政府教育管理职能。政府教育职能的转变是我国政府购买教育服务有效推行的关键因素，包括政府教育职能理念的转变、政府承担教育职能方式的转变。在职能理念上政府要逐渐转变成为"小政府——大社会"模式，在政府教育职能承担方式上应由以行政手段为主转变为以法律手段、经济手段为主，以行政手段为辅。政府在教育领域中简政放权、引入市场机制才能释放市场中社会组织更多的生存和发展的空间。教育市场的充分发育是购买教育服务是否能够真正实行的必要条件。教育市场的充分发育意味着在教育市场中已经形成了一整套规范市场运作的法律法规制度体系，已经有众多的、有实力的教育专业组织参与市场竞争。只有这样政府才能在众多的教育专业组织中比较、鉴别、选择，并通过市场的有序、公平竞争获得质优价廉的教育服务产品。[4]

（2）建立和完善购买教育服务制度。政府在履行公共服务职能的过程中，首先要有科学的制度与政策依据。明确政府购买教育服务的重点领域、具体购买教育服务的内容，其中包括购买服务的数量、人员、资源配置等基本要求；对政府购买教育服务的质量作出详细的、可评估的具体要求；规定政府购买教育服务的基本程序；规定政府购买教育服务的评估原则与监督等。通过制定和完善政府购买教育服务的相关制度，使之切实做到有法可依。

（3）制定购买教育服务的公平竞争机制。为了节约政府财政投入、提高政府购买教育服务的效益和质量，防止政府购买服务中的不正当竞争行为和行贿受贿，创造一个公平竞争的政府购买教育服务的市场环境，就要逐步建立起一套政府购买教育服务的公平竞争机制。然而，要形成政府购买教育服务的公平竞争机制，就必须具备两个基本条件：一是要有能够开展公平竞争的市场经济运行机制；二是政府必须有购买教育服务的需求，即买方市场。而市场必须有能够提供教育服务的多家竞争投标方参与的卖方市场，这样才能使买方在竞争过程中居于主导地位，保证从多家竞争者中选择最优者。如果教育市场规约机制不完善，就无法引导、规约市场形成公平、公开、公正的竞争环境，就无法以制度的强制性和权威性来确保教育服务供给的高效益和高效率。

（4）强化购买教育服务的预算管理。政府购买教育服务的有效运行，依赖于政府公共服务财政的投入。要确保财政资金安全和高效运行，不断提高资金的使用效益。在政府购买教育服务的过程中，要将购买教育服务所需经费纳入年度财政预算中，建立购买教育服务的专项资金。财政、审计等部门要加大对教育服务购买资金安排、管理、支付、使用、效益等的监督力度，专款专用，提高资金使用效益。

任何一项具体的教育政策都是为了解决特定时期的特定问题，政府购买教育服务适应了我国从计划经济向市场经济转变和政府教育职能转变下政府、市场、学校关系的重构的这个大背景。实施政府购买教育服务应该是一个渐进的过程，相信通过对政府购买教育服务实践的不断深入和认识的提高，会有更多的宝贵经验被总结出来，并用于指导我国当前教育事业的发展，以便更快更有效地提高教育的产出效益。

## 参考文献：

[1] 谈松华. 深化教育改革需要制度创新 [J]. 中国教育学刊，2009 (1).

[2] 范国睿. 教育系统的变革与人的发展 [M]. 合肥：安徽教育出版社，2008：143.

[3] 周翠萍. 政府购买学位的政策分析 [J]. 上海教育科研，2009 (9).

[4] [澳] 马金森. 教育市场论 [M]. 金楠等，译. 杭州：浙江大学出版社，2008：22.

# 高等教育中的学生定位再思考❶

何深思

（北京信息科技大学　人文社科系）

**摘　要**　学生资源在社会各类人才资源中最为独特。其内在的可塑性、能动性、成长性是其他任何群体所难以比拟的。高校是学生资源的聚集地，独有这一无价之宝的高校，其教育使命、学术使命及社会使命也应该是非同一般的。本文将大学生定位于特殊的人才资源，考证了其在高等教育中的独特作用，分析了学生资源被忽视的成因，并提出了培养和开发学生资源的实际举措。全文围绕人才的培育，为现行教育改革提供了一个新的思维角度。如何培养和开发学生资源这一宝贵的国家财富，是高校的重大使命，也是教育改革的必然课题。

**关键词**　高等教育　学生资源　独特作用

高等教育的受众群体主要是年轻的成年人。成年的学习者具有如下特点：第一，他们已具备了一定的知识基础，对一般性的自然现象和社会现象已经能够大致地了解和把握；第二，他们已经具备了一定的学习能力，对获取各种知识的基本途径和方法已经有所经历和训练；第三，他们已经初步明确了自己的学习兴趣和方向，对某些学科领域表现出特殊的偏好和喜爱；第四，他们的身心已经基本成熟，对一些事务和问题可以进行独立的思考和判断。此外，作为年轻的成年人，他们中的多数刚刚走过初等和中等学习阶段，长年在教育环境中养成的学习惯性和热情，在他们身上还保有旺盛和纯熟状态，

---

❶　北京信息科技大学 2009 年度高教研究课题资助。

这也为继续深度学习创造了条件。所有这些特点，使得这些年轻的成年学习者进入高校之后，为高等教育注入了一种新鲜独特的资源性力量：这种力量在高校的人才培养中，可以转化为内生成长动力；在高校的学术进步中，又可以转化为外在提升能量。这样一种资源的获得，对于高等院校是极其独特和珍贵的。因此，成功地开发和利用这一宝贵资源，是高等教育的责任，进而也是社会经济不断进步和发展的需要。

## 一、学生资源在高等教育中的作用

成年学习者的加入，使得高等教育拥有了一系列得天独厚的积极元素。这些元素的作用最主要地表现在以下几个方面：

（1）始终提供反向思维的天然存在。

反向思维是完成对一事物全面认识过程的必备条件。缺少对事物多方向度、多视角度的分析研究，很难对事物作出准确的结论和判断。然而，反向思维获得也并不容易，尤其是在已有成形共识结论的前提下，任何反向思维和倾向都会遭遇强大的成形结论的分化、虹吸和制约，不易找到发声的空间和渠道，当然也更难发挥作用。而在高校教育中，学生资源的开发正可以使各种向度的思维保持一种均衡。在教育过程中，教师和学生的思考方位天然相对：教师的主要工作是传道、授业、解惑，实现对问题的证实和立论；而学生的主要任务则是寻道、习业、追问，实现对问题的认知和求解。面对一系列生疏的问题，学生的认知和求解当然需要一个过程。在这个过程中，学生首先所处的思考位置自然是怀疑者和异议者。在教师正向地立论和证实过程中，学生总是力图尝试废论或证伪的努力。这种努力极为可贵，一方面可以使学生完成对问题的真正理解和内化；另一方面，教师教授的内容也不得不从反向思维中得到启示、完善、更新和提升。只要对学生力量加以鼓励，为各种向度的思维提供宽松持续的存在条件，就可以通过构建思维序列的科学均衡，创造大学活跃优质的学术思考秩序。

（2）保持敢于不断挑战权威的力量。

挑战权威的力量一向是学术进步的助推器，因此弥足珍贵。而这种力量也同样十分难得，因为这种力量来自足够的基础和勇气。高校大学生已具备一定的学识基础，尽管全面深厚的学术功底仍然是其弱项，但是学生的身份却会为其带来一种内心的双重解脱，并凝聚为勇于挑战权威的力量：一方面，明确的学生身份可以使其完全卸去厚重的面子压力和人际负担，不懂就问，敢于质疑；另一方面，学术功底不足，也使其彻底摆脱了以往成形结论对思想的捆绑和束缚，使各种想象得以无拘无束地释放和奔涌。这种双重解脱合二为一，结成一种无惧无畏、敢于挑战权威的力量。这种力量不怕丢丑，排除顾忌，求索无际，追问到底。学生们的提问可能很简单、很幼稚，但也可能很直白、很锐利，可以实现从最浅显的层面追问最深奥的高点，可以构建不同知识结构的直接对话和多重组合。显然，这种率真而锐气的挑战力量，对于教育和学术都是难得的推进力量。只要加以鼓励和开发，就可以成为一种生生不息的激发和催化之力。对于学生来说，要达到原有权威的水平，征途艰难崎岖；要超越既有权威，更是一个艰苦卓绝的历程。但是，如果没有敢于挑战权威的勇气，就没有明确的奋斗目标，就缺乏达到这种目标的强大动力，当然也就不会使自己迅速成长，到头来超越权威就会成为一句空话[1]。

（3）打通代际之间头脑对话的通路。

教师与学生的深度交流，实际上可以被认为是一种代际之间头脑的对话和互动。由于教师和学生在年龄上存在差异：其出生背景、成长环境可能存在很大不同，相应地，他们的价值观、人生观、是非标准、认知判断都存有不同时代的印记和局限。高等教育可以通过启动学生资源，使得这些不同时代下长成的头脑，对于同一个问题进行多维度的思索、对话和交流；展现不同时代对同一问题的认识、反映和判断结果。从其中的对比和差异中，弥补时空变迁对问题的理解不足与偏颇，使人类对客观事物的思考，有效地经历历史的延伸、时间的考验以及多元价值的判断，从而更加趋近于真理；同时也使得优秀的思想精华得到有序地绵延发展和代际传承。尤其难能可贵的是：这种代际间的头脑对话，与高等教育过程可以实现浑然天成和持续不断，只要给予学生足够的空间和激励，教育过程本身就可以同时实现这种难度较大的思想传递，并通过一届届学生的更新而不断延续，成为社会时代进步的可继承性推进力。

（4）搭建时时性思想交集的平台。

优秀的理念和创新必须经过思想的交集、碰撞、萃取和提炼的全过程才能生成。而实现思想交集需要条件，这条件就是能够集中这些思想的平台、场所和环境，正所谓"载道需用器"。没有这些条件，各种思想就会在零乱、散漫、遮蔽和瞬息等原生状态中丢失，当然更无法实现升级，这将是一种社会的重大损失。高等教育中，师生之间形成的对话、呼应、问答、辩证环境是一个学习过程，同时也是一种思想交集的基础性平台，具有公共性。高校中的这一思想交集平台具有三个突出的特点：其一，成本低廉。这一平台依托教育过程，无需增加其他设施、费用；其二，话题广泛。高校的论辩平台不拒绝任何话题：浅显的、深奥的，宏观的、细节的，学术的、平民的，历史的、现代的，前沿的、冷僻的，都可以成为讨论元素，各种思想都会在这里找到安身之所和呼应之地；其三，时时性。高校的思想平台是常设的、时时的，由于依托于日常教育过程，很少随意中断。这种时时性为各种思想的涌流提供了常在的承接环境，不受各种客观因素变化左右，甚至不为较强势的行政力量或首长意志所限制。这种随时迎接、凝聚并释放思想的舒展环境，对高校、对社会来说都是重要的财富源地。

　　需要特别提出的是，拥有这些年轻的成年学习者，是高等院校得天独厚的优势，其他社会机构很难获得。这一点，无论通过纵向比较其他教育层级，或横向比较其他学术团体，甚至在全社会进行总体比较，都可以清楚地看到。纵向与其他教育层级相比：拥有成年学习者的教育只有高等院校，其他低龄的学习者基础还比较薄弱，无法与教师形成相对平等的互动关系，因而也无法作为主要能动资源发挥作用；横向与其他科研学术机构比较：那里虽然也有年轻人，但其身份并不是学习者，也不占居绝对数量。作为同事的各年龄段研究人员之间，虽然也有竞争关系，但是各种人际束缚和学术门第，容易使他们的挑战精神有所顾忌而偏于功利；再通观全社会的各个领域：拥有如此集中了大量年轻的成年学习者的机构，唯有高等教育机构。握有特殊资源，当然也要承担特殊责任。因此，当今世界各国的高校，在各种社会活动中都承担着不可替代的教育和公共职责。反过来讲，无视这一珍贵的学生力量，或者任其存在而不给予鼓励和开发，势必造成高校损失、国家的损失，更是未来社会发展的损失。

　　然而，令人扼腕的恰恰正在这里。纵观我国高校的现实，学生资源被严重忽视的问题十分普遍。多数高校从来没有将眼前的学生当作巨大的资源，致使不少高校甚至变成考试学校、文凭学校和知识复制学校，无法推动培养人才和知识创新能力，更无法成为社会精神引领和社会心智凝聚的旗帜和殿堂，这种状况显然必须改变。

## 二、学生资源被忽视的成因分析

在我国，高校学生资源被忽视的原因是深刻的，表现为社会、历史、体制等各个方面。

（1）从社会传统角度讲，缺少尊重保护个人权利的理念。

早期人类社会，个人无法单独与自然抗争，因此自愿地从属于某个群体或部落，是人们的生存必然选择。在这种选择中，放弃个人主体诉求，顺从同化于整体权利是人的基本价值取向，个人的权利是完全被藐视的。比较特别的是，在中国的传统社会中，这种情形被从理论和实践两个层面上推向了极致。从理论层面讲，儒学的思想从价值观上强调了群体为本位、群体重于个体的价值取向。在以天下为己任的大旗之下，个人权利被过分挤压和抑制；从实践层面讲，家族及宗法关系使个人的群体性存在得到了完全的落实，个人的一切问题要由家族伦理来解决。家长对成员的全面严格控制，使个人的独立人格成长很难找到空间和机会。这种被理论和实践两个层面双重强化的群体本位思想，在中国一路走来，基本上从未遭遇过其他思潮的全面冲击。至今，国民以所在单位或家庭为依托的群体存在意识仍很强烈，个人意志自觉地降于其下是多数人的选择。这种社会环境使高校中的师生关系定位及学生的自我行为确认深受影响，从而严重阻碍学生资源有效利用。

（2）从传统教育观念讲，以教师为中心的教育模式仍未得到根本性改变。

转变以教师为中心的教育观念，被认为是从传统教育走向现代教育的关键。传统教育以传承教育和接受教育为主，学生只能被动地、机械地接受教师讲授的知识，成为知识的容器和记录工具，这大大限制和压抑了学生原本灵动的思维个性[2]。从以教师为中心转向以学生为中心，或者以教师和学生组成的教育共同体为中心，在中国是一个困难的过程。首先，如前所述，社会传统对于这种转变缺少支持，这从大环境上阻碍了教育理念的转化速度；其次，以学生为中心，或者以教师和学生组成的教育共同体为中心的转变，必须以学生主体意识的成熟为先决条件。而学生主体意识的成熟需要时间，也需要扶持和滋养，这同样要付出足够的耐心和持久的努力；再次，转变以教师为中心的教育模式，需要整个教育体系乃至家庭教育理念的变革，很难指望成长于旧有传统教育体系中的年轻人进入大学之后，可以突然转变、立刻变为教学活动的主体之一，并在高等教育中发挥能动性作用。

（3）从学历社会结构分析，学生被置于相对弱势地位。

所谓学历社会，是指在判断一个人的社会地位时，首先最关键的衡量标准是其学历水平的高下。学历社会一般具有两个特征：第一，学历文凭在社会中被高度重视。第二，各种升学考试竞争异常激烈[3]。从这两个特点分析，我国现有的情况符合学历社会的要件。由于学历的重要，在学历社会中，握有文凭发放权利的一方，与希望获得学历文凭的另一方，在权利匹配上出现了严重的不对称，前者远远优于后者。此外，学历发放一方是由一个强大的权利链条组成：包括教育行政部门对学校发放文凭的特许、学校对文凭发放规则的制定、教师在课堂上对文凭发放规则的执行等多层环节。只要学生不能确认是否最终能取得学历文凭，他们必须小心翼翼、努力表现，接受学校管理，服从教师安排。在这种情况下，要学生坚持独立观点、敢于挑战权威，的确困难重重。即使获得了发挥作用的机会，也会因顾忌犹豫、包袱太重而使结果大打折扣，使学生力量很难在高校教育中发挥最大作用。

（4）从学校管理方式分析，行政化的评介体系对学生束缚严重。

我国高校管理方式较多地沿袭了行政管理理念，而缺少教育活动应有的特色。行政管理理念强调整齐划一、令行禁止，下级服从上级，标准化和程序化。而教育活动的目的是培养人才，人的个体差异使教育活动的管理方式必须具备适合各种人才成长的特殊要求，而不能盲目照搬其他领域的管理方式。教育活动沿用行政管理方式，使教育活动本身也变得行政色彩浓厚，背离了教育活动的特殊规律。比如，各种管理规则设计出学生在校期间的每个环节的标准规定动作，但却缺少对个体学生的差异特长给予充分肯定的自选动作评介。这些评介方式的执行结果，容易造成抑制创新、鼓励服从，不倡导个性发展、只倡导标准化和统一性，不赞赏标新立异、只赞赏接受认同，使管理规则与人才培养服务的关系出现倒置，背离了人才培养规律的要求，更无法实现学生资源在高校的开发利用。此外，教育主管部门对高校的全方位控权和干预，以及对行政化管理的偏爱，也是导致高校管理方式行政化的重要原因。

## 三、启动学生资源的理念和举措

珍视高校汇聚起来的宝贵的学生资源，使其在我国高等教育乃至整个社会经济活动中发挥应有的作用，是伴随教育体制改革进程的一个重要内容，具体工作可以从以下几方面入手。

（1）重新认识高校学生的独特作用。

如前所述，就全社会来讲，能够集结大批具备一定基础又有学习愿望的青年学习者的机构，几乎只有高等教育机构。拥有这批独特的学生资源，就有义务使其发挥独特的作用。学生的作用主要来自其鲜亮的青春活力，只要给其空间和引导，他们就可以激活和催化多层相关领域：他们追问教师，学者们就不敢懈怠；他们追问学术，研究则必须继续向前；他们对结论不满，会动手自己探索答案；他们感到束缚，会向不合理的规则挑战。正是在这种追问、不满、探索、挑战中，他们推进了学校的科研教学，也成就了自己的信心和能力。在经济领域，核心推动力来自于利益；而在学术领域，核心推动力则在于怀疑。这些怀疑精神最为充沛和执著的青年学生，在学术教育领域理所当然地成为最主要的推动力量。尤其是在当下的中国，学术创新力量明显不足，被金钱和名利过度侵染的学术界和教育界，如果能够合理地利用学生资源的有效推动，作为打开僵局的突破口，则可以收到事半功倍的作用。

（2）启动教育体制的全面改革。

鲜活的思想、率真的锐气等青年学生身上特有的品质，来自于他们的年青，来自他们已有的学习基础，更来自于教育制度和教育环境的呵护和培育。如果没有整体的教育制度从小对此品质的肯定和珍视，期望到了高校再寻找他们这些价值，是根本不可能的。遗憾的是，我国现行教育体制还不尽合理，尤其在培养学生独立思考、勇于追问等特质价值方面更为欠缺，因此需要对现行教育体制进行全面改革。应该说思想活跃、敢于怀疑等精神气质主要集中于青年，尤其是青年学生群体。如果这种精神气质在这一群体中都十分薄弱，等于整个社会全面缺失这种气质。所以培养和造就学生的这种气质，应该成为教育体制改革的特别重点。其具体应该关注如下几个方面：其一，在所有教育环节中增加和健全鼓励学生进取向上、敢于追问、敢于怀疑的措施和方式，用一切办法扶助这些品质在学生身上扎根生长；其二，清理和驱除以往教育体制中所有不利于上述学生精神气质成长的制度、规则，甚至倾向，防止这些制度限制和打击学生的自信及潜能。不能因为制度不当，而反向培养出一批顺从事故、胆怯消极的青年一代；其三，设计和加入促进学生合作能力和团队精神发展的内容，使他们从小学会在关注他人、尊重他人的同时，能够自治自律、互相学习、共同提升。总之，教育体制改革最主要的不是条规和程序的改革，而是理念和方向的改革，将保护和培育年青一代的鲜活思想和挑战精神等品质纳入重点内容，才会使教育改革有所成就，真正贡献于社会和未来。

（3）尽可能地在高校为学生开辟自主空间。

在整个教育体制没有完成总体改革之前，坐等结果肯定不是办法。社会对人才的不断需要，也不允许等待。高校是系统教育的最后阶段，也是最为开放的阶段。抓住这一最后阶段，在培养学生的相关精神品质还有机会可循：从基础条件讲，进入高校的学生为年青的成年学习者，他们的能力有所积累、心智相对成熟，不致因教育环境的突然改革而太过无所适从；从教学内容讲，高等教育是一种相对特殊的教育，集教学研于一身，学习中存有可以发挥和延展的空间和余地；从管理环境讲，高等教育中升学压力降低，相应的细节性管理减少，各种评介体系有可能根据需要松动、调整和改善。据此，可以尝试：其一，将教学、科研、学生活动等所有空间尽量多开放让学生参与，使其有机会释放思想，解禁观念，提升主动学习能力。其二，改善学生评介机制和考试方式，使学习者感到，即使是非常个性的努力，也同样受欢迎、被期许，并能获得肯定。任何考核标准都要成为学生进取过程的动力，而不是学习禁忌。其三，有些活动可以连同规则的制定全部交给学生，使学生收获独自承担成功和失败的体验，激活其应对一切的内心深层创造力。高校是学生进入社会前的最后系统学习阶段，此间，为其提供的自主空间越大，学生对社会的适应能力就越强。

（4）激活权利意识，使学生自觉为实现权利而努力。

高校大学生即是成年人又是学生，这种双重身份使其拥有两个层级的权利：其一，是作为公民的基本权力。《中华人民共和国宪法》规定了八类基本权力以及由此衍生的权利。其二，是作为受教育者的特殊社会角色的权利。后者一般可见于教育法律、行政法规、教育规章等有关规定[4]。权利意识是促使大学生完成人格转型，真正成长为"社会人"的关键性条件。一方面，权利意识是学生建立主体精神的基础，在此基础上学生才能清楚地认识自我、肯定自我，从而主导自我和信任自我，以主人的能动心态去积极完成学业和参与社会事务。另一方面，权利意识是学生建立责任担当的基础。从法哲学意义上讲，权利是无法单独存在的，获得权利与履行义务总是共生的双向对等关系。承担义务也同样是行使权利的另一种行为表现。完整的权利义务观念，应使学生明确三个层级的权利边界：其一，法律通过义务来确定的权利边界；其二，法律义务之外的广阔的权利区间（法无禁止则自由）；其三，参与影响立法，依法反抗不良法律及其实施的权利修正边界。如此为学生打开广阔的思想行为空间，使其在法律允许的范围内主动争取权利，实施权利，推进权利，最大限度地释放出年轻人特有的激情和创造力，使集中于高校的这些社会独特的人力资源，为我国的社会经济发展贡献独特的作用。

## 参考文献

[1] 董京泉. 尊重权威 挑战权威 超越权威 [J]. 东方论坛，2002 (4).

[2] 陈翠玲. 倡导研究性学习 回归学生主体地位 [J]. 桂林师范高等专科学校学报，2006 (20)：4.

[3] 彭旭. 我国学历社会存在的原因及其利弊分析 [J]. 现代大学教育，2005 (9)：43.

[4] 陈展才. 构建和谐校园师生关系 [J]. 教育与探索，2007 (6).

# 浅论现代大学理念的"和而不同"

马 丁 关仲和

（北京信息科技大学 高教研究室）

**摘 要** "和而不同"是中华和谐文化的核心之一。大学文化的核心是精神文化，而大学精神文化的核心是大学理念。"和而不同"作为思想资源，在现代大学理念的诸多方面都有体现，如追求真理、理解宽容、学术自由以及世界情怀等。现代大学理念为"和而不同"这一中国古代文化遗产提供了现代语境。同时也应看到以"和而不同"注解现代大学理念也存在一定的局限。

**关键词** 和谐文化 和而不同 大学理念

和谐文化在中华文明的发展历程中发挥了重要的作用。和谐文化的核心论述是"以和为贵"与"和而不同"，其中"和而不同"既可以视为价值观念，也可以看做是思维方式，既是一种处理人们之间关系的行为规范，也是对人与人之间和谐关系理想状态的描述。今天在建设和谐大学文化的理论和实践探索中，在检视、整理、继承和发扬传统文化时，我们不难发现，现代大学的一些理念为"和而不同"这一中国古代文化遗产提供了相应的现代语境。

## 一、"和而不同"作为思想资源的内涵

中国和谐文化关注三方面的和谐：自然和谐（人与宇宙）、社会和谐（人与人）、心灵和谐（人与自我）。"和"与"同"是古代思想家在讨论人与人之间关系时运用的一对术语。《国语·郑语》史伯曰："夫和实生物，同

则不继。……故先王以土与金、木、水、火杂，以成百物。是以和五味以调口，刚四支以卫体，和六律以聪耳。"[1][p369]《左传》里记载了晏婴的话："和如羹焉。先王之济五味和五声也，以平其声，成其政也。"[1][p369]史伯和晏子的话的修辞方式和思想内容都非常一致："和"如五味的调和，八音的和谐，一定要有水、火、酱、醋等不同的材料才能调出滋味；一定要有长短、高低、快慢各种声调才能使乐曲和谐。

《论语》中首先提出了"和而不同"："君子和而不同，小人同而不和。"[2]这句话的意思是说，有道德有学问的人无论在现实生活中还是精神世界里，都能容忍与己不同的东西存在，汲取别人有益的思想，不简单地盲从；而那些小人只会随声附和，没有独立的见解。由是可见，"和而不同"的"和"与"以和为贵"的"和"虽然同为一字，但含义不同。"以和为贵"的"和"说的是"和"的本意和字面意义，表示"和谐"、"和缓"、"谦和"、"协调"、"相合"等含义，重在强调各类文化的"和"。而"和而不同"的"和"，则是引申的含义，它是一种思想的表述，重在强调各种事物的差异性和独立性。"和"指众多不同事物之间的和谐；"同"指简单同一。"和而不同"的完整叙述的背后，隐含着三个意味：①要有不同形式或者性质的事物存在，即多元化；②这些事物都有存在的理由和必要，即多元化的并存；③这些并存的事物之间按照一定的逻辑组织在一起，即多元化之间的秩序和均衡。李泽厚在分析"和而不同"时说"与'君子群而不党''周而不比'等章同意，既保持个体的特殊性和独立性才有社会和人际的和谐，虽政治亦然。'同''比''党'就容易失去或要求消灭这种独立性和差异性。这话今天还很有意思，强求'一致''一律''一心'，总没有好结果，'多极''多元''多样化'才能发展。"[1][p370]这可以说切中了"和而不同"这一古代思想跳动的现代脉搏。

## 二、现代大学理念中的"和而不同"

一般来说，大学文化由物质文化、制度文化、精神文化和行为文化四个层面构成。大学发展史，尤其是近年来我国大学发展的实践表明，无论物质文化、制度文化多么重要，但它们不是大学文化的核心，大学文化的核心是精神文化，而大学精神文化的核心是大学理念。所谓"大学理念"，就是人们对大学的理性认识、理想追求及其所形成的教育观念和哲学观点，它的核心主要是回答"什么是大学"、"大学应该做什么"这样两个基本的理论和实践问题。可以说，从大学产生至今的800多年中，它和人类的许多观念产物一样经历了不断发展的过程，包含了历史与时间的尺度。但无论怎样演变，各个历史时期关于大学理念的表述中存在着交集，那就是无论哪个时代、哪种观点都没有否认大学是一个"知识性社会"，都强调大学传播知识、培养人才和追求真理的使命，强调以人为本、学术自由、独立开放的特征。这可以说是中外大学共同的理念。中国古代发轫的和谐文化的核心"和而不同"，与现代大学的理念隔着遥远广大的时空，但即使如此，我们仍在现代大学的理念中找到了适合"和而不同"这一古老话语的语境。这也证明了"和而不同"这一思想的生命活力和传承能力。

（1）"和而不同"与追求真理。

从西方中古大学到现代大学，无论大学在各自的办学中体现了怎样的个性，表达了怎样独特的理念，但都不能否认"追求真理"是大学共同的使命。但历史经验告诉我们，真理不是自明的，真理不是只有一个，不是只有一种面目、一种形态，真理是各种各样的。在此前提下，以追求真理为使命的大学，就必须具备"和而不同"的气象，"和而不同"的精神。所谓"和而不同"的气象，就是不同专业、不同性格、不同见解的学者都生活在大学；所谓"和而不同"的精神，指的是允许不同的人保持思想的权利和自由，保障其发表自己观点的权利。史伯在回答郑桓公"周其弊乎"的问题时说："夫和实生物，同则不继。以他平他谓之和，故能丰长而物归之。若以同裨同，尽乃弃矣。"[2]意思是，聚集不同的事物并使它们平衡，就有可能产生新事物；而相同的事物叠加，不会产生新的东西。这是古人对"和"与"同"相辅相生关系的论证。同样，大学只有做到了"和而不同"才能获得新的活力，新的生命，才能更好地完成不断追求真理的神圣使命。

（2）"和而不同"与理解宽容。

大学作为重要的文化组织，它的文化内容丰富，层次繁复，外延极为广泛。现代大学理念中"以人为本""多元开放"等内容都在不同侧面、不同层次强调了尊重和理解大学文化多元性的重要意义。

大学追求的是真理蕴涵其中的学术。学术活动只有通过学术自由、理性质疑、学术争鸣、不断创新才能实现其目的，所以现代大学都强调"尊重差异""包容多样"的理念，倡导"多音和鸣"、"琴瑟和谐"的学术局面。强调多样和谐，使不同的学术观点、不同的思想观念都能在追求真理的道路上殊途同归。承认差异，尊重异己，使学派、学者与学术观点和谐相处，调动一切有利于学术创新的因素，最大限度地激发学术活力。蔡元培先生提出的"思想自由，兼容并包"、流传至今；而蒋梦麟先生用"大度包容"形容北大理念，形神兼备。创造理解、宽容的学术环境是大学实现和谐的必然选择。

现代大学理念中这些理解宽容的精神，与"和而不同"的古代和谐文化遗产相互辉映，熠熠生辉。"'和而不同'的'和'，一是主张多样，二是主张平衡，对不同的意见，不同的事物，持以宽容的态度。"[3]由此可见，尊重差异，承认多样，让它们均衡共处，这本来就是"和而不同"的应有之义。

（3）"和而不同"与学术自由。

现代大学理念中学术自由是大学张扬其理念、发挥其功能的重要保证。"学术自由是自由的一种，它是根源于思想自由的一种特殊形式的自由，……学术自由与大学的理念或功能有密切的关系。大学的理念是一个知识性社会，它的功能则在发展知识，追求真理，以此大学必须提供一个为教师自由教研，为学生自由研学的环境，盖非如此，大学之理念固无由彰显，大学之功能也难以发挥。"[4][p16]学术自由在不同的解释域有不同的侧重，但无论如何，它应包括两方面的内容：一是"大学教师有发表、讨论学术意见而免于被除之恐惧的自由"；[4][p172]一是"无所不思，无所不言"，也就是对万事万物自由的探索，自由的审视，自由的创造。当然，思想和学术的自由"是有边界的自由"，"思想自由的立足点与根本乃在自由的追求知识，探索真理，是求真，崇善，尚美的自由，是关切历史与现实、文化与传统的自由"[5][p76]。实际上，学术自由的内涵表明，真正的学术自由实际上就是要在大学里实现"和而不同"。冯之浚先生这样解释"和而不同"的主张："一是要有独立见解，坚持己见；二是尊重别人，求同存异；三是通过协商方式，增进共识，取得双赢。"[3]如果"以和为贵"重在强调各类文化的中"和"，那么，"和而不同"就在强调"和"的前提下的相对独立性。在这一点上，现代大学"学术自由"这一理念再次为"和而不同"提供了语境，或者成为"和而不同"的现代阐释。

（4）"和而不同"与世界情怀。

知识无国界，真理无国界，大学作为知识圣殿和追求真理的场所天然的倾向于人类合作和世界一体。大学从产生的那一天起，就带着国际性，张开双臂接纳来自四面八方的学者和青年学生。"中古大学最具永恒意义的便是它的世界精神，它的超国界的学术性格。"[6][p92]中古已成为历史的回忆，但中古的大学世界精神，在全球化的今天获得了新的意义和活力，大学的世界性格愈来愈鲜明。一所大学没有世界眼光是不可能发展并跻身于一流大学的行列的。所以现代大学理念特别注重培养世界品格，强调当今世界普遍认同的价值观念，继承人类共同的文化传统，高瞻远瞩地把握大学世界化、学术国际化的发展方向，反映最先进的育人理念、学术思想和科研方向。

在一所国际性的大学里，最具体、最形象地体现了"和而不同"的天下图景：来自不同国家、有着不同肤色、操着不同语言、有着不同文化背景、秉持不同学术观点、尊奉不同信仰的人们生活在一起，提出问题，进行思想的交流和学术探讨。事实上正如金耀基所说："任何一个国家或民族的文化，不论如何丰瞻璀璃，皆不可能是圆满俱足、不可增美的"，"学人的远游外访，都常常丰富了他自己，也丰富了他的文化。"[6][p93]他举了许多例子，其中最能说服我们的是严复、蔡元培的英、德之行，给我们带来了达尔文的进化论思想和德国的现代大学精神。

## 三、"和而不同"注解现代大学理念的局限

"和而不同"是中华民族传统智慧的浓缩表达，是现代大学建设和谐校园文化的重要资源。但是"和而不同"毕竟是古代文化的遗产，与现代大学理念这一全新的语境必然不是完全重合。无论是用它佐证现代大学理念的文化价值，还是用现代思维诠释或者改造它，从而达到利用古代文化资源的目的，但应该看到：作为价值观念，它与产生的时代及其文化体系紧密地联系在一起；时移事易，它并不能概括现代大学理念的全部内涵。

（1）"和而不同"作为准则，原本是针对人与人之间的关系提出的，适用于解决社会和谐的问题。大学是社会的一部分，而且大学的人际关系比一般的社会关系更为复杂。从这个角度说，大学人之间最适宜于"和而不同"。但大学作为学术性机构，有其特殊性，既有人与人之间的关系，也有人与知

识、人与研究、人与真理之间的关系。尤其是追求知识、追求真理需要默默地不间断的劳动，有时候甚至要付出更沉重的代价，古今中外，许多人为追求真理付出了宝贵的生命。追求真理之路不是坦途，追求真理首先要敢于怀疑现有的结论、权威甚至体制。儒家和其他门派的中国先贤们，倡导"和而不同"，重视人与人关系的平衡，但他们为实现"和而不同"提供的中庸、中合等方法论确实没有为追求真理的努力与现有的秩序发生的冲突找到出路，真理追求者是保持中庸、退而独善其身，还是义无反顾，勇往直前，最终为真理献身？用"和而不同"怎样诠释人与科学研究原则、人与追求真理原则的关系应该成为一个新的课题。

（2）"和而不同"作为一种人和人关系理想状态的描述，并不能解决现代大学外部以及内部激烈竞争引发的新问题。回顾大学历史，"剑桥是与牛津竞争的产物，哈佛是与剑桥竞争的产物，耶鲁、斯坦福是与哈佛竞争的产物，世界一流大学都有一种非一流不当的霸气"[7][p10]，这是外部的竞争。现代大学内部，专业与专业、学科与学科、教师与教师、学生与学生之间也充满激烈的竞争。"和而不同"思想虽然承认矛盾和斗争，"有相斯有对，对必反其为；有反斯有仇"，但它解决矛盾的出路是"仇必和而解"，或者"允执其中"，达到"中和之境"，这未免过于抽象化和简单化。如果不赋予更多的现代科学文化内涵，它能否解决现代大学的竞争引起的问题，可能还是一个未知数。

（3）大学理念经过三个历史阶段的变迁发展，现代大学的职能发生了变化，一方面是大学更具有开放性，成为社会服务站，另一方面是大学规模扩大，大学由过去的精英教育转变为当今的大众教育甚至普及教育，服务社会成为大学重要的理念之一。大学最重要、最迫切的目标是培养有炽热情怀、能为他人、社会和国家服务的合格公民。服务意识是个体的一种责任，更是一种能力，具备这种能力，是做一个合格的"社会人"的前提条件。它提倡在为他人、为社会、为国家真诚的服务中创造自己的人生价值。因为属于不同的议题范围，"和而不同"在大学"服务社会"这一基本理念中并不能找到适合它的现代语境。从这里不难看出，用"和而不同"注解现代大学理念的部分内涵时显得力不从心。

党的十六届六中全会提出建设和谐文化这一重大战略举措。对于中国的高校来说，这既是一个机遇，也被赋予了义不容辞的责任。可以说，大学离不开和谐文化，和谐文化的建设也离不开大学。恰如俄国学者 L·B·波若洛莫夫所指出的："'和'的原则代表了多元论思想，它是具有丰富潜能的中国文化中的有价值的遗产。"[8][p1445]大学文化本应该是多元的，大学文化业已呈现了多元化的局势。但在大学真正实现"和而不同"的理想，还有更长的路要走。如何挖掘文化遗产中丰富的内涵，也将任重而道远。

## 参考文献

[1] 李泽厚. 论语今译 [M]. 北京：生活·读书·新知三联书店，2004.

[2] 刘琦，韩维志，程燕杰. 四书详解 [M]. 长春：吉林文史出版社，2004.

[3] 冯之浚. 中国人的人生智慧 [N]. 光明日报，2007-06-07（10-11）.

[4] 金耀基. 大学之理念 [M]. 北京：生活·读书·新知三联书店，2001.

[5] 刘铁芳. 保守与开放之间的大学精神 [J]. 书屋，2002（8）.

[6] 刘琅，桂苓. 大学的精神 [M]. 北京：中国友谊出版公司，2004.

[7] 眭依凡. 创新文化：决定大学兴衰的文化之魂 [J]. 中国高等教育，2007（7）.

[8] 中国孔子基金会. 儒学与廿一世纪 [M]. 北京：华夏出版社，1996.

# 第二部分

## 思政教育教学课程研究与实践

# 对高校政治理论教育的几点认识及相关问题的思考❶
## ——真问题与真话

石冀平

（北京信息科技大学政治理论教育学院　中国特色社会主义理论教研室）

**摘　要**　高校政治理论教育是一场争夺战，其重要性的认知主体不仅是决策层，政治理论教师和学生应是更重要的认知主体。政治理论教师首先而且更应当成为社会实践的主体，要重视马克思主义基本理论的教学安排。

**关键词**　政治理论教育　社会实践　马克思主义理论

## 一、怎样认识政治理论教育的重要性

本文的政治理论教育主要指政治理论教学。该范畴的重要性在决策层发布的权威文本中给予了充分反映，各级执行机构也在措施安排上力图体现之，政治理论教育的重要性似乎不言而喻。由此而来关于政治理论教育重要性的探讨性研究似乎不足，大量研究集中于如何搞好政治理论教育，偶一涉及这一问题也往往是泛泛之论。然而充分体认政治理论教育的重要性是真正搞好政治理论教育的根本前提。目前政治理论教学的实际状况和总体效果远未达到较为合意的程度，而在力图提高合意程度的诸多探讨和实际措施中似乎忽略了这个根本前提。这实际上体现了一种基本思路：政治理论教育的问题不在于对重要性认识不足（或者说政治理论教育的重要性已形成共识），而在于具体操作和实现路径。这一思路的问题在于：它将政治理论教育重要性的

---

❶　北京市教育委员会人文社会科学研究计划面上项目，项目编号：SM201010772005。

认识问题已经解决或基本解决当做一个现实前提，而其依据主要是决策层发布的权威文本的承诺及各级执行机构的表态和措施。可是实际上这个前提并不具备完全的现实性，政治理论教育重要性的认识问题并未完全解决，它仍是制约政治理论教育效果的重要因素之一。这个问题包含两个层面：一是政治理论教育的重要性何在；二是体认这种重要性的主体是谁。就此笔者谈一点认识。

关于政治理论教育重要性的权威表述中原则性话语多，缺乏理论开掘。由于这种表述体现于官方文件，属于决策性文本，因此这种现象尚属正常可以理解。可是政治理论教育工作者则不应满足于这种对政治理论教育重要性的权威表述和承诺，要进行理论开掘，为进一步加深认识提供理论支持。

这种理论开掘的起点似乎应从政治理论教育的制度背景考虑，这种制度背景就是社会主义基本制度。这一基本制度不但为政治理论教育的合法性提供基本依据，而且也是政治理论教育重要性的基本支撑点。这首先是由社会主义制度形态的基本历史特点——公有制决定的。公有制目前基本是一个边缘性话题，在政策实践中也是一个被虚置的议题。但它毕竟是科学社会主义的基本概念和基本社会主张，因此只要声称坚持科学社会主义的基本原则，公有制起码应当是讨论问题的背景和支撑点，这在学理上和政治上都是站得住的。自阶级社会以来，以往的社会形态更迭并未触及私有制本身，只是改变了它的社会形式。由其决定的基本社会观念——私有观念及其衍生观念也未有本质改变。这种延续了几千年的基本制度和观念形态形成了巨大的历史惯性，这种惯性导致了对私有制及其观念形态的自然的社会默认。例如建国初期，劳动者虽然获得了政治解放，但阶级自在性甚为明显，连谁养活谁的问题都搞不清。他们普遍认为剥削者富有是命好或有本事，自身受剥削却认为是剥削者养活自己。老一代政治工作人员对这一幕历史应当是记忆深刻的。这就是典型的由历史惯性造成的社会默认，这种默认形成了私有观念及其衍生观念的自然的社会传承，它无需构建和塑造。所以一个无人关注但颇有理论意蕴的问题——为什么资本主义国家不提培养资本主义的接班人？由此可得到解释的线索。社会主义基本制度的建立和巩固的过程本质上是摆脱这一历史惯性的过程，与几千年形成的历史惯性脱轨（马克思称之为"彻底决裂"）需要社会主义基本制度形成自身的历史传承，社会主义作为新生的不成熟的历史形态，这种传承很难自然产生。需要传承主体的塑造并形成历史延续，这就是通常所讲的接班人的培养问题。社会主义作为人类历史摆脱几千年私有制发展轨迹的根本性变革，是一个非常艰难的历史发展形态。它的历史延续性从根本上取决于社会主义传承主体的延续性。而社会主义的传承主体并不会由于生产力的发展而自然生成，生产力的发展只是为社会主义的延续提供物质基础，因此社会主义传承主体的延续性必须以培养和塑造来保证。现代性的重要特点就是社会文化精英是维持和传导社会价值认同的主导力量，因此他们首先是也必须是培养和塑造社会主义传承主体的主要对象。社会主义的兴衰成败首系于此，这已为社会主义历史实践的很多挫折所证明。文化精英的主要塑造领域是高等教育领域，主导苏联东欧回归资本主义私有制历史轨迹的党政精英几乎无一不是高等教育所培养，国内主张回归资本主义的文化精英也是如此。在此，高校政治理论教育作为重要的塑造手段显然难脱干系，但同时也从反面证明了这一手段运用的成功与否，在很大程度上会影响社会主义传承的延续性，政治理论教育的重要性由此可见一斑。

其次，社会主义基本制度首创于世界上少数经济文化落后国家这一历史背景本身就决定了社会主义命运多舛。一种新社会形态的历史运行绩效与其初始状态有高度的相关性。历史现实中的社会主义力图在初始状态不佳的背景下与千年私有制及其观念形态脱轨，并依此追求现代化，必然困难重重。其中至少有两方面可以诠释政治理论教育的重要性。

一方面初始状态不佳会使这一状态的改观有一个较长的过程，经济可能较长时期处于困窘状态。同时以低初始状态为起点的经济社会发展过程出错机率不但较高，而且纠错代价也较大，因此对社会主义的认同不但要有一个过程，而且这一过程也很难自发产生并且不可避免地要受到质疑，对此就需要正确的理论诠释。另一方面低初始状态也是西方国家进行意识形态渗透甚至直接攻击的有利切入点。西方国家携百年工业化之优势，经济实力成为其意识形态的最佳展示平台。对物质生活丰裕的钦羡导致盲目的精神价值认同——"富裕之邦必是真理之源"，是一种普遍的形而上学的认识逻辑，多数文化精英亦不能免俗。这就更加凸显了理性诠释及其对这种诠释进行宣导的重要性。当然这种诠释必须是正确的，这种宣导必须是有效的，在这个问题上也是有教训的。从当年对社会主义的普遍认同到当今之现状，其起点就是 20 世纪 80 年代初国门洞开后，西方物质丰裕对国人尤其是对文化和权力精英的强烈心理冲击。当时某权威理论部门的一位领导给我们这些"文革"后第一届大学生做访欧报告，当谈到人家当垃圾扔掉的电视都比他家的好时，全场一片钦羡之情，心理冲击之大至今记忆犹新。当然问题不在于国门洞开，而在于洞开之后面对西方物质文明优势所导致的意识形态冲击，如何给予正确的理论诠释并进行有效地宣导，从而在人民尤其是文化精英阶层形成正确的共识。可是在这一重大问题上的主流理论诠释却是将"贫穷不是社会主义"从逻辑上转换为"富裕就是社会主义"，这种以物质丰裕程度作为判读主义之优劣的线性逻辑，恰与西方国家利用其物质文明优势对社会主义进行的攻心战略相吻合。事实上，初始状态不佳决定了我们在相当长一段时期内不可能达到西方国家的物质丰裕程度，这是中国社会主义的先天劣势。将这方面的劣势与西方这方面的优势上升到制度比较的层面，只能是越比越丧气，以致对社会主义制度的选择产生疑问甚至否定。然而初始状态不佳是建国初期就面临的问题，当时的基本理论诠释是：首先承认这种劣势，既"一穷二白"。但同时指出正因为如此，才需要在社会主义基础上"自力更生，奋发图强"扭转这种劣势。这种理论引导曾使我们整个民族意气风发、斗志昂扬，毫无沮丧之气，对社会主义充满信心。从而使我国在较短的时间内建立了完整的工业体系和国民经济体系，为中国现代化打下了坚实的基础。如果建国初期我们就将贫穷与富裕上升到制度比较层面进行理论诠释和引导，包括文化精英在内的民众会有多少认同社会主义？中国的制度选择会是社会主义道路吗？目前受过高等教育的青年文化精英对社会主义的认同度远非当年可比，这是一个不应回避的事实，也是一个教训。它不但证明了政治理论教育对低初始状态的社会主义的特殊重要性，更证明了正确的政治理论教育更重要。也就是说政治理论教育重要性的前提是它必须正确，否则会适得其反。而这也正是被忽略的重要问题，就此后文还将涉及。

当然上面关于政治理论教育重要性的认识是基于科学社会主义理论中与私有制及其观念彻底决裂这样一种理论前提，它诉诸的是一种与私有制历史轨迹完全脱轨的社会主义。而处于初级阶段的中国特色社会主义由于多元化的所有制结构和受其制约的多元化的社会意识形态的长期存在，决定了这是一种"在轨"状态的社会主义。但是只要这种社会主义是以"脱轨"为方向，或者说仍以科学社会主义对私有制的彻底否定为最终历史选择（提出坚持科学社会主义的基本原则可以看做是对此的一种严肃的政治承诺），那么多元化的现实不但不能否定政治理论教育的重要性，而是更加确证了它的重要性。因为从政治意识形态的角度看，这种多元化的本质还是二元化：社会主义与非社会主义。这是两种历史指向，它决定着中国的两种历史前途。中国特色社会主义这种"在轨"状态的长期性，或者说多元化现实的长期性，决定了以社会主义为指向的历史任务长期需要传承者来承担，尤其需要一代代认同社会主义历史指向的文化精英来承担。这种传承一旦断裂，社会主义指向的历史性探索就会功败垂成，苏联东欧之变已为前车。然而多元化现实的合法性存在确实使这种断裂具有现实可能性，并且也会使这种可能性大于当年的苏东国家（因为在苏东国家多元化并不合法，起码宣传资产阶级意识形态不合法）。应当实事求是地承认，以社会主义和非社会主义为本质特点的所谓多元化状态是市场化后的一种无奈的现实。对它的包容并不意味着对它的倡导。坚持科学社会主义基本原则就必须倡导社会主义，这必须是毫不含糊、长期坚持的，尤其在培养文化精英的高等教育领域更是如此。应当清楚认识并且明确指出高校政治理论教育就是一场争夺战，这是其重要性的本质之所在。

关于体认高校政治理论教育重要性的主体性问题，是指哪些人或哪些群体应当体认政治理论教育的重要性，这也是决定政治理论教育成效的重要前提。然而这个问题的研究即使不是盲区也几乎是空白，至少是处于边缘地带。原因可能在于高校设置政治理论教育始终是以权威操作的形式进行的，所以体认政治理论教育重要性被认为是领导或决策层的事，或者说体认主体就是领导或决策层。只要他们体认政治理论教育的重要性就行了，所以这个问题没有理论意蕴和研究价值。然而问题远非这么简单，目前高校政治理论教育的现状没有实质性改观，在一定程度上与这个前提性问题没有解决有关。而之所以没有解决又与对这个前提性问题的研究和认识不到位密切相关。为此笔者在此略作抛砖引玉之谈。

高校政治理论教育主要涉及四个群体：决策者，执行决策者，具体实施者和实施对象。决策层对高校政治理论教育重要性的认知是毋庸置疑的。因此长期以来一般比较强调执行决策者对政治理论教育重要性的认知程度，既各高校领导层对政治理论教育的重视。把对政治理论教育重要性的认知主要与高校领导层挂钩并非没有道理，但却存在巨大的视角偏差。实际上，政治理论教育重要性的最重要的认知主体应当是政治理论教育的直接实施者和实施对象，既政治理论教师和学生。如果这两个群体并不真正体认或认同政治理论教育的重要性，那么再好的决策意图和领导方略其实效性也会大打折扣。因为"让我讲"和"我要讲"、"让我听"和"我要听"这种主动和被动的区别所产生的效应是有很大差异的。可是目前有多少高校政治理论教师和学生真正体认政治理论教育的重要性，如果不说官话，实事求是地讲，答案应当是不乐观的。相当一部分教师和学生连政治理论教育的必要性都不真正认同，谈何重要性。当然这并不是为高校领导者开脱，他们在这方面的问题同样严重。我国的基本制度决定了我们应当办社会主义大学，因此高校的领导应是有坚定社会主义立场和高度政治觉悟的教育家。任何国家的主流教育都不可能是反体制的，而是为维护社会体制培养人才的。那种所谓纯学术的没有政治立场和政治倾向的教育家根本不存在，近年来被主流学术界捧得山响的胡适在中国社会大变局中所采取的政治立场和政治选择不是众所周知吗？可是现在连办社会主义大学都不敢理直气壮地提，单纯提教育家办学。以至于借反对大学行政化之名从而为大学非政治化开路❶的喧嚣此起彼伏，甚至一些不明就里的高校领导（个别人可能是知其就里的）也跟着起哄，毫无政治敏感性。目前高校领导层的任用事实上也是以具体工作能力和学术地位作标准。在此背景下选任的高校领导，有多少真正认知政治理论教育的重要性？但是尽管如此，笔者还是认为政治理论教师和学生对政治理论教育重要性的认知还是最重要的。目前大多数领导层的所谓重视无非是多给几个钱考察考察，多给几个课题项目等，政治理论教师似乎也颇重于此。这是没出息没能力的表现，政治理论教育的功能是以理服人，与钱无关。只要教师和学生真

---

❶ 为证明此判断并非空穴来风，特引著名自由化刊物《凤凰周刊》2010 年 09 期所刊曹保印"对《国家教育纲要》的 10 点建议"一文第 7 点建议："在明确的时间内，一刀切式清除高校行政化现象，还大学以本来的尊严，还学术以本来的自由。对现代大学制度，《纲要》中的提法是'中国特色现代大学制度'。这真是太奇怪了。现代大学制度还有中国与外国之分吗？所谓'中国特色'事实上是'中国限制'——'公办高等学校要坚持和完善党委领导下的校长负责制'。在这类限制下，现代大学制度在中国的成功建设，可能是遥不可及的梦。"笔者认为这才是由自由化学者发起的大学去行政化呼吁的真实目的。

正认知政治理论教育的重要性，真正成为教与学的主体，不管领导层重视程度如何，搞好政治理论教育是完全可能的。

如果上面的认识符合实际的话，那么如何使教师和学生体认政治理论教育的重要性就确实是一个前提性课题，在当前的大环境下也是一个非常棘手的问题。但首先要指出的是，使学生初步认识到接受政治理论教育的必要性和重要性应是政治理论教师的首要任务。有效完成这个任务是真正高水平政治理论教师素质的首要体现，也会为其后的教学打下坚实的基础。而目前的教学程式往往一上来就是这门课的研究对象或教学内容。可是政治理论课与其他课程不同，学生对该课重要性的认识几乎不可能自发具备，也就是说政治理论课在学生中的基础认知并不理想，所以这种教学程式是有缺陷的。那么有无可能使学生初步认识接受政治理论教育的必要性和重要性？回答是肯定的。关键在于政治理论教师自身要有这种主体意识，并且成为政治理论教育重要性的认知主体。而这在根本上取决于教师的政治素质，由此引出下面的问题。

## 二、谁更应该成为社会实践的主体以及需要什么样的社会实践

目前高校政治理论课非常强调实践环节，这本身是正确的。但是社会实践主体的主要指向是学生，政治理论教师的角色则是社会实践的指导者，这是极大的误区。社会实践也是一种教育形式，那么教育的基本通则在此同样适用，既指导社会实践者首先要进行社会实践，而且作为指导者其社会实践的深度和广度应高于被指导者——学生。政治理论教师首先应是社会实践的主体，具体分析起来这起码是由以下几点决定的。

首先是政治理论教师的来源构成。近30年来，随着教育与生产劳动相结合，知识阶层与基层劳动群众相结合的培养理念的退幕，高等教育的培养程式发生了根本变化。政治理论教师的构成主体主要是从家门到校门的"两门"教师，他们几乎毫无社会实践尤其是基层社会实践的经历。让这些自身都没有社会实践经历的教师来组织和指导学生社会实践是很滑稽的事情，也颇为难为他们。

第二点更重要，即目前政治理论教师的基本政治素质状况也决定了他们

更应成为社会实践的主体。高校政治理论教育的体系和内容是以马克思主义基本理论为核心的。而马克思主义理论具有鲜明的党性和阶级性，这是马克思主义理论区别于其他理论体系的根本理论品质（"与时俱进"只是马克思主义理论品质之一，但它不构成马克思主义与其他理论的本质区别）。这一品质决定了对马克思主义理论的认同和接受必须以无产阶级立场或劳动人民立场的确立为前提。虽然"无产阶级立场或劳动人民立场"早已被逐出主流学术的庙堂，甚至已经外在于官方政治话语的系谱，但事实并不因此而改变。众所周知，马克思主义的创始者是立于无产阶级立场之上创立他们的理论的，同样站在非无产阶级立场上是不可能信奉马克思主义理论的，当然也不可能是合格的马克思主义理论的职业传播者。回避马克思主义理论的党性和阶级性这一根本理论品质，就不是真正坚持马克思主义的基本原则，也不可能真坚持。马克思主义的这一根本理论品质决定了马克思主义理论不单纯是一个知识体系，它的传播和传授效果不单纯取决于所谓的教学技巧和技能，而是在很大程度上与传授者的立场所决定的政治素质相关联。以笔者在教学一线数十年的所见所闻，痛感政治理论课教师的整体政治素质才是高校政治理论教育的真正软肋。将提高政治理论教师学术素养作为提高政治理论课教学效果的基本路径选择连标也治不了，基本是徒费资源。真正站在无产阶级和劳动人民立场，信奉马克思主义基本理论和社会理想的政治理论教师所占比例堪忧才是真问题。这件"皇帝的新衣"一直没被撕破，或者说不允许撕破。不正视问题就不可能真正解决问题。多年来如何提高高校政治理论教育效果的所谓论文和课题不是汗牛充栋，也是连篇累牍，真触及这个根本问题了吗？当然现在强调的重点是中国特色社会主义理论，似乎只要认同这个理论就行。可是马克思主义基本理论与中国特色社会主义理论如果本质上真是源与流的关系，不信奉马克思主义基本理论这个源，对中国特色社会主义理论这个流的认同和理解就是走形的，在实际教学实践中则往往表现为选择性传授。如讲基本路线的两个基本点，对改革开放大讲特讲，对四项基本原则一带而过，甚至根本不讲，事实上只讲了一个基本点。再如讲基本经济制度时，谈到发展非公经济的必要性时可以讲得口沫四溅，对公有制为主体则不屑一顾，甚至有语含讥讽者。这是不是较普遍的现象？官方认定的所谓骨干教师中有没有这种现象？大家心知肚明，但如果就此问及各级政治理论教学负责者断无一个承认的。对政治理论教师而言，信奉马克思主义并不是一个单纯个人信仰问题，也是其政治素质的基本指证。这种政治素质的形成必须以立场问题的解决为前提，而实现立场转换的首要途径就是社会实践。问题是最需要什么样的社会实践?

多年来，以人文知识分子为主体的主流文化精英利用其话语权优势竭力强调所谓自身主体意识的形成。而实际形成的是脱离人民大众尤其是基层劳动者的精英意识。他们漠视基层劳动群众的疾苦，将其视为所谓发展的"代价"，他们烘托出了藐视基层劳动群众的社会文化氛围及其表症符号——弱势群体，以至于从事直接物质财富创造的工农业生产劳动者再无社会自豪感可言，这是一种弱势的象征和无奈的选择。毋庸讳言，作为人文知识分子的政治理论课教师具有这种精英意识的也不在少数，这并不以其从事的职业为转移，这是由立场决定的。坦率地讲，就是不具备无产阶级和劳动人民立场。社会主义作为一种全新的社会形态，需要全新的知识分子群体，对人文知识分子更是如此。社会主义不仅需要物质构建，也需要社会价值观和社会认同的重构，其中人文知识分子的作用至关重要，这已为国际共运的反面经验证实。苏东剧变中人文知识精英的作为是有目共睹的，近些年来中国一些人文知识精英对马克思主义，甚而对中国革命的诘责和其产生的影响也是有目共睹的。因此对社会主义国家尤其是物质基础先天羸弱的社会主义国家（实际上诞生于二十世纪的社会主义国家都是如此）而言，培养认同和拥护社会主义的知识分子群体，并使之成为知识分子的主体部分，始终是社会主义理论和实践的重大课题，苏联社会主义在这方面的失败有其必然性，因为它历来主张精英治国，精英培养失败必然国将不国。中国共产党在中国革命实践中则探索出知识分子与基层劳动群众相结合的培养路径，这种探索虽然在具体形式上有简单化的缺陷，但成效是显著的，基本方向是应当肯定的。可惜的是这一培养路径不但事实上被基本放弃，而且一旦触及也往往是妖魔化的控诉，知识分子面向基层工作或从事一定时期的直接生产劳动几乎都被斥之为"发配和劳改"。这几乎成为指控知识分子与劳动群众相结合这一培养路径的经典主流话语。在这种话语环境下成长起来的新一代知识分子轻视劳动和劳动群众的精英意识必然成为主流意识。目前受过高等教育的人不愿意面向基层，更不愿意面向劳动，本质上并不是就业观念问题，而是精英意识问题。

知识分子的精英立场和精英意识的重新主流化，标志着培养社会主义知识分子目标的丧失，这一丧失将会在未来产生严重的历史后果。当然这并非完全无法弥补，首先就要理直气壮地摒弃知识分子与劳动群众相结合是被"发配和劳改"的历史指控。因为这种指控是荒谬的，它与剥削阶级精英意识如出一辙。知识分子在基层参加一定时期的劳动只是和劳动群众结合的一种方式，如果这就是"发配和劳改"，那么广大劳动人民岂不是一辈子在发配和劳改，世世代代在发配和劳改？在剥削阶级历史视野中，劳动是一种耻辱，是所谓下等人干的营生。以马克思主义理论为指导的共产党所从事的事业，就是要改变这个逻辑，将颠倒的历史再颠倒过来。在这个问题上共产党并不输理，没什么可躲闪的。

在人文社会科学领域，除语言学和考古学等极少数学科外，大多数都含有意识形态意蕴，有些学科本身就有强烈的意识形态色彩。因此在人文社会科学领域更应首先提出培养社会主义知识分子的目标，不能简单地提培养人才。自人类社会出现阶级分化以后，从来就没有存在过超脱于阶级立场和意识形态之外的所谓知识分子群体，人文知识分子更是如此。然而多年来却一直对此采取幼稚的浪漫主义态度，认为知识分子就是知识分子，不要与立场和意识形态挂钩，要唯才是举。这种态度用在科技知识分子身上尚有道理可言，因为纵使立场和思想意识有问题的人，其科技方面的一技之长也有可用之处。用在具有意识形态因素的人文知识分子身上则为大失误。在这方面的失误（邓小平曾用"一手硬，一手软"概括之）的后果已经显现出来，君不见：学经济学的将私有制市场经济和其理论体系神圣化，俨然成为学界的主流；学历史的则将论证历代劳动者反压迫斗争乃至中国革命的非正当性搞成了显学，甚至公然为帝国主义侵略张目；学文学的一方面贬斥影响过几代人的革命文学和社会主义文学创作，一方面对反共文人甚至汉奸文人抬举备至；这些人文知识分子基本上是由公立大学培养的（起码本科教育是），头顶官方给予的种种学衔和职称，甚至得到主流媒体的帮衬和造势，对社会尤其对年轻一代的影响极大。这类人文知识分子如果都是西方培养，由西方政府发俸禄并由西方媒体替其造势似乎更正常一些，但事实基本相反。这就是执政党到底要培养什么样的人文知识分子的问题了。决策层显然意识到了意识形态领域中的问题，提出了社会主义核心价值观的构建。但这里起码有两个问题：一是什么样的人文知识分子才可能构建社会主义核心价值观；二是这种价值观的首要接受主体应当是谁？显然是人文知识分子，因为在任何社会他们都始终是社会价值观的主要倡导者和传播者。如果其主体部分不认同、不接受社会主义核心价值观（在多元化的背景下这并非不可能），这种价值观构建即便很完善，也很难成为社会主导价值观。这两点最终还是回归到培养什么样的人文知识分子问题上。

在剥削阶级作为统治者的社会中，培养维护统治阶级利益的人文知识分子群体的核心做法就是灌输精英意识，"朝为田舍郎，暮登天子堂"，古今中外概莫能外。这种做法与少数剥削者统治多数人的社会本质相一致，当然有效。但是如果中国真要坚持社会主义道路（此条虽贵为四项基本原则之一，但已被理论文本漠视），这套做法就与社会主义本质不吻合，这套做法培养的是一种对社会主义反叛性的文化力量。因此应在明确提出培养社会主义知识分子的前提下，重新肯定知识分子与劳动群众相结合的方向，并切实落实"教育法"要求的教育与生产劳动相结合的方针。在人文知识分子的培养上尤其要强调这一点，这是解决立场问题的基础。

政治理论课教师是人文知识分子的一个特殊群体，这种特殊性体现在他们从事的职业性工作上——马克思主义理论的宣导。有效宣导马克思主义理论的前提是认同马克思主义，而缺乏劳动人民立场很难认同马克思主义。马克思主义立论基础——唯物史观就是诉诸劳动者的，这是问题的本质所在，关键所在。可是多年来连这个本质性问题都不敢提了或不愿意提了，一提"立场"就怕被斥为"左"。结果一涉及政治理论课的效果问题，就只从教学内容、理论素养等方面考虑，无非是调整一下教学内容，办办所谓教学骨干培训班。这套思路事实上是，以政治理论教师以立场为核心的政治素质没有问题至少没有大问题为假设的。然而这个假设不完全真实。这个问题将随着政治理论课教师群体的新老交替而更加突出。目前高校引进政治理论教师博士学位是基本学术条件，政治素质则以是否是党员为标准。可是实事求是地讲，当今党员这一政治身份与政治素质的相关度是较低的，很多人是将其作为求职或升职的砝码，这也是"皇帝的新衣"。

要提高以立场为核心的政治素质必须从基础抓起，让政治理论教师首先成为社会实践的主体。为此建议应聘政治理论教师者至少有一年最基层的工作经历，现任政治理论教师无此经历者应分批下基层实践一年，并将此作为职称评聘的基本条件。这不但有利于形成劳动人民立场，而且有利于提高教学效果。经过真正的基层实践，再站到讲台高谈阔论时才会有真实感和充实感，教学会有一个新境界。至于目前这种半旅游式的所谓社会调查或社会实践基本是浪费金钱，应尽量少搞。主管部门也不要沉溺于五花八门的所谓社会实践调查报告，搞各种各样的评奖。而应扎扎实实地创设一种制度，提供体制性条件，组织推动政治理论教师真正成为社会实践的主体。这是培养一支政治素质真正合格的政治理论教师队伍的基础工作，也是改善高校政治理论教育的根本之道。

## 三、政治理论课应当姓"理"

之所以提出这个问题，是由于在力图提高政治理论课教学效果的思路和措施安排上存在两种值得讨论的倾向和情况。一是强调学生的社会实践和教学多媒体的运用；二是《马克思主义基本原理概论》与《毛泽东思想和中国特色社会主义理论体系概论》两门课的课时安排比例明显失衡。

就大学生的社会实践而言，不管实效如何，目前各高校都在进行。而且直接与政治理论课挂钩，课时从政治理论课中划出，实践指导之责也由政治理论课教师担当。社会实践对大学生的重要性毋庸置疑，当然应当实施。问题是应当怎样实施和由谁主导。这与政治理论课和社会实践的功能定位相关，政治理论课的主要功能应是向学生进行马克思主义理论灌输，它本质上应当姓"理"，它解决的是理性认识问题。而社会实践的本质功能并不是使学生增加一些社会感性认识，而应是促使学生形成劳动人民立场，弱化乃至消解精英意识，树立为人民服务的意识。当前大学要培养独立意识、要倡导思想自由之说甚嚣尘上，甚至权威人士也给予肯定性的表态。但不管谁表态，作为学术议题还是可以讨论的。所谓人的意识和思想无非是人的所思所想，它只能被影响，不可能由外部强制来主导，人的头脑想什么谁能管得了？因此在此意义上意识从来都是独立的，思想从来都是自由的。事实上自西方资产阶级启蒙时期开始，到当今国内自由派人士追求的所谓思想自由，实际是要求表达他们思想的自由，所谓倡导独立意识实际是主张不受干预地传播其意识形态的自由，总之是要求表达尤其是传播他们的思想意识的自由。诚如著名的自由派人士茅于轼所说，他一直在思想上主张中国走资本主义道路，当年他获罪的原因却并不在于这样想，而在于他将这种想法表达出来了。他们这类人主张的思想自由实际还是思想表达的自由。然而自人类社会以阶级统治作为社会存在形态以来，这种意义的思想自由真正存在过吗？可能存在吗？国内自由派可以对此装傻充愣，执政者绝不能冒这个傻气。现在提培养大学生为人民服务意识也好，爱国主义意识也罢，自由派就会拿人的思想自由或独立意识说事，实际上他们的思想也不是自由的，也是有边界的，超出他们认同的意识形态就会被归入不自由不独立的范畴。事实是根本没有什么纯粹的脱离外部环境的自由意识、独立意识，从来都是社会存在和社会影响决定人的意识，因此要理直气壮地提出"培养大学生的为人民服务意识"。

政治理论课与社会实践虽然培养目标一致，但毕竟功能定位不同，将社会实践与政治理论课挂钩是角色混同。这样不但不能充分体现政治理论课的本质功能，强化其理论灌输的特有优势，而且由于政治理论教师自身普遍缺乏社会实践背景又不掌握社会实践资源，本身就不是合意的社会实践主导者。事实上也弱化了社会实践的功能，所谓社会实践多是流于形式。社会实践的主体内容不应当仅仅是社会调查，更不是走马观花式的参观，而应是以角色转换求得切身体验。看十天不如干一天，过去实行的教育与生产劳动相结合的方法（虽然"教育法"仍这样要求，但事实上已经放弃了）即是如此，这才是更具本质意义的社会实践。当然现在实践形式可以多样化，但以角色转换求得切身体验这一本质特点不应变。显然实施这样的社会实践模式远非政治理论教师所能承担，它需要权威机构整合学校和社会资源，需要高校组建专门的社会实践组织机构，形成校内外结合的社会实践体系。当然政治理论课教师并不是完全置身事外，但只应是参与者和协助者。他们的主要职责还是搞好理论教学，使政治理论课体现出姓"理"的本质。

运用多媒体目前被当做提高教学效果的重要手段而被广为提倡，这有一定的合理性和实际意义。但多媒体毕竟只是一种辅助教学手段，不适当地过度使用可能会喧宾夺主，造成"理论功底不够，多媒体来凑"的现象。这也是政治理论课本质上要姓"理"的问题。缺乏理性认识和理性辨别能力，课堂上通过多媒体产生的感官效果就是短命的，当时可以激动一下，一遇到现实问题或风波就会动摇迷惑。政治理论课主要还是要用理论魅力影响吸引学生，多媒体应是提高吸引力的手段，而不能游离于理论逻辑之外追求感官效果，更不能用大量的多媒体播放代替讲授（这种现象并不少见）。理论功底、教学水平和课堂教学效果是个线性关系，理论功底和教学水平直接决定课堂教学效果。但多媒体出现后，课堂教学效果可以直接体现在感官效果上，而理论影响效果短期内又很难考察认定。因此理论功底和教学水平可能与课堂教学效果存在某种脱钩，这种脱钩又会由于外在评价标准比较注重短期的课堂感官效果而使教师（尤其是善用多媒体的青年教师）在教学路向选择上偏重于多媒体技巧的运用，忽视理论功底和真实教学水平的提高，从而强化了政治理论课不姓"理"的倾向。这并非危言耸听，目前政治理论教师真正潜心钻研理论的有多少，在教学一线了解实际情况的人应是很清楚的。

其次，《马克思主义基本原理概论》与《毛泽东思想和中国特色社会主义理论体系概论》两门课的课时安排明显失衡，前者过少后者过多。此安排不管是谁定的，并不事关政治原则，可以讨论也必须讨论，因为它与教学效果直接相关。

《毛泽东思想和中国特色社会主义理论体系概论》这门课的课时之所以多，应当是基于对"中国特色社会主义理论体系"的政治定位很高，这当然是对的。"中国特色社会主义理论体系"确实应当是学习的重中之重。但重点不一定是难点，按教育学的规律，教学时数的安排不应当以课程的政治重要性为基本依据，教学时数的设置应以课程内容的涵盖面尤其是难易程度为主要依据，这是一个公认的标准。如果以此为依据和标准，《马克思主义基本原理概论》的课时数应当与《毛泽东思想和中国特色社会主义理论体系概论》的课时再均衡一下。虽然毛泽东思想和中国特色社会主义理论体系的政治地位和理论地位从实践的角度看最重要，但是应当指出该理论作为马克思主义中国化的理论成果，不但理论内容切合中国实际，而且理论表述方式也是中国化的。毛泽东同志历来主张要有中国气派，他也确实如此。毛泽东思想完全是中国化语言和表达方式，非常好懂。至于中国特色社会主义理论体系概论，就教材内容而言，除了领导人的具体论断外，基本上是各项决议的文本汇编，而且与中国现实有直接联系，基本没有抽象的理论逻辑和理论表述。在教学上运用一些辅助材料和辅助手段（如多媒体）讲解这种文件式的、又与现实直接联系的内容，很容易讲也很容易被理解，并不真正需要那么多课时。而马克思主义基本原理则不同，首先理论涵盖面广，包括了哲学、政治经济学和科学社会主义理论。并且它是用学术语言构造的理论体系，理论逻辑较为抽象，它也并不直接观照中国现实，直观性不强。而且讲授对象是大学生，他们惯于理性思维，只能用理论魅力感染他们。这显然不像建国初期用猴子变人向劳动者宣传历史唯物主义那样简单。这决定了该课程无论是讲授还是学生理解方面都是有难度的，课时过少根本达不到使学生掌握马克思主义基本原理的目的，甚至连基本了解都很难做到。

当然《毛泽东思想和中国特色社会主义理论体系概论》课时安排较多，还可能与当前大学生实际思想状况和他们对该理论体系的认同度有关。这种问题确实存在，在部分学生中间，在某些方面可能还比较突出。这种问题的存在并不是理论体系本身的问题，与课时安排的多寡更无关系，至少没有直接关系。问题的基本原因在于理论与现实问题的非对称状况。例如，中国特色社会主义理论主张公有制为主体，而理论界可以公开表达私有化的主张，并在各类媒体的推动下渐成主流。在具体所有制改革实践中，公有制的主体地位是否存在虽然受到广泛关注和质疑，但至今未有实证数据澄清。发展私有经济的政策空间不断加大，发展公有经济的具体政策多年来未见一条，倒是改制之声不绝于耳。但理论教材上却是权威文本的承诺：要坚持"两个毫不动摇"。这对得上吗？对不上的东西讲得清吗？讲不清的事情能解决学生的实际思想疑惑吗？如果说一般教师讲不清是水平问题，可是连高层理论宣传部门编写的据称能回答现实的重大疑惑问题的读本中，在此重大问题上也是顾左右而言他。明明现实的疑惑是现在公有制是否真占主体地位，回答却是重复权威文本的承诺：我们要坚持公有制的主体地位以及为什么要坚持。再如以私有制为基础，以多党制和多元化为政治架构的民主社会主义主张诉诸于半官方的出版物，不但与中国特色社会主义理论对立，而且已经涉嫌违宪，实际超出了言论自由的范畴。一些媒体和出版物长期对毛泽东同志本人及以毛泽东同志为历史形象的中国革命任意贬损，甚至为帝国主义侵略史辩护，如此等不一而足。可是这些却受到了高度的政治宽容和组织宽容，理论教材上的坚持四项基本原则似乎是空话。这种理论与现实严重不对称的状况，不但对学生而且对政治理论教师也产生了不利影响，这能不影响教学效果吗？可是这显然不是靠加大课时量能解决的。

以上两门课的课时安排问题，从理论层次看也与对马克思主义理论的源与流的认识有关。马克思主义基本理论是源，毛泽东思想和中国特色社会主义理论是以前者为源的流。因此就应体现这个源，要和马克思主义这个源有基本的理论传承关系。从掌握理论的规律讲，弄懂了本源性、根本性的理论，"流"的内容才能顺理成章地掌握。在这方面还是有问题值得探讨的，譬如现在讲中国走上社会主义道路和坚持社会主义道路的必然性和必要性，主要是以中国国情为主要理论依据，这当然有道理。但逻辑上容易受质疑，因为国情在短时段是一个常量，长时段是一个变量。如果用国情作为走什么道路的基本理论解释，那么基本逻辑推论就只能是国情变了，社会制度走向也可以甚至必然变。那么苏东走资本主义道路也可以用国情所导致的必然性来解释，那就没有吸取教训可言了。问题不在于这种国情论解释不对，而在于它缺乏本源性的理论支撑。这种本源性的理论当然是科学社会主义理论。中国走社会主义道路的必然性首先要从这种本源性理论来解释，才能顺理成章、高屋建瓴。科学社会主义理论可以为中国走社会主义道路的必然性提供基本理论支持，同时也提供了社会主义普世性的理论证明。国内自由派对资本主义的普世性宣传是诉诸于理论层面的，我们的宣传则用国情来对应。普世性是理论证明的必然性，国情是特殊性。而中国特色社会主义理论则是以这种国情特殊性为依据的。以特殊性对必然性是完全不对称的较量。对惯于理性思维的大学生来讲哪个影响力会大些是不言而喻的。然而事实是科学社会主义理论既有社会主义普世性的理论证明，又有社会主义运动实践的印证，完全应当大讲特讲。将这个本源性的理论讲通了，学生接受中国特色社会主义理论就有了坚实的认知基础。可是现实是，包括科学社会主义理论在内的马克思主义基本原理课的课时过少，与其本源性的理论地位极不相称。

对马克思主义基本理论学习的重视程度不够，事实上不仅表现在高校政治理论教学上，而且是一个较普遍的现象（如经济学教学领域马克思主义经济学基本被边缘化了）。这与对时代特点的认识有关，全球化被认为是时代的特点，并且认为中国要办好自己的事也必须融入全球化。在这种全球化背景下，马克思主义基本理论不但离时代远，而且也离融入全球化的中国现实远。这种认识刻意回避了全球化的实质是以西方为主导的全方位全球化，它不仅仅涉及经济，也包括政治、文化和价值观等。这种性质的全球化使马克思主义不是离我们远了，而是更近了。马克思主义本质上是历史科学，它揭示的是历史规律和历史必然性。全球化是资本主义历史发展的必然，这种全球化只有站在马克思主义理论的高度才能俯视它应对它，才能不为其所惑更不为其所导。近些年面对资本主义全球化普世化的意识形态冲击，连一些曾经宣称信仰马克思主义的学者也缴械投降随声附和，当起了吹鼓手。坚守者则以中国国情的特殊性或中国特色来应对，这种应对有道理也有一定的效果，但显然缺乏马克思主义基本理论所能赋予的大历史观和历史高度。对较为认同理性思维的大学生来讲，马克思主义基本理论基础的薄弱会使他们缺失以马克思主义理论为支撑的大的历史视野，在资本主义占有历史发展优先权的背景下很难长期抵御资本主义全球化和普世化的意识形态冲击。他们对中国特色社会主义理论的认同和坚守也很难经得起大的风云变幻。

总之，政治理论教学首先要姓"理"，马克思主义基本理论教学应给予加强。这方面的教学搞扎实了，马克思主义中国化的理论教学才是有源的活水，也能取到事半功倍的效果。

# 高校思想政治教育的创新研究❶

吴慧芳

（北京信息科技大学政治理论教育学院　思想道德修养与法律基础教研室）

　　**摘　要**　创新是当今时代的主题，更是高校思想政治教育的重要主题。探索高校思想政治教育的创新路径，增强思想政治教育工作的实效性尤为重要。本文在研究思想政治教育创新机理的前提下，结合高校思想教育现状，提出了三大思想政治教育创新策略。

　　**关键词**　创新　高校思想政治教育　教育艺术　终结性评价　形成性评价

　　创新是 21 世纪的时代主题。高校是精神文明建设的重要基地和示范窗口，是培养高素质人才的摇篮，也是我们党必须与封建主义思想残余、资本主义腐朽思潮争夺的思想阵地。[1] 在这一时代背景下，高校承担着培养和造就创新人才的重任，这就要求高校不仅要在教学科研工作中创新，而且要在思想政治教育上创新。创新已成为高校思想政治教育的重要主题。

## 一、思想政治教育的创新机理

　　把"创新"这个概念引入思想政治教育领域就形成"思想政治教育创新"这个新概念。本文对这个新概念的理解是：为了解决思想政治教育面临的新问题，对思想政治工作的内容、方法、机制等进行新的组合、完善、丰

---

　　❶ 基金项目：北京市优秀人才资助项目（2009B005006）。

富和发展，使之更加符合思想政治工作规律的要求，从而解决新问题，取得新突破，最终实现思想政治教育的现代化目标[2]。具体来讲，思想政治教育创新的特点有五个方面。

第一，从总体上看，思想政治教育创新是一个连续的、动态的过程。创新伴随着思想政治教育发展的整个历史过程，并成为思想政治教育向前发展的不竭动力。只要思想政治教育存在，思想政治教育的创新就不会停止。如果人为地中止创新活动，思想政治教育就会落后于时代，思想政治教育的生命力也会随之丧失。

第二，从起源上看，思想政治教育创新起源于思想政治工作发展过程中不断出现的新课题。形势、任务、对象都是不断发展和变化的，旧的矛盾的解决意味着新的矛盾的产生。因此，思想政治教育新问题的不断涌现，呼唤着思想政治教育创新，创新是解决新问题的钥匙和必由之路。

第三，从目标上看，思想政治教育创新不是盲目的，而是具有很强的指向性。这种指向性目标具有不同的时代要求，网络时代思想政治工作创新是追求思想政治工作现代化目标的实现，并在此目标实现的基础上向着更高的目标、更新的境界迈进。

第四，从形式上看，思想政治教育创新突破原创形式，网络时代运用网络开展思想政治工作，这是历史上未曾有过的。当然也有对已有内容、方法、机制等进行重新配置和组合的非原创形式。无论何种形式，思想政治教育创新与继承、借鉴都是相互渗透、有机统一的。

第五，从实质上看，思想政治教育创新是通过不断地改进和完善思想政治教育，使之更加符合自身发展规律的要求。人的思想行为的发展变化是有规律的，网络时代同样如此，思想政治教育和管理也是有规律的。人们对这些规律的认识要经历一个不断深化的过程。思想政治教育创新既体现着对规律认识成果的运用，又孕育着对规律更深把握的追求，最终实现思想政治工作从必然王国向自由王国的飞跃。

## 二、确立平等性的师生关系，创新思想政治教育艺术

在传统的思想政治教育中，主要是沿用传统的"一支笔、一本书、一块黑板"的课堂教学模式，或者是通过个别谈心、集体宣讲以及电视、广播、

报纸等大众传媒来进行。对于形形色色的社会思潮采用"堵"的教育方式，禁止学生接触，使学生处于封闭状态。这种教育方式尽管有缺陷，但在具有一定封闭性的传统社会，由于较少有其他思想观念影响大学生，所以仍发挥着巨大的作用。而在崇尚个性、标榜多元、日新月异的网络社会中，传统的强调道德知识接纳、正面灌输为主的"美德袋"式的教育已经落伍，事实上也不能将传统的"美德袋"式教育与网络社会嫁接在一起。互联网的兴起推动了空前的教育权力转移，教育的话语权也随之发生了巨大的变化。理解这种权力转移的人将会成为事实上的教育者，将会获得新的教育主导权。面对这种情况，许多成人包括教师和家长也许一时还难以接受，但现实就是如此。如果不改变传统的教育方式，马列主义、毛泽东思想、邓小平理论即使被灌输进大学生的头脑，也会很快地被来自各种媒介的负面信息所稀释或抵消[3]。作为高校思想政治教育的主渠道——高校思想政治理论课，必须积极应对、不断创新，以求实效。

网络的迅猛发展弱化了传统的"教师—学生"机制，强化了"网络—学生"机制。后者具有促进学生自我教育的优点，同时又具有很大的随意性和盲目性，并不是完全意义上的思想政治教育机制。所以有必要建立起一种教师参与下的"教师—网络—学生"机制，与传统的"教师—学生"机制实现互通、结合使用交互模式。从信息传播的角度讲，对大学生进行思想政治教育的主要方式，应该由向学生灌输正面信息为主转变为引导学生选择正确信息和灌输信息并重。

网络时代，教师尤其要树立全新的师生观念，即转变传统教育中"唯师是从"的专制型师生观，构建教学双重主体之间相互尊重、相互信任、相互理解的新型的平等、民主、合作关系。在现代教育技术条件下尤其是在网络迅猛发展的今天，师生间是平等的，虽然网络交往方式具有虚拟性、符号性等特点，但一切网络行为的主体是人，他们对网络有平等的拥有和支配权，大学生已经成年，会独立地思考形成自己不同的见解，可以对教师的观点提出质疑，可以利用现代化的设备进行实验以求证自己的假设，可以在BBS上畅谈自己的想法……师生之间是一种相互理解和承认、相互敞开和接纳的社会性关系。《教育——财富蕴藏其中》一书中明确提出：教师和学生要建立一种新的关系，从"独奏者"的角色过渡到"伴奏者"的角色，从此不再主要是传授知识，而是帮助学生去发现、组织和管理知识，引导他们而非塑造他们。[4]教师应从灌输者转变成为学生思想品德的指导者和学生活动的导演者。所以，教师必须深入研究网络化背景下高校思想政治教育的新规律，把握大学生的心理特点，结合网络化的大趋势，有的放矢地进行启发，引导大学生在辨析中思考，在辨析中选择，使之更好地进行价值判断和道德选择。作为高校思想政治教育的主渠道——高校思想政治理论课课堂教学要不断创新，与时俱进，改进教育艺术，弘扬主旋律，提高实效性。

斯里夫和库克（B. D. Slife and R. E. Cook）两名教育心理学家提出著名的解决问题的五步程式：第一步是认清问题。解决问题必须认识问题之存在，并注意问题的性质与特点。第二步是分析问题。解决问题者要分析对问题起作用的各种因素，收集必要的信息，厘清涉及的因果关系。第三步是考虑可供选择的不同答案。要思虑多种解答，甚至是看上去像是愚蠢和行不通的一些解答。过早地限制选择，不仅扼杀解决问题的创造性，而且会使解决问题中的学习过程中止。第四步是选定最佳答案。解决问题者对前阶段所搜集的多种解答加以慎重筛选，抓住对当前问题最为切合的解决之道。第五步是评价结果。解决问题者要知道自己努力的结果，结果的正确或错误都能提供进一步的学习机会，并成为下一步的起点。这五步程式的普遍性意味着一种自然的解决问题的逻辑，布朗（A. L. Brown）概括为"hey-wait-think-see-so"。根据斯里夫和库克的问题解决理论，在思想政治理论课教学中，策划涉及相关课题项目来强化学习的指向性，并引导学生建构学习团队是可行的，可以利用课内实践和专门的实践环节，师生共同设计开放性的话题让学生畅所欲言，发表见解。如"如何破解北京的人口交通困境"、"当前社会背景下年轻人应以何种方式给父母尽孝心"、"拥有十三亿人口的中国真的扶不起老人吗"等话题。学生以小组为单位在课下收集整理网络上和图书馆的各种资料，阐述论点论据，撰写调研报告。课堂教学采用"头脑风暴法"，即教师通过暂缓做出判断和评价，鼓励学生对同一问题提供许多解答的教学方法。利用这种教学方法时要遵守四条规则：①禁止批评；②鼓励畅所欲言；③鼓励各种想法，多多益善；④欢迎进行综合和提出改进意见。学生能以完全平等的方式与教师展开对话，表达自己的观点和诉求，阐述自己对生存世界的理解和体验，对大学生主体性的充分发展是有益的。当前，学生了解各种信息的渠道、途径非常广泛，有的甚至超过老师"闻道在先"，但对信息的理解与处理能力却远远不够。这就要求教师高屋建瓴，把握深度，引领方向，让学生真正信服。

在高校思想政治教育中，师生还可以通过网上对话、QQ 聊天、微博、发送电子邮件等进行思想政治教育的教育交往。尤其对于问题学生，这种虚拟的思想政治教育方式能够克服传统的思想政治教育刻板、严肃、僵硬的弊端，提高思想政治教育的亲和力、感染力和接受度，会产生意想不到的教育效果。

## 三、探索形成性评价生长点，创新思政教育评价方式

评价通常是指对事物价值高低的判断，包括对事物的质与量的描述和在此基础上作出的价值判断。将评价用之于教育，便产生了教育和教学评价。泰勒（R. W. Tyler）最早把评价纳入教学过程，强调评价对教学的反馈功能。肯定的评价一般会对学生的学习起鼓励作用；通过评价，学生在学习上的进步获得承认，心理上获得满足，从而会强化其学习的积极性。否定的评价往往会使学生产生焦虑，而适度的焦虑则可成为学生努力学习的动因。当紧张和焦虑的程度处于中等水平时，学习进展最好。思想政治教育是带有人文色彩的教育过程。自然而然，德育评价就是对精神产品的生产过程及其效果的评价，就会更多地受社会的文化特点和价值取向的影响，其过程具有长期性和多维性。建立高校思想政治理论课评价体系，提高德育实效性，就需要不断创新评价方式。对思想政治教育效果的认定，作为一种对精神产品的评价，应避免过于泛化；对思想政治理论课的评价，要避免过于量化。为了适应思想政治理论课教学从知识型到应用型的转变要求，必须创建一种适应创新教育发展的新的思想政治理论教学评价体系。

高校思想政治理论课评价创新的关键点是学生的学习成效的评价。英国学者弗雷泽（Mal-colm Fraze）认为："高等教育的质量首先是指学生发展质量，即学生在整个学习过程中所'学'的东西，包括所知、所能做的及其态度。"[5]以此为逻辑起点，高校思想政治理论课应以学生为主体，以学生的学习效果为评价核心，对基础知识掌握情况、学生情感态度、价值观以及实践能力三方面评价，探索形成性评价、终结性评价相结合的考核评价方式，实

现从单纯的知识考核向理论知识应用能力和思想表现相结合的综合考查方向转变。

终结性评价重结果，指在一个大的学习阶段、一个学期或者一门学科终结时对学生学习成绩的判定。终结性评价一般概括性水平较高，着眼于学生对思想政治理论课程内容的掌握，注重于测量学生达到课程教学目标的程度。在以往的教学实践中，不少大学生对思想政治理论课不重视，甚至出现了大学生思想政治理论课"接受疲劳"现象。不少学生认为学习思想政治理论课的目的是"为了应付政治考试的需要"，看重评价结果忽视教育过程。可见，传统的重视终结性评价的做法不能"hold"住学生，难以取得实质性的教育成效。

形成性评价重过程，着眼对学生接受思想政治教育的学习过程中的认识、态度、情感、意志等主要方面进行动态的评价，是一种发展性评价。思想政治教育形成性评价的创新性探索是思想政治教育的核心生长点。其实，接受思想政治教育的过程也是有意识地促进道德形成发展的过程。人的思想品德的形成离不开思想政治教育过程的作用；思想政治教育过程是思想品德形成过程正确发展方向的重要保证。思想品德形成过程在某种意义上讲是思想政治教育过程的微观表现。思想政治教育形成性评价重过程看表现，相对于终结性评价而言，对人的评价更为客观全面，但思想政治教育形成性评价需要控制的变量较多且难。在思想政治理论课教学过程中，要使学生克服"接受疲劳"现象，提高教学实效性，可以设立"学生论坛"，选择具有较高的内容效度和较强的预测效度的题目来开展未竟性教学，让学生基于所学的思想政治课相关理论多维度思考讨论。如讲授完全球化背景下如何弘扬爱国主义相关内容后，笔者为了加深学生的理解，设计问题"名人加入外国国籍能说明爱国与否吗?"让学生利用网络搜集资料，展开讨论。学生思维非常活跃，有的从宏观的角度出发提出了"大爱国观"、有的从国籍的政治性出发阐明国籍重要性；有的从知识产权方面说明科学家国籍必要性，正所谓"科学无国界，科学家有祖国"；还有的从国家利益的角度讲了世界冠军对国家荣誉之重要性；也有的从个体发展的角度，认为考虑自身的利益加入别国国籍跟爱国没有关系等很多真知灼见。也可以设立"学生讲坛"强化情境教学，有学生自行组织团队利用课余时间积极准备，然后在课堂上讲授一段难度适合的教学内容，如讲社会公德、家庭美德，学生在讲授中贯穿正反实际，加深理解，深化认识。在上述教师启发引导下的"学生论坛"和"学生讲坛"上，学生对于问题的观点具有开放性、非标准化的特点，最反对"千人一面"、"千腔一调"。

思想政治教育形成性评价要坚持三个原则。一是客观性原则。要使标准相对明确化、评价结果书面化，可以放在班级博客中。对学生的思想政治形成性评价不能主观臆造，不能掺杂个人情感，避免成见效应，以致影响客观与公允。二是指导性原则。教师不能为了评价就无原则地附和学生，放松对学生的要求。在思想政治形成性评价中，每一次学生讲坛、学生论坛、学生发言、回答提问、讨论等学生参与的机会，教师都要在指出学生的长处与不足的基础上提出建设性反馈意见，使被评价者心悦诚服，使思想政治教育真正实现内化。三是发展性原则。思想政治理论课形成性评价着眼于学生的学习效果和动态发展，着眼于教师的教学改进和能力提高，以调动师生的积极性，提高思想政治教育实效性。即便是对落后生也不宜一味指责，要尊重学生的人格。评价应是鼓励师生、促进教学的手段，而不是整人的工具。对于优秀学生实名表扬，对于问题学生学号批评，可以在课堂，也可以通过网络在班级博客或者 QQ 上沟通。

## 四、构建全方位的网络体系，创新思想政治教育模式

21 世纪是网络时代。网络是一个超越地域和国界的人类信息传播交往空间。Internet 的发明者宣称：网络是一个"自由平等"的世界，是一片"没有政府、没有警察、没有军队、没有等级、没有贫贱、没有歧视"的世外桃源。在网上各种有用与无用、正确与错误、先进与落后的思想文化、价值观念交织在一起。网络阵地，马克思主义不去占领，各种非马克思主义甚至反马克思主义的思想就会去占领。然而现实是，网上各种有益信息、虚假信息、垃圾信息混杂在一起，网络环境受到了严重的"污染"。网上存在大量的黑色、灰色、黄色等信息。国内外一些反动势力和别有用心的人利用网络，不断散布反动言论，影响大学生思想。而在学生当中，许多人把网上聊天当成一种解脱空虚的方式，很多商业网站的聊天室是"灰色信息"的污染源，多数人在这里聊天，找朋友。聊天室里主题健康的话题不多，多数是聊感情，

发泄不满。类似这种"灰色信息"必然对青年大学生产生不良影响。截止到2010年12月31日，我国网民规模达到4.57亿。在全国的4亿多网民中，大学生是其中最活跃的群体。调查显示，大学生中经常上网的人数达90%，这些人中只有15%的人上网是为学习，60%的人是上网聊天，25%的人则是上网玩游戏。大学生长期处于这种"污染源"之下，怎么能够陶冶情操，提高素质呢？部分大学生的社会取向变得庸俗和灰色也就不足为奇了。

这就要求思想政治教育者要充分发挥网络的作用，充分运用信息网络技术开展思想政治教育，如通过建立"网上"马克思主义阵地，开设网上党校、网上团校，设立理论学习、时事政策、"两课"辅导与答疑、法制教育、道德教育、心理咨询、学生生活服务等网站，在网上形成正面声音，增强学生上网的法制意识、责任意识、政治意识、自律意识和安全意识，增强学生的政治敏锐力和政治鉴别力，提高他们抵御错误思潮和腐朽生活方式影响的能力，努力增强新形势下高校思想政治教育的针对性和实效性。目前，比较有效的办法是谭振亚教授提出的高校网络建设"管、导、建"的三字方针，即一要理直气壮地管好我们的网络；二要积极正确地引导网上的舆论走向；三要力求使网上的内容形式新颖，能最大限度地吸引学生，使大学生有一个健康的网上学习、娱乐环境。

另外，要积极发挥校园网络的育人作用。在网络文化环境下，注重增强思想教育工作的吸引力、说服力和影响力，必须形成网络思想教育工作体系，牢牢把握网络思想政治教育主动权，积极发挥校园网阵地的育人作用，坚持始终用先进文化占领新的思想阵地。因此，要充分利用电脑网络技术的优势，把思想政治工作规律和网络媒体特点有机结合起来，把校园网建成融思想性、知识性、趣味性、服务性于一体的主题教育网站或网页，不断拓展学生思想政治教育的渠道和空间；要开展生动活泼的网络思想政治教育活动，开展网上论坛教育，传播时事政治教育、党的政策精神教育、先进人物先进事迹教育和各种文化教育内容等，弘扬主旋律，形成网上思想政治教育的合力；要丰富"校园网络"教育内容，开展网上调查研究工作，及时了解大学生思想状况，加强同大学生的沟通与交流，及时回答和解决大学生提出的问题，积极营造一种健康向上的和谐的文化教育氛围；提高大学生思想政治教育工作效益，建立大学生信息数据库，增加教育信息量，实现教育资源共享，教育资源优势互补；加强校园网的严格管理，强化网络思想政治教育队伍建设，坚持网络社会公德规范的教育，严防各种有害信息在网上传播，坚持以高尚的道德价值观影响大学生。

把数据库技术与高校思想政治教育相结合，建立具有专业特色的思想政治教育资源库，既可以避免各高校思想政治教育资源的重复建设，提高教育资源的共享程度和利用率，又能打牢思想政治教育的信息支持基础。目前各高校思想政治教育资源库的建设还存在以下问题[7]：一是大多数单位已基本上建成自己的思想政治教育网络，但其网上的教育资源仅是零散的一些文字材料为主的网页，缺少针对性强的思想政治教育课件，更缺少由系列课件、虚拟场景以及相应教育管理系统构成的网络教育课程，形式较为单一，对学生缺乏吸引力，教育效果不理想。二是思想政治教育资源库的低水平重复。各高校都制作了一些典型内容的教育课件，其表现形式大同小异，技术含量和可视价值平平，造成低水平重复建设。三是已经建成的思想政治教育资源库内容单一，功能不全。因此有必要在思想政治教育资源库建设量的积累基础上进行质的提高，规范高校思想政治教育资源库的设计方法和步骤，通过制定统一的标准来规范各高校思想政治教育资源库的建设，可以从以下四个方面入手：①对典型的或大型的思想政治教育，要设计针对性强的教育课件，有条件的单位可以研制由系列课件、虚拟场景以及相应教育管理系统组成的网络教育课程，丰富教育的形式，增强教育的吸引力；②要由教育部牵头或各单位协作把思想政治教育专家和信息技术人才组织起来，研制集思想政治教育课件库、案例库、题库和教育管理系统为一体的高质量的思想政治教育资源库；③各单位要利用已有的网络条件实现互补，及时进行交流，做好教育资源的共享工作，提高教育资源的利用率；④各单位在建库过程中要遵循先进性与标准化、整合性与积件化、交互性与简捷化的建设原则，设计出具有信息检索、提供后续服务、提供解决方案等各项功能的思想政治教育资源库。

网络社会的迅猛发展，已经使教育对象的思想越来越多元化、个性化。无论是人们的生活方式、思维方式、价值取向，还是人们的心理素质结构，都在发生着深刻的变化，这种变化将会使我们的教育对象比以前更加复杂。在大学生思想政治教育过程中要不断创新，才能不断增强思想政治教育的针对性、体验性、主动性和创造性，提高实效性，做到理论上指导、思想上启迪、行动上帮助、情感上交流，全方位、多渠道促进大学生思想政治素质提高。

## 参考文献

［1］白群. 当代大学生思想政治教育创新若干问题研究［D］. 江西师范大学学位论文，2009：22.

［2］何贵亮. 网络时代思想政治教育机制创新研究［D］. 电子科技大学学位论文，2007：8.

［3］蒋宏大. 互联网与高校思想政治教育创新［D］. 南京师范大学学位论文，2008：11-16.

［4］联合国教科文组织. 教育——财富蕴藏其中［M］. 教育科学出版社，1996：136.

［5］陈玉琨，杨晓江. 高等教育质量保障体系概论［M］. 北京师范大学出版社，2009：98.

［6］陈颜. 论现代信息技术在军队思想政治教育中的运用［D］. 国防科学技术大学研究生院学位论文，2005：21-22.

# 加强《思想道德修养与法律基础》课法律教学实效性的思考

曹　霞

（北京信息科技大学政治理论教育学院　思想道德修养与法律基础教研室）

**摘　要**　加强大学生法律素质培养，是大学生健康成长的需要，是依法治国、建设社会主义法治国家的客观要求。本文针对影响《思想道德修养与法律基础》课法律教学实效性的主要问题，提出了加强《思想道德修养与法律基础》课法律教学实效性的对策思考，以期对加强《思想道德修养与法律基础》课法律教学的实效性起到一定的促进作用。

**关键词**　高校　思想道德修养与法律基础　法律素质　实效性

自 2006 年高校开始执行思想政治理论课程新方案，将《思想道德修养》与《法律基础》课程合并为《思想道德修养与法律基础》。但客观地说，这也使得改革前原来需要一学期的《法律基础》课程内容缩短为短短几周，面对课程整合、课时减少的新情况，如何实现高校法制教育的目的，需要我们对《法律基础》的教学目标、教学方法进行积极探索，针对法律教学中的问题提出改进的对策，进一步优化教学内容、丰富教学方式、完善教学环节，更好地发挥《思想道德修养与法律基础》课程作为培养大学生法律素质主渠道、主阵地的作用。

## 一、加强大学生法律素质培养的必要性

加强大学生的法制教育，培养大学生依法行使权力观念，依法履行义务观念，遵纪守法观念，依法保护自己的合法权益观念等，使大学生真正做到

学法、懂法、守法、用法，具有举足轻重的作用。

（1）加强大学生法律素质培养是大学生健康成长的需要。

法律素质在大学生的成长中具有其他素质所不能替代的作用。主要表现为：第一，它是大学生依法自律的必备素质。大学生需要掌握必要的法律知识，了解从事违法犯罪活动的危害，通过法律的约束，减少违法犯罪现象的发生。在一些大学生违法犯罪案件中，反映出有的大学生连起码的法律常识都不懂，犯了法还不自知，而法律并不会原谅无知者。大学生如果不具备依法自律的法律知识、依法自律的意识和意志品质以及依法自律的能力，其行为就有可能偏离法律的轨道，甚至可能会步入法律的禁区，受到法律的制裁。第二，它是大学生依法自我保护的必备素质。大学生要了解自身具有哪些合法权益，要具有依法自我保护的意识和寻求法律救济的能力，勇于同违法犯罪行为作斗争，保护自己的合法权益不受侵犯。当个人权利受到侵害时，知道运用法律武器来保护，而不是采用非法手段。第三，它是大学生适应时代要求的必备素质。大学生将来无论从事管理工作、科技工作，还是文化教育工作，都需要有良好的法律素质做保证。只有既懂业务，又懂法律的人才，才符合科学技术突飞猛进、国际竞争日趋激烈的时代发展的要求。如果不注意提高自身法律素质，就难以在市场经济中施展才华，建功立业。

（2）加强大学生法律素质培养是建设社会主义法治国家、实现依法治国的需要。

依法治国，是党中央提出的治国方略，是社会主义市场经济建设的需要，是国家长治久安的保障，是社会文明进步的重要标志。我们要建设社会主义法治国家，不仅需要完备的法律制度，高素质的执法、司法队伍，而且要提高全体社会成员的法律素质，增强全体社会成员遵纪守法的自觉性。大学生作为社会的优秀群体，其掌握法律知识的程度，法律意识的强弱，用法能力的高低，将直接影响着我国社会主义民主法制的进程。依法治国的国策要求大学生学习法律知识，树立正确的法律观，增强法律意识，依法办事，维护法律尊严，成为具有较高法律素质的公民，以满足法治社会的需要。

## 二、《思想道德修养与法律基础》课法律教学实效性的影响因素

《思想道德修养与法律基础》课法律教学存在的教学时数不足、教学方

法不够丰富、学生不够重视等问题，影响了这门课程法律教学的实效性，具体表现在以下几个方面。

（1）教学课时不足。

目前，高校非法律专业学生的法制教育主要依托于《思想道德修养与法律基础》这门课程。其中法律部分的课时量比以前的《法律基础》课程大大减少。而法律教学需要有一定的课时量保证，才能使学生学到基本、常见的法律知识，进而增强法律意识，提高法律素质。如何使学生在极其有限的课时里学习了解必要的法律知识，是一个亟待解决的矛盾。法律教学课时匮乏，很多内容无法进行详细的讲述和分析，蜻蜓点水，难以满足学生对法律学习的基本需要，在很大程度上影响了法律教学的实效性，淡化了大学生的法制教育。

（2）教学方法不够丰富。

法律课堂教学还存在着教学方法单一封闭、重教有余、重学不足、灌输有余、启发不足的问题。由于忽视了学生的主体和个体的差异性，学生被动地接受既定的法律规范以及与之相应的观念，学生在教学过程中参与程度较低，这种缺乏情感体验和行为表现的课程教学是收效甚微的。

（3）一些学生对法律学习不够重视。

激烈的人才市场竞争和就业压力，使大学生的主体需求和价值取向发生了明显的倾斜，日趋功利化、实用化和短期化。部分学生只重视英语、计算机等操作性、实用性课程，重视专业学习，这种过于功利实用的心态使他们对法律课程缺乏源自于内心深处的学习动力，也降低了他们对法律学习的兴趣。一些学生认为法律课程成绩再好，对找工作也起不了多大作用。为了提升自己的竞争力，他们要考研，要英语过级，要考各种职业资格证书，对法律课程的学习则消极被动，只求及格取得学分。这也影响了法律教学的实效性。

## 三、加强《思想道德修养与法律基础》课法律教学实效性的对策

《思想道德修养与法律基础》课程是高校法制教育的基础阵地，法律基础课堂教学是培养大学生法律素质的有效途径。针对法律教学中存在的问题，

我们提出以下改进的对策。

（1）优化教学内容。

充满时代特色的教学内容、观念才能激发大学生的兴趣与热情。面对新时代要求，《思想道德修养与法律基础》课程应该从大学生的思想实际出发，坚持理论联系实际，从学生迫切需要了解和关心的法律问题入手，使法律教学更具启迪性、指导性和现实针对性。面对教学课时少和教学内容繁多这一矛盾，在教学中要突出重点内容，不能面面俱到，要优选贴近大学生生活实际的法律知识，可采取专题的形式并结合典型案例进行讲述，使大学生掌握法律的基本知识和基本技能，了解公民的基本权利和义务，初步学会运用法律手段解决现实问题。

（2）创新教学方法。

教学方法要有利于调动学生的学习积极性，引导学生学会思考，创造性地学习。教师要运用各种有效的教学方法和先进的教学手段，采用丰富多彩、生动活泼的形式，营造良好的法律教育的氛围，变单向的"灌输"为师生双向的交流与讨论，把课堂还给学生，让学生参与教学，引导学生进行自我教育。教师对重点、难点可集中讲解，引导学生对现实中的法律问题进行分析评价，组织学生开展法制演讲、辩论、案例讨论等活动，着力培养学生运用法律分析问题、解决问题的能力。

（3）加强实践教学。

法律是一门实践性强的学科。只有强化实践性体验教学环节，才能使法律教学收到较好的效果。教师要注重学生法律实践的自我体验，引导学生深入社会生活，结合身边发生的法律事实进行思考，了解法律在社会生活中的具体运用，让学生在亲身体验和对事实的分析中自觉接受法律知识，潜移默化地形成正确的法律意识。在校内可开展法律知识竞赛、法律征文、法制宣传教育月、模拟法庭和法制讲座等活动，在校外可以通过开展到法院旁听庭审、参观监狱、劳教所和戒毒所、进行法律咨询和普法宣传教育等丰富多彩的法律实践活动，使大学生在了解社会、服务社会的过程中，增强法律实践能力。同时也能够激发大学生关注法律现象的热情和兴趣，增强法律教学的实效性。

此外，多渠道开展法制教育，比如开设一些专业性、实用性强的法律公共任选课程，引导学生收看《今日说法》、《法律与道德》、《法与经济》等权威性法制栏目，阅读法制报纸杂志，等等，可以弥补法制教育的不足，对于提高大学生的法律素质，增强大学生法制教育的整体效果，也将起到积极的促进作用。

## 参考文献：

［1］汪旭鹏. 大学生法制教育教学中存在的问题及其对策［J］. 徐州师范大学学报（教育科学版），2010，1（3）：25-28.

［2］陈慧敏. 论大学生法制教育有效性的制约因素和提升途径［J］. 湖北第二师范学院学报，2009，26（6）：64-70.

［3］万钧. 当代大学生法制教育现状的思考［J］. 法制与经济，2011，（270）：65-66.

# 关于《思想道德修养与法律基础》课的教学思考

杨玉珍

（北京信息科技大学政治理论教育学院　思想道德修养与法律基础教研室）

**摘　要**　2006 年我国高校政治理论课改革将《思想道德修养》与《法律基础》两门课合并为一门课《思想道德修养与法律基础》。两门课合并为一门课后，如何进行有效的教学，如何讲好这门课，是大家一直关心的问题。以清华大学、北京大学、北京信息科技大学为例，这三个学校的教学各有优点，尤其是北京大学的教学方法值得借鉴。但是讲好这门课还需要改革，增加课时内容，加强法律基础部分的教学。

**关键词**　思想道德修养　法律基础　教学

《思想道德修养与法律基础》是"思想政治理论课"四门课中的一门课，《思想道德修养》和《法律基础》原本是"思想政治理论课"七门课中的两门课，每门课 32 学时，大一新生分上下两个学期学完。2006 年高校"思想政治理论课"在党中央的关怀下，进行了大刀阔斧的改革，从课程的门数到课程的内容及课时等方面都有了较大幅度的调整。

## 一、《思想道德修养》与《法律基础》两门课的改革内容

（1）课程的门数减少了。《思想道德修养》和《法律基础》两门课合并为一门课。

（2）课时减少了。课时由原来的两门课总课时 64 学时削减合并后为一门课的 48 学时，有的学校比如清华大学更少，总共 32 学时。

（3）合并后新版教材的内容宽泛而不具体了。原来《思想道德修养》有北京师范大学出版社和高等教育出版社出版的两套教材，其中北京师范大学出版社的教材比较贴近学生生活，事例生动，主要内容有如何适应大学生活、心理健康、爱国主义、人际交往、学习、道德修养等；高等教育出版社的教材内容很多，包括绪论、当代大学生的历史使命与成才目标、大学是人生道路的新阶段、树立正确的人生观、价值观等 12 章内容，构成了一个庞大的体系。两门课合并后的新版教材是在原高教出版社教材基础上改编的，基本内容依然存在，但是由于篇幅的限制，原来两本书的内容缩减为一本书的内容，其内容势必宽泛而不具体了。

（4）新教材意识形态色彩浓厚。原来北京师范大学出版社的《思想道德修养》带有少量的意识形态色彩，现行版本的意识形态色彩浓厚；《法律基础》课几乎涵盖了各个部门法的内容。新版教材的法律部分内容编得更好，贴近大学生活，与时俱进，增加了网络公共道德法律部分，但是内容更加宽泛而不具体了，其意识形态色彩更加浓厚。

## 二、几所高校关于该课的讲授内容与方法

（1）清华大学的讲授。

从课程的安排看，一个老师一个课堂，从头讲到尾；讲课内容偏重思想道德修养部分，法律占的篇幅很小，几乎一带而过。思想道德修养部分的内容也渗透着老师的专业，讲课内容偏重老师的专业；从清华大学各个课堂放映的电影看，清华老师是集体备课的，《离开雷锋的日子》、《徐本禹》、《不拘小节的人》等电影和录像，几乎各个课堂都放映了。

（2）北京大学的讲授。

北京大学是采用教学组的形式授课，老师以课程包干的方式承包该课，每个老师讲一部分内容，学校循环讲授该课。这种教学方法很好，因为经常变换不同的老师上课，学生有新鲜感；每个老师不是把课程从头讲到尾，只是讲其中的一部分内容，备课量小，有时间、有精力将自己讲授的部分做深入研究，有利于提高教师的科研水平。

（3）北京信息科技大学的讲授。

北京信息科技大学人文学院法学部承担了《思想道德修养与法律基础》这

门课的教学任务，也和清华大学一样，一个老师贯穿一门课的始终。这门课总学时 48 个，讲授 42 学时，实践 6 学时。老师教学内容的安排一般是"思想道德修养"和"法律基础"各占一半，最少也是"思想道德修养"占三分之二学时，"法律基础"占三分之一学时。结课考试时，"思想道德修养"部分占 60%，"法律基础"部分占 40%。北京信息科技大学承担该课的教师大多是法学专业的本科生、研究生，所以"法律基础"部分的讲授比较到位。

## 三、如何讲好《思想道德修养与法律基础》这门课

（1）教师应苦修内功。

①喜欢该课，并充满激情的讲解是讲好这门课的前提。《思想道德修养》与"法律基础"两门课合并后，一些原来教"法律基础"的老师也被迫教"思想道德修养"部分，他们思想上有障碍，不愿意教这门课，所以讲课没有激情。讲好这门课，首先要喜欢它，解除思想上的疙瘩。"思想道德修养"是学生的必修课，也是每个人人生的必修课，对学生来说是一门重要的课，它指引着学生前进的方向。因此，教师首先要重视这门课，喜欢这门课，才能讲好这门课。

②吃透教材，掌握基本概念是讲好这门课的基础。新版教材发下来后，应认真阅读。绝大多数老师还是按照旧版教材的章节体例来讲解，形成两张皮，教材是教材，课堂内容是课堂内容。从这个角度讲，"思想政治理论课"改革只有课时的削减，而不是教学内容的改变。而要讲好这门课，吃透教材很重要。很多老师不看新教材，只是按照原来的教材内容讲。其实新教材很大的优势就是基本概念准确，逻辑清晰。所以吃透教材是苦修内功的一个重要方面。

③做足课下工夫，制作精美实用的课件是讲好这门课的重要环节。精美实用的课件在课堂上能有直观的效果，课件精美，能吸引学生的眼球，令学生对这门课产生好感。

④掌握一定的专业知识是讲好这门课的保障。在北京市，讲授《思想道德修养与法律基础》这门课的教师最初的专业五花八门，有法学专业、思政专业、经济学专业、中文专业、哲学专业等，不管开始学习的是什么专业，是什么专业出身的，教了这门课就要学习这门课的知识，掌握一定的《思想

道德修养与法律基础》的知识，是讲好这门课的保障。

⑤丰富的人生阅历是讲好这门课的点缀。每个教师都有自己的人生经历和感悟，尤其是年纪大的教师，人生阅历更丰富。在课堂上，很多人生道理，用教师自己的人生经验做案例，会起到事半功倍的效果。

（2）科学分配学时。

大部分学校的《思想道德修养与法律基础》课有 48 学时，实践 6 个学时，讲授 42 学时，一般平均一周 3 个学时。课堂教学内容一般是三分之二的思想道德修养部分，三分之一的法律基础部分。专业安排比较合理，既兼顾了思想道德修养部分，又兼顾了法律基础部分的内容。

（3）采用教师包干的方式。

《思想道德修养与法律基础》这门课大部分高校都采取了老师从头到尾贯穿全课的教学方式，缺点是显而易见的。

①老师的备课量大，教学内容又极其庞杂，无疑老师的工作量是很大的。

②学生会产生审美疲劳。从头到尾的方式教学，即使老师讲得很好，学生也会产生审美疲劳。

所以北京大学采用课程组包干式的教学方法就可以弥补上述缺陷。每个老师各承包教学中的一个部分，老师专攻一个方向，所谓术业有专攻，教学水平会提高，也可以节省大量的备课时间去搞科研，科研水平也会大幅度提高，是"三全其美"的事情。

（4）集体备课，分享教学成果。

如果教同一门课的老师能够集体备课，资源、信息、教学成果共享，不仅可以开拓大家的思路，还可以节约每个老师的劳动，资源共享，那么教学效果会大幅度提高。而现实是老师各自为政，自己查找资料自己备课，没有形成分工和资源共享，其结果是每个人都很疲劳，且面面俱到，对问题不能深入研究分析，也不容易取得科研成果。

# 四、对《思想道德修养与法律基础》课改革的建议

2006 年对思想政治理论课的改革，名义上看是对"两课"的重视，实际上是削弱了高校思想政治理论课的教育，课时大量缩减，课程内容反而更加宽泛，在有限的课时内要完成教学大纲的内容很不现实。经走访其他高校的

老师，大家也都提出了自己的看法。现汇总如下：

（1）将《思想道德修养与法律基础》课拆开，恢复原来的两门课。

①《思想道德修养》课内容丰富，不是20几个学时就能讲完的，内容涉及大学新生如何适应大学生活、心理健康、学习方法、人际交往、爱情、爱国主义、道德修养等多方面的内容。原来34学时的讲解刚好完成，现在缩减到原来的三分之一，不能深入讲解，很多内容讲不透，学生也学不透。

②《法律基础》课内容，涉及了几乎所有的法律部门，原来32学时也不能深入讲解，压缩后更是只能蜻蜓点水地讲一下，而学生对法律知识是非常渴求的，学生的需求和知识的供给产生了很大的矛盾。即使有类似的选修课，也不是所有的学生都选。法律知识是大学生急需的知识，掌握了法律知识，大学生才能更好地懂法和守法，利用法律知识保护自己的权益。

（2）《思想道德修养与法律基础》教材应当务实，深入讲解，增加案例。如前所述，新版教材由于内容宽泛而过于空洞，有限的课时不能做深入的讲解。建议教材改版时，尽量把教材的内容具体化，少一些空洞的概念，多一些具体的实例，让学生喜欢读这本书。

（3）增加学时，加强法律部分的讲授。

药家鑫事件过去很久了，但是作为法律基础的教师笔者很是痛心。大学的法律基础教育还应当加强而不是弱化。《思想道德修养与法律基础》课中，有的学校几乎不讲法律基础，或者看看录像放放片子就过去了，学生的法律疑问没人解答，学生缺失的法律基础知识并不能通过这门课得到弥补。

（4）法律基础部分应当由法律专业教师讲授。

在很多大学，《思想道德修养与法律基础》课教师一点都不懂法律或者懂一点点法律，很多都是非法律专业出身，有的老师干脆一点都不讲法律，或者讲一点，有的基本概念都讲错了，有误人子弟之嫌。所以法律部分应当由专业教师讲效果更好。

综上所述，《思想道德修养与法律基础》这门课虽然看似简单，但是讲好这门课非常不容易。一方面教师本身的素质起决定作用，另一方面国家对这门课的改革也给讲好这门课设置了一些障碍。教师的素质可以提高，国家对这门课的改革也应听取一线教师的声音，听听学生的声音。作为一线教师，我们所能做的就是苦修内功，顺应改革，努力讲好这门课。

# "即"与"离"的辩证法
## ——《马克思主义基本原理概论》课教材体系向教学体系转换的思考

傅正华

(北京信息科技大学政治理论教育学院 哲学教研室)

**摘　要**　《马克思主义基本原理概论》课的统编教材抽象、晦涩、难懂，在教学中必须实现其向教学体系的转换才能达到帮助学生从整体上把握马克思主义，正确认识人类社会发展的基本规律，帮助学生树立科学的世界观、人生观、价值观的教学目的。而实现教材体系向教学体系转换的关键在于把握"即"与"离"的辩证法。

**关键词**　马克思主义基本原理概论　教材体系　教学体系　"即"与"离"

"若即若离"，这是有经验的思想政治理论课教师对待教材的基本态度，"即"是指在教学过程中要同教材保持一定联系，不能完全脱离教材；"离"是指在教学中不能全部照搬教材，在保留教材最核心内容的同时，融入教师自己的理解和解读方式。"若即若离"的实质也就是教材体系如何向教学体系转换的问题。但是，"即"和"离"的度怎样把握，特别是在《马克思主义基本原理概论》课中如何把握"即"和"离"的度，是一个值得研究的问题。

## 一、"即"与"离"的度

高教版的《马克思主义基本原理概论》，是集我国马克思主义理论研究领域的权威之力编写而成的，是全国马克思主义理论研究领域顶尖专家学者的呕心沥血之作，逻辑地体现出"科学性、权威性、严肃性"的特点。[1]教材的编写者"在编写教材当中，强调从理论体系上把握马克思主义基本原理，要把经典作家的论断放到当时历史环境下认识，同时紧密结合今天的实践，对马克思主义加深领会，防止生搬硬套、防止片面理解"，"强调教科书的权威性、规范性、科学性"。[2]也就是说，教材所注重的是理论体系的完整性、规范性，以防片面和随意。同时，马克思主义博大精深，内容异常丰富，而教材受篇幅的限制又必须面面俱到，所以只有高度精练才能做到这一点，有时一个重要原理只用一个段落甚至一句话去表述，这样就难免抽象、晦涩、难懂。在教学过程中，为使学生把握马克思主义理论的精髓，必须完成教材体系向教学体系的转换，这是毋庸置疑的，问题在于如何实现这种转换，即如何把握"即"与"离"的度。

《马克思主义基本原理概论》课"即"与"离"的度究竟在哪里？笔者认为，必须在"即"与"离"之间找到一个平衡点，这个平衡点就是学生所能接受的程度和保持理论本身的连续性、系统性。如果在课堂上"即"的太多，理论的连续性、系统性固然得到了很好的体现，但难免照本宣科，枯燥乏味，讲台上老师慷慨激昂，讲台下学生昏昏欲睡，讲课近乎于催眠；而"离"的太多，满课堂的奇闻轶事、道听途说、网络传闻，学生可能会喜欢，但却牺牲了理论本身的连续性和系统性。上述两者都是不可取的，《马克思主义基本原理概论》课教师所要做到的就是要从社会现实出发，从学生的兴趣点出发，提炼出一些精彩的案例来诠释马克思主义基本原理和方法，在不知不觉中将马克思主义的基本原理传达给学生，即在使学生陶醉于精彩的故事中的同时领悟到马克思主义的真谛，而不是一味地灌输，或者脱离马克思主义基本原理而神侃一气。

## 二、"即"与"离"的内容

教材体系具有相对的稳定性，但教学体系却是灵活多变的，在不同的时间、地点，针对不同的授课对象，教学体系都不应该千篇一律，而应该千变万化，即"即"与"离"的内容应该是不一样的。

但是，教学体系无论怎样变化，马克思主义理论体系中最为实质、最核心的部分却是不能变的。也就是"即"的内容应该保持相对的稳定性。在教材丰富的内容与有限的教学课时之间存在巨大矛盾的情况下，在实际教学中不可能将教材涉及的内容无一遗漏的加以讲授，而必须有所取舍。那么，哪些内容应该舍弃，哪些内容应该保持其稳定性呢？笔者以为：第一，与中学重复的内容不应该完全保留，点到为止即可。第二，一些抽象晦涩的内容不应该保留，而应该将其转换为生动活泼的语言。第三，在教学体系中保持稳定的内容应该是马克思主义的经典理论，如辩证唯物主义、历史唯物主义、劳动价值论、剩余价值学说以及对未来社会的天才设想等。这些内容是马克思主义最根本的观点和方法，必须作为教学的重点讲清讲透。

"即"的内容解决了，那么"离"的内容又该是哪些呢？第一，要将教材中没有的马克思主义发展的最新理论成果纳入到教学体系中来，只有这样才能保持马克思主义鲜活的生命力。马克思主义是一个开放的理论体系，具有与时俱进的理论品格。在马克思主义创立100多年的历史进程中，马克思主义的创始人和马克思主义的继承者就曾不断地将马克思主义推向新的发展阶段。只有将不断创新的理论成果纳入教学体系，才能使学生学到真正的马克思主义，掌握马克思主义的精髓。第二，结合马克思主义的经典理论，介绍其他思想家的社会历史观、政治学知识、人学理论、现代经济学理论等，并将其与马克思主义的经典理论融为一体，从而提高学生的历史人文素养和把握社会现实的能力，拓展学生的知识面。因为马克思主义是人类文明成果的结晶，是时代精神的精华，马克思主义要想获得年轻一代的认同，必然要对现时代的文明成果进行改造、升华，将其纳入自己的体系。第三，转换表达方式。《马克思主义基本原理概论》教材的编写有其特定的要求和考虑，较多地运用学术语言、文件语言、书面语言来表达。而课堂教学面对的是思维活跃、较少受到各种条条框框制约的青年学生，因此有一个转换表达方式的问题。有学者认为，转换表达方式：一是要善于吸纳新的理论术语；二是要对某些传统概念或术语进行新的解读；三是要要注意选用通俗易懂、生动活泼的语言，尽量贴近学生的日常用语和表达习惯，包括流行语、网络用语等。[3]在现实生活中，人民群众创造出了无比鲜活的语言，我们党在理论创新中也创造了不少新的理论术语，思想政治理论课教师要保持高度的敏感性，及时将这些理论术语和人民群众的创造应用到教学当中去，丰富我们的教学语言。同时，马克思主义经典作家所使用的一些概念，随着时代的变迁，其涵义也发生了变化，我们在教学中要对其进行新的解读，用符合时代特征的新概念、新术语来表达和诠释。

简言之，"即"的应该是马克思主义最基本的原理、立场、观点和方法，"离"的是重复和抽象晦涩的内容。即通过整合，突出本门课程的重点和难点问题；通过转换，将教材的学术化语言变成学生易于理解的平易近人的日常语言；通过创新，将马克思主义的最新成果融入教学体系；通过筛选，将社会生活中最鲜活的事例介绍给学生；通过融合，将人文社会科学的最新成果融入教学体系。

## 三、"即"与"离"的基本原则

"即"与"离"都是相对的，在实际的教学过程中，既没有绝对的"即"，也不应该有绝对的"离"，只有"即"和"离"的相辅相成，才会有生动活泼的课堂教学和入脑入心的思想政治理论教育。因此，在"即"与"离"的过程中，我们应该把握以下几个基本原则。

（1）整体性原则。

马克思主义理论是一块整钢，具有一个完整的理论体系。因此，无论怎样"即"或"离"，都不能破坏其完整性和统一性，这是"即"与"离"的根本原则，脱离了这一原则，就不是真正的马克思主义。保持马克思主义理论的整体性应从以下几个方面着手。

第一，在内容上保持马克思主义的整体性，即要始终如一地贯穿和体现马克思主义的基本立场、基本观点和基本方法。马克思主义的基本立场、基本观点和基本方法是具有统摄地位的，贯穿于马克思主义理论发展始终，正是这些基本立场、基本观点、基本方法，将马克思主义的各个部分串连起来，形成一个完整的理论体系。马克思主义的基本立场、基本观点和基本方法包括了科学的世界观和方法论（辩证唯物主义和历史唯物主义就是马克思主义最根本的世界观和方法论）；鲜明的政治立场（马克思主义政党的一切理论和奋斗都应致力于实现以劳动人民为主体的最广大人民的根本利益）；重要的理论品质（坚持一切从实际出发，理论联系实际，实事求是，在实践中检验和发展真理，是马克思主义最重要的理论品质）；崇高的社会理想（实现物质财富极大丰富、人民精神境界极大提高、每个人自由而全面发展的共产主义社会，是马克思主义最崇高的社会理想）等四个方面。在整个教学过程中，都必须始终如一的贯穿和体现这四个方面的内容。

马克思主义是一个博大精深的理论体系，这个理论体系除了上述基本立场、基本观点和基本方法外，还包括两个大的理论层面：一是应用基本立场、基本观点、基本方法分析和研究现实社会不同领域、不同侧面的问题而得出主要结论和理论观点，如马克思主义关于资本主义社会的本质、内在矛盾和发展趋势的观点；一是在论证这些基本立场、基本观点、基本方法时提出的理论观点。对于这两个层面的东西，我们也一定要完整、准确地传递给学生。

第二，从《马克思主义基本原理概论》课教学特点上把握其整体性。马克思主义作为一个开放的理论体系，不仅仅是马克思主义创始人所创立的理论，还包括马克思主义的继承者们的发展和创新。因此，《马克思主义基本原理概论》课的教学过程具有创新性、实践性等特点。把握马克思主义理论的整体性，就必须将后来者的理论创新纳入教学体系，将其用马克思主义的基本立场、基本观点、基本方法统摄起来。

《中共中央宣传部教育部关于进一步加强和改进高等学校思想政治理论课的意见》（教社政〔2005〕5号）提出，《马克思主义基本原理概论》课程的基本内容要"着重讲授马克思主义的世界观和方法论，帮助学生从整体上把握马克思主义，正确认识人类社会发展的基本规律"。这就对在教学中体现马克思主义的整体性提出了明确要求，因此，只有把整体性、逻辑性的教学方法贯穿在整个教学过程，才能体现马克思主义理论的科学性，从而实现"帮助学生从整体上把握马克思主义"的根本目标。

（2）重点性原则。

在《马克思主义基本原理概论》课教学中坚持和贯彻整体性原则，并不意味着将前述两个层面的理论观点无一遗漏的全部讲授，这样做既无可能，又无必要。《马克思主义基本原理概论》课教学存在的最大问题就是丰富的教学内容与有限的教学课时之间的矛盾，因此不可能将马克思主义在两个层面的理论观点全部在课堂上加以讲授。与此同时，马克思主义在这两个层面的一些理论观点，由于囿于当时的历史条件和科学技术发展的水平，已经与现时代不太吻合，因此没有必要加以讲授。因此，在实现"即"与"离"的过程中，还必须遵循重点性原则。那么，在教材体系向教学体系的转换过程中，我们究竟应该把握哪些重点呢？

恩格斯在《在马克思墓前的讲话》中曾经提到，马克思一生有两个伟大发现，这就是历史唯物主义学说和剩余价值学说，恩格斯说："正像达尔文发现有机界的发展规律一样，马克思发现了人类历史的发展规律，即历来为繁茂芜杂的意识形态所掩盖着的一个简单事实：人们首先必须吃、喝、住、穿，然后才能从事政治、科学、艺术、宗教等。所以，直接的物质生活资料的生产便构成为基础；人们的国家制度，法的观点，艺术以至宗教观念，就是从这个基础上发展起来的。因而，也必须由这个基础来解释，而不是像过去那样做得相反。""不仅如此，马克思还发现了现代资本主义生产方式和它所产生的资产阶级社会的特殊的运动规律。由于剩余价值的发现，而先前无论资产阶级经济学家或社会主义批评家所做的一切都只是在黑暗中摸索。"[4]恩格斯的这段话清楚地表明，唯物史观和剩余价值学说在马克思主义理论中占有十分重要的地位，是马克思一生中最重要、最有价值的理论发现和贡献，是其全部理论的精华。不仅如此，唯物史观和剩余价值学说还是将马克思主义理论的主要部分串联成为一个整体的基石和纽带。因为，唯物史观是马克思创立的"新的世界观"，这一世界观为观察研究自然界、人类社会和人类思维提供了科学的立场、观点和方法；马克思用这一世界观去分析研究资本主义社会，发现了资本主义剥削的秘密，创立了剩余价值学说；以这两者为基础，马克思揭示了资本主义社会深刻的内在矛盾，揭示了人类社会发展的未来趋势和走向，提出了科学社会主义理论。

因此，在《马克思主义基本原理概论》课的讲授中，要将唯物史观和剩余价值学说放在突出的位置，有学者甚至建议"以这两大理论发现为核心来建构整个马克思主义基本原理的教材体系和教学体系"，认为这样"更能凸现马克思主义的整体性，也有利于帮助学生更好地从整体上把握马克思主义"。[5]虽然这样来编写马克思主义基本原理概论的教材未必可行，但至少我们在讲授的过程中可以以此来梳理相关内容，并重点讲授以这两大理论发现为核心研究社会不同领域而得出的重要结论和理论判断。

（3）导向性原则。

《中共中央国务院关于进一步加强和改进大学生思想政治教育的意见》

（中发［2004］16号）指出：“高等学校思想政治理论课是大学生思想政治教育的主渠道。思想政治理论课是大学生的必修课，是帮助大学生树立正确世界观、人生观、价值观的重要途径，体现了社会主义大学的本质要求。”《马克思主义基本原理概论》课作为四门思想政治理论课之一，坚持导向性原则，帮助大学生树立正确世界观、人生观、价值观是义不容辞的责任和义务。

《马克思主义基本原理概论》课教学坚持导向性原则是一个知易行难的课题，也是教材体系向教学体系转化的难题之一。坚持导向性原则必须将“正面引导”和“现实批判”紧密地结合起来。所谓“正面引导”，就是通过马克思主义理论教育，引导学生接受和认同马克思主义，并将其内化为自己的世界观、人生观和价值观。而要做到这一点，就必须原原本本的将马克思主义作为一个整体展示在大学生面前，准确地解读马克思主义的基本原理、基本范畴、基本观点和基本立场，阐释它们之间的内在联系和历史发展过程，阐释马克思主义的当代价值以及对人生实践和个体成长的指导意义。所谓“现实批判”，就是在教学中充分阐释马克思主义批判性、革命性的本质特征，用马克思主义的基本原理、基本范畴、基本观点和基本立场分析现实问题。马克思指出：“辩证法对现存事物肯定理解中同时包含对现存事物否定的理解，即对现存事物必然灭亡的理解；辩证法对每一种即成的形式都是从不断地运动中，因而也是从它的暂时性方面去理解；辩证法不崇拜任何东西，按其本质来说，它是批判的和革命的。”[6]恩格斯也曾深刻地指出：“辩证哲学推翻了一切关于最终的绝对真理和与之相应的人类绝对状态的想法，在它面前不存在任何最终的、绝对的、神圣的东西；它指出所有一切事物的暂时性，在它面前，除了发生和消灭，无止境地由低级上升到高级的不断的过程，什么都不存在。”[7]可见，马克思主义在本质上是批判的和革命的。在教学中充分展示马克思主义批判性和革命性的魅力，是进行正确引导的重要途径之一。

由此可见，“正面引导”和“现实批判”是相辅相成的，“正面引导”是“现实批判”的目的，“现实批判”是“正面引导”的手段和途径。“正面引导”是“即”，“现实批判”是“离”，“即”与“离”的根本目的都是为了引导学生接受和认同马克思主义，并将其内化为自己的世界观、人生观和价值观，而绝不能为“离”而“离”。

（4）差异化原则。

"即"与"离"的差异化原则，其实就是面对不同的教学对象"即"与"离"的内容是不同的。《马克思主义基本原理概论》课所面对的教学对象是不一样的，既有层次上的区别，又有专业上的不同，还有文、理科的差异。以北京信息科技大学为例，该校作为一所以工管为主体、工管理经文法多学科协调发展的市属普通院校，有一批重点专业纳入一本招生范围，学生在层次上就有所不同；学生的来源既有理工科，也有文科；工管理经文法多学科协调发展，其专业上的差异更大。面对不同来源、不同层次、不同专业的学生，《马克思主义基本原理概论》课的教学绝不能采取同一种教学模式，而必须实行差异化教学。只有这样才能在教学中做到有针对性地激起学生的兴奋点，调动学生学习的积极性和主动性。

差异化教学对任课教师的素质要求较高，任课教师不仅要对马克思主义基本概念、基本原理非常熟悉，而且还要对学生所学专业的知识与现状有所了解，以便在"离"的过程中与学生的专业联系得更加紧密和恰当，从而让学生产生一种亲切感，与此同时，任课教师还必须多与学生交流，了解学生的想法，适时调整教学策略。如果做不到上述三点，则会影响到学生对专业案例的评价与教学的效果。

# 参考文献

［1］王志林，余冰.《马克思主义基本原理概论》课程教材体系的构建［J］. 武汉工程大学学报，2010（4）.

［2］李毅. 关于《马克思主义基本原理概论》教材的解读［J］. 清华大学学报（哲学社会科学版），2006（Z2）.

［3］黄伟力. 实现《马克思主义基本原理概论》教材体系向教学体系的转化［J］. 思想理论教育，2009（5）.

［4］马克思恩格斯选集（第3卷）［M］. 北京：人民出版社，1995：776.

［5］黄伟力.《马克思主义基本原理概论》教材修订需要进一步凸现马克思主义的整体性［J］. 思想理论教育，2010（19）.

［6］马克思恩格斯选集（第2卷）［M］. 北京：人民出版社，1995：112.

［7］马克思恩格斯选集（第4卷）［M］. 北京：人民出版社，1995：217.

# 马克思主义的魅力何在
## ——《马克思主义基本原理概论》绪论教学尝试

敖云波

(北京信息科技大学政治理论教育学院　哲学教研室)

**摘　要**　《马克思主义基本原理概论》绪论部分要让学生信服马克思主义的科学性，就要提炼出马克思主义的精髓和独特魅力。马克思主义是关于无产阶级和人类解放的科学，超越了狭隘的阶级局限性，具有其他思想理论难以企及的境界魅力；人类近现代的社会历史和资本主义的当代现实证明了马克思主义的生命力和实践魅力；伟大的马克思主义思想魅力的背后有伟大的人格魅力支撑。

**关键词**　马克思主义　境界魅力　实践魅力　人格魅力

一门课的绪论教学，是展示该课程魅力和教师教学艺术的开篇，举足轻重。《马克思主义基本原理概论》课的绪论，其教学目的与要求，就是要让学生从总体上理解和把握什么是马克思主义、为什么要学习马克思主义以及怎样学习马克思主义。这里的关键就是要讲"精"——精不是少、不是大量地舍，而是提炼，是要讲出马克思主义的精髓和独特魅力，让学生信服它的科学性和实践性，从而才有可能愿意去接触它、学习它。笔者在《马克思主义基本原理概论》课绪论教学中，作了一些教学尝试，没有按照教材体系的逻辑和步骤讲解，而是从绪论的标题"马克思主义是关于无产阶级和人类解放的科学"的内涵入手，讲出马克思主义所蕴含的三个魅力：境界魅力、实践魅力和人格魅力，学生听后也认为这样的教学有说服力。

## 一、马克思主义的"境界"魅力

绪论部分讲授之前，笔者用"问题引入法"导出此次教学的核心问题：什么是马克思主义？你听说的马克思主义和你心目中的马克思主义是怎样的？学生的回答五花八门——"马克思主义是为无产阶级服务的、是批判资本主义的理论、是推翻资产阶级的学说"等，没有脱离教条主义和本本主义色彩，有个性见解的观点不多。笔者进一步询问：有没有同学读过马克思主义的书或文章？党员同学或正在申请入党的同学有没有读过《共产党宣言》？结果是绝大多数同学都没有读过马克思主义经典原著，没有一个与经典对话的过程，当然就不会有精神的成长发育。

不错，马克思主义确实是为无产阶级服务的理论，它鼓励无产阶级起来革命，做资本主义社会的掘墓人，推翻资产阶级统治，消灭私有制和剥削，建立"自由人联合体"的理想社会。但这并不表明，马克思主义只为无产阶级服务，只是无产阶级的世界观，这种看法是对马克思主义的矮化。绪论的标题——"马克思主义是关于无产阶级和人类解放的科学"，说明马克思主义还是关于人类解放的科学，这个"人类"显然也包括资产阶级。马克思、恩格斯认为无产阶级只有解放全人类，才能最后解放自己，这是无产阶级的历史使命，是构成《共产党宣言》的基本原理之一。恩格斯在《共产党宣言》1888 年英文版序言中指出："现在已经达到这样一个阶段，即被剥削被压迫的阶级（无产阶级），如果不同时使整个社会一劳永逸地摆脱任何剥削、压迫以及阶级划分和阶级斗争，就不能使自己从进行剥削和统治的那个阶级（资产阶级）的控制下解放出来。"[1]资本主义对于无产阶级剥削、压迫的国际性，决定了无产阶级的解放事业只能是国际的事业，无产阶级不仅要在一国范围内战胜资产阶级，而且要在整个国际上推翻资本主义的压迫和剥削，把无产阶级和资产阶级从剥削与被剥削、压迫与被压迫的敌对关系中双双解放出来。以前，人们理解马克思主义的"全人类解放"思想，认为不包括资产阶级解放，这是没有准确理解马克思主义。马克思主义认为全人类解放，就是每个人自由而全面的发展，人类从必然王国走向自由王国，"代替那存在着阶级和阶级对立的资产阶级旧社会的，将是这样一个联合体，在那里，每个人的自由发展是一切人自由发展的条件"[2]，马克思主义追求的是"每个人"的自由发展，是"全人类解放"，它主张消灭的是剥削阶级和旧制度，并不是消灭资产阶级的"人"，"共产主义者并不剥夺任何人占有社会产品的权力，它只剥夺利用这种占有去奴役他人劳动的权力"。何况，马克思主义对资本主义社会并无偏见，他们客观公正地评析资本主义，一方面，他们高度赞赏"资产阶级在它的不到一百年的阶级统治中所创造的生产力，比过去一切世代创造的生产力还要多，还要大"；另一方面，他们又看到"资产阶级的生产关系和交换关系，资产阶级的所有制关系，这个曾经仿佛用法术制造了如此庞大的生产资料和交换手段的现代资产阶级社会，现在像一个魔法师一样不能再支配自己用法术呼唤出来的魔鬼了"[3]。正是资本主义自身的悖论，引发了资本主义向何处去的思考，马恩由此找到了一条解救资本主义、解放全人类的共产主义之路。

马恩之所以把这个历史使命赋予无产阶级，是因为他们看到，与其他阶级相比，无产阶级本身是一个最大公无私的阶级，它的政治经济地位决定了它没有任何需要特别加以保护的阶级私利，无产阶级的利益同全人类利益是完全一致的，无产阶级不解放全人类，也就谈不上自己的彻底解放。而且，无产阶级在一国的胜利也不是他们的最终目的，其最终目的正是全人类的解放。

由此可见，马克思主义是迄今为止人类思想史上最有"境界"魅力的理论，它超越狭隘的阶级局限性，是真正高尚的人道主义思想。

## 二、马克思主义的"实践"魅力

20 世纪末，西方社会搞了几次千年思想家评选，马克思名列前茅。在英国广播公司进行的一次网上民意测验中，卡尔·马克思高居千年思想家榜首，得票率远远高于分别名列第二、第三和第四的爱因斯坦、牛顿和达尔文。在苏东剧变之后，在所谓的"社会主义大失败"之后，马克思主义在西方世界却依然被正义的人们所推崇。2008 年全球金融危机的爆发，西方世界再次以实际行动印证了马克思的伟大，《资本论》和《共产党宣言》再度出版成为畅销书，马克思塑像重新回到了德国莱比锡大学的校园。在此用"案例教学法"，讲解笔者制作的曾入选北京市优秀思想政治课教学案例的"今日西方何以追捧马克思？"

先把案例展示给学生，再导入问题思考：

（1）今日西方追捧马克思是"信仰"还是仅仅"实用"？马克思"这个终生都在揭示资本主义弊病的人开始再度强势复活"说明了什么？面对当代实际，我们如何发展马克思主义？

（2）"老马识途"，当代资本主义社会全球性的经济危机以及应对危机的"国有化"措施再次证明社会发展的"两个必然"势不可挡，这对你学习马克思主义、树立共产主义的理想有何帮助？

案例解析：西方资本主义曾经藐视一切社会主义，而今却用"社会主义的手段——把大银行收归国有"来拯救金融危机，"现在美国比中国更加社会主义"，甚至全美掀起了一场"姓资姓社"大讨论，德国"43%的人表示他们宁愿选择社会主义也不愿选择资本主义"，"国有化"驱逐私有制。这个案例揭示了马克思主义作为科学世界观在当代社会的巨大影响力，显示当代资本主义无论怎样变化，都改变不了它必然被社会主义取代的历史命运。今天的资本主义社会终于对马克思所创造的学说和理论体系重新肯定，更重要的是这种评价不再只是在学术层面，而是深入到政治实践意义层面，"终生都在揭示资本主义弊病"的马克思终于超越资本主义狭隘的意识形态限制，被当今时代广泛需要，"东西方今天都无比尊重伟大的马克思"，马克思对资本主义社会入木三分的判断，震撼了一切有科学理性的人们的良知和心灵。马克思对资本主义致命病根的诊断和"幽灵式"的警言与拯救良方，愈来愈被资本主义社会实践、检验，成了有长远意义的一种方向引导，马克思主义将会随着历史和时代一同前进。

在人类社会思想史上曾出现过形形色色"美妙的主义"，但绝大部分都一倏而过，唯有马克思主义独树一帜，仍然具有最强劲的生命力。从来没有什么力量能够阻止马克思主义在全世界范围内的广泛传播，从来没有什么思想能够像马克思主义那样掌握亿万人民群众，成为改造世界、推动历史前进的巨大物质力量。法国当代哲学家德里达说："我们都是马克思与马克思主义的幽灵，无论是对马克思的无情驱赶或热情拥抱，都是对这位幽灵般'父亲'的幽灵般的纠缠。"[4]

马克思主义的"幽灵"被西方人重新找回和追捧，他们希望从马克思那里寻找冲出自由资本主义重围的突破口，以期"重塑资本主义"，随着金融危机转化为经济危机，资本主义社会是否出现了向制度危机和意识形态危机转化的趋势？近期美国正在发生的"占领华尔街"的抗议活动也表明，资本主义确实有它自身不可调和的矛盾，今日资本主义无论怎样变化，都改变不了它必然被社会主义取代的历史命运。

本案例也说明马克思主义在当代仍具有实效性，它仍然是疗治资本主义制度的良方，马克思主义并未过时，它依然具有实践魅力。

其实，20 世纪的不平凡历史，就不断在证明马克思主义巨大的影响力和无可匹敌的实践魅力。在地球面积 1/4 的地方、在占人类人口 1/3 的国度，先后实现了社会主义，并且把马克思主义思想变为一种伟大的社会实践，开创了人类历史上追寻美好社会理想的探求，尽管这种实践充满了曲折，但人类的脚步不会停止。

## 三、马克思主义的"人格"魅力

马克思曾经宣称"共产党人可以把自己的理论概况为一句话：消灭私有制"[5]。如此伟大的思想背后是伟大的人格在支撑，马克思的人品与学品是一致的，他出生富有，法学博士毕业，却不为自己和家庭谋幸福。他一生寻求的是人类的前途和命运，终生漂泊在异乡，生活得像个无产者，却自豪地宣称"我是世界公民！"

真正的伟人往往不是在现世的舞台上无限风光的人，他必须经过时光的淘洗，哪怕生命是一段备受误会和弹压的苦旅，但他的意志和理念却总是穿过长长的时空隧道，直击人的心灵。

马克思活着的时候没过几天舒心日子，他那冰冷的抨击、不屈的抗争使他在世时被西方主流社会诋毁并放逐，但政府的迫害、贫困的生活并不妨碍他对人类命运的思考。最终客死他乡的马克思不仅成为社会主义革命的鼻祖，他的思想魅力与人格魅力终究赢得了世人的尊重。

以往的教学和宣传对马克思主义，无论是狭义的还是广义的都强调的是"主义"，即基本原理，比较忽略"马克思"，即提出主义的活生生的人——马克思及马克思们，包括恩格斯、列宁、斯大林以及毛泽东、邓小平、周恩来等，忽略了提出人的"主义"抽象、空洞，很难打动人、教育人。

增强马克思主义的吸引力，就应该先了解"马克思"，了解他们的性情、人格、志趣、爱好等，才可能理解他们为什么能提出这样的"主义"，也才可能真正理解其思想或主义。教育规律告诉我们，人的故事最感染人，人格魅力最有影响力。教学中，穿插一些"马克思们"的高尚经历，一定会提升《马克思主义基本原理概论》课程的亲和力、说服力，也才有对学生进行教育的深厚基础。

教材绪论部分写有两小段对马克思和恩格斯的介绍，这是非常大的进步，让我们终于看到了"人"，只是太少了。那么有人格魅力的一代代马克思主义者，那些看了《共产党宣言》就为主义抛头颅、洒热血的理想主义者，如果将他们的生平故事穿插在思想体系里讲授，这样的课题一定别开生面。大学教育，说到底是一种人文教育。人文精神之陶冶，高尚人格之养成，离不开理想人格的榜样示范。

为了讲活马克思主义的人格魅力，教学中，我们通过放一些经典的文献资料、生动的影像短片，让学生了解谦和的恩格斯、机智的列宁、霸气的毛泽东、硬气的邓小平、隐忍的周恩来等，让学生真正走近他们，效果一定很好。笔者曾朗读一小段马克思年轻时写的诗——《致燕妮》，学生们听后感慨：从来不知道马克思是这样一个浪漫的、活生生的人，一直以为他是冷漠的革命家。笔者告诉学生，真正的马克思主义者都是理想主义者，都具有浪漫主义和乐观主义精神，都是"大写"的"人"。学习他们的主义是为了如何思想，体悟他们的人格魅力是为了懂得怎样做人，这两者的结合恰恰是大学教育的终极目标。

为配合绪论部分的教学，笔者还要求学生阅读马恩的《共产党宣言》和列宁的《帝国主义是资本主义的最高阶段》，并思考：马克思主义是否已经过时了？怎样看待整个资本主义世界？怎样看待今天的资本主义发达国家？如何从马克思主义经典著作中领会其境界魅力、实践魅力及人格魅力？这样的教学是开篇，也是整个课程学习的统领。

## 参考文献：

[1] 马克思恩格斯选集（第1卷）[M]．北京：人民出版社，1995：237.

[2] 马克思恩格斯选集（第4卷）[M]．北京：人民出版社，1995：730-731.

[3] 马克思恩格斯选集（第1卷）［M］. 北京：人民出版社，1995：277-278.

[4] 雅克·德里达. 马克思的幽灵——债务国家、哀悼活动和新国际［M］. 何一，译. 北京：人民大学出版社，1999：13.

[5] 马克思恩格斯选集（第1卷）［M］. 北京：人民出版社，1995：286.

# 如何激发学生学习的积极性
## —— 以《中国近现代史纲要》课程为例

石桂芳

（北京信息科技大学政治理论教育学院　中国近代史教研室）

**摘　要**　作为高校的一门思想政治理论课，《中国近现代史纲要》在教材的编写上依然存在着时间跨度大、内容多、与初高中的历史教材多有重复等问题。这样，如何激发学生学习的积极性，自然是每一位授课教师的当务之急。因此，在教学实践中，笔者采取把历史知识与当下时政紧密结合的方法，初步实现了由"教"到"学"的转化，初见成效。

**关键词**　高校　教学方法

作为高校的思想政治理论课教师，特别是"中国近现代史纲要"课（以下简称"纲要"）的教师，在具体的教学实践过程中，肯定有一个共同的感受，那就是"纲要"课的时间跨度大、内容多、与初高中的历史教材又多有重复，授课对象参差不齐等。由于内容的重复，所以很难引起学生的兴趣。这一切都是我们每一个授课教师所无法回避的问题。因此，如何在课堂教学过程中激发学生学习的积极性，把学习变成一种乐趣，提高教学的时效性，就成了每一位教师的当务之急。正如儒家大师孔子所说："知之者不如好之者，好之者不如乐之者。"本文以北京信息科技大学近几年来"纲要"课采取的教学模式为依据，结合本人的教学实践，初步摸索出了把历史知识与当下时政结合起来，充分调动学生学习积极性的这样一种教学方式和方法。并真诚希望同仁们提出宝贵意见，以期进一步丰富和完善此教学方法，取得更好的教学效果。

# 一、"一切历史都是当代史"

意大利的贝奈戴托·克罗齐说："一切历史都是当代史。"这句话清晰地透射出了历史与现实的密切关系。历史是过去的现实，现实是未来的历史。人类从事每个时段的社会实践，无不需要以已经具备的历史条件作为基础，无不需要借鉴有关的历史经验。中国历代史学家和政治家，一贯认为历史之用在于以古鉴今。司马迁著《史记》意在"述往事，思来者"，司马光编《资治通鉴》是要"鉴前世之兴衰，写当今之得失"，唐太宗李世民认为"以史为镜，可以知兴替"等，表达的都是用历史为现实服务的思想。因此，"纲要"课作为一门思想政治理论课，不仅要发挥它的史学功能，更要发挥它的时政功能。

## 二、当代大学生既好奇求知，又关心时政

当前，处于信息化时代的当代大学生，再也不是"两耳不闻窗外事，一心只读圣贤书"的书呆子，而是"风声、雨声、读书声，声声入耳；家事、国事、天下事，事事关心"的新一代青年。他们思想活跃、视野广阔，对于社会上人们关注的热点、焦点问题，也必然倍加注意，这也对"纲要"课的教师提出了更高的要求。因此，在实际教学过程中，针对大学生好奇求知、关心时政和独立思考的特点，我们力图将"纲要"课的重点、难点问题与当下人们所关注的热点、焦点问题结合起来，并及时贯穿于课堂教学过程之中。这样，不仅调动了学生学习的积极性，激发学生学习的兴趣，而且为学生释疑解惑，澄清一些模糊认识，增强了思想政治教育的针对性。

## 三、以当前的热点为突破口，进行实践教学

当然，不同历史时期人们所关注的热点、焦点有所不同，近几年来，针对我们的教学内容和教学实际，主要从以下几个热点为突破口进行实践教学。

（一）"中国独秀论"

"中国独秀论"是在金融危机席卷全球的大背景下，以美国为中心的西方媒体抛出的一种怪论，这也是 2010 年以来大家非常关心的热点话题之一。

因此，笔者在讲到"西方列强的入侵与近代中国社会"这一专题中的"文化渗透"问题时，就以当下国人乃至全世界都在关注的热点话题"中国独秀论"导课。此话题一抛出，立刻引起了大多数学生的兴趣，大家你一言我一语，课堂气氛马上活跃起来。然后，由"中国独秀论"引出"中国责任论"、"中国威胁论"、"黄祸论"再到"人种优劣论"直至明末清初的耶稣会士东来。作了如此的铺垫之后，任课教师再以典型事例证明，自近代以来，伴随着政治、经济、军事侵略的同时，在意识形态领域，西方列强始终没有放弃对中国的文化渗透和文化侵略活动。只不过在不同的历史时期，他们所采取的形式各不相同而已。大体说来，以改革开放特别是近年来中国的综合实力、国际地位日益提高为分水岭，分为前后两个时期，前期主要是"棒杀"中国，后期主要是"捧杀"中国。

1. "棒杀"中国

西方国家"棒杀"中国的主要论调是"黄祸论"和"种族优劣论"。

正式提出"黄祸论"的是德国皇帝威廉二世。中日甲午战争以后，威廉二世在与俄国皇帝尼古拉二世通信中大肆宣扬"黄祸论"，编造中国等亚洲黄种人联合进攻欧洲的危险。威廉二世还画了一张"黄祸图"草图，请画家克纳科弗斯（H. Knackfuss）绘制完成，并下令雕版印刷，广为散发。该画描绘佛教始祖释迦牟尼和中国孔夫子驾着黄云从东方而来，上天派天使长米迦勒召集欧洲列强的守护神，要他们联合起来抵抗佛教、异端和野蛮人的入侵，以保卫十字架。从此之后，"黄祸论"在西方国家广泛传播。

从威廉二世正式提出"黄祸论"之后，西方列强根据自己不同的在华利益提出各种版本的"黄祸论"，不同时期，不同需要，他们所强调的内容也不断变换。概括起来，不外乎有以下几点：第一，以汉族为主体的中华民族是"劣等"民族，中国土地贫瘠，而且人口众多，人口对外扩张不可避免，而这必然要冲击西方的优秀民族；第二，中国人散布世界各地，勤劳节俭，索酬低廉，抢了外国人的工作岗位；第三，中国人野蛮好战，中国多年受外国剥削压迫，一旦强大起来，必然对其压迫者实行报复；第四，中国人信奉儒教，孝敬父母，不管走到哪里，都心怀故土，不忘祖国，不能融入西方文明；第五，中国人一旦采用西方的思想和技术，中国军事和经济必将迅速发展，会威胁全世界。总之，在"黄祸论"者看来中国虚弱时对世界是个威胁，中国进行革命时也是对世界的威胁，中国强大了对世界更是威胁，因此，反华、排华、防华、遏制中国发展是合情合理的。

帝国主义者为了制造侵略有理的舆论，还大肆宣扬"种族优劣论"。他们攻击诬蔑中华民族是愚昧落后的"劣等民族"，应该接受"优等民族"白种人的开导和奴役，企图以此论证西方列强侵略、压迫中国有理。

2. "捧杀"中国

近年来，随着中国改革开放的不断深入，中国的政治、经济、军事等综合国力进一步增强，而西方国家面对新一轮的金融危机陷入困境。于是，西方国家在意识形态领域的文化侵略由原来的"棒杀"转向"捧杀"。一些别有用心的人抛出了"中国独秀论"，声称在世界金融危机中，西方经济困难重重，而中国成为最大赢家。但是，针对"中国独秀论"，我们必须客观地、冷静地加以分析：一方面，中国以总量来讲，GDP 排名世界第三，马上就要超过日本，排名第二了，算是一个大国了。而另一方面，中国人均年收入3700 美元，但美国人均已经是 5 万美元了。这样，通过横向和纵向的对比，才能客观地、全面地衡量我们所处的国际地位。

因此，国际分析人士指出，"中国独秀论"的鼓吹者看似在"美言"中国，其实是试图借此压迫中国承担与其能力不相适应的国际义务，同时影响中国与其他国家特别是发展中国家的关系。

总之，西方舆论中不时出现有关中国的种种奇谈怪论，或"捧杀"，或"棒杀"。我们应该保持清醒的头脑去应对西方的文化渗透和文化侵略。

这样，通过教师的梳理，这条线索就清晰地勾画出西方列强在意识形态领域里长期从事的文化侵略活动和他们的本来面目，既一目了然，又具有针对性和可接受性。因此，有很强的说服力。

(二)《为了新中国》

《为了新中国》是 2010 年央视热播的 8 集电视文献纪录片，也是每一个中国人特别是历史爱好者不容错过的经典影片。因此，我们在讲到"中国人民的历史性选择——中华人民共和国的诞生"这一专题时，就结合这部文献纪录片进一步剖析，中国人民为什么最终选择了中国共产党，选择了新中国，直至走上了社会主义的康庄大道。

1. 重庆谈判

比如说，关于这一专题中的"中国共产党从争取和平民主到进行自卫的战争"里的"重庆谈判"，先播放视频，然后剖析毛泽东为什么去重庆谈判，重庆谈判时毛泽东等都采取了哪些谈判方针和策略来推动"双十协定"的签订。

抗日战争胜利后，蒋介石采取了假和平、真备战的两面方针。一方面调兵遣将积极备战，另一方面连续三次电邀毛泽东到重庆谈判，制造和平空气，发动和平攻势。毛泽东为争取和平民主，揭露其假和平、真备战的真相，不顾个人安危，突然决定"将计就计"，以促成"假戏真演"，毅然偕周恩来、王若飞前往重庆。这完全出乎蒋介石的预料，蒋介石以为，无论如何，毛泽东是不敢来的。然而，毛泽东却真的来了，并且是带着诚意来的。

毛泽东到重庆后，暂住"桂园"（张治中在重庆上清寺的公馆）。在桂园接待的第一位客人就是柳亚子先生（柳亚子，江苏吴江县人，1906 年加入同盟会，曾任孙中山的秘书长，清末文学团体"南社"盟主，有"诗坛泰斗"之誉）。柳亚子先生即兴作诗一首，并向毛泽东索要长征诗。于是 1945 年 9 月 6 日，毛泽东偕周恩东、王若飞回访柳亚子沙坪坝寓所，将旧作《沁园春·雪》回赠柳老。

这首寄托了毛泽东一生政治理想的诗词实际上写于 1936 年 2 月，但是，毛泽东当时并没有发表，而在 9 年后，特意把它带到重庆，通过不同的渠道将其公之于众。

俗话说"诗言志、词抒情"，毛泽东就是怀着《沁园春》词那样气势磅礴的豪迈气概，站在历史制高点上，高屋建瓴，赴重庆同蒋介石进行谈判的。

接着，毛泽东回赠柳亚子的这首词，开始是悄悄传抄，以后是公开发表，又在蒋介石的后院掀起了一场文化战线上的政治斗争。

应该说，在重庆谈判这一场关乎中国前途和命运的重大的政治事件中，毛泽东将这首诗词公之于众，足见毛泽东政治上的高明艺术。

在国共谈判中，由于双方都各持己见，整个谈判过程几经周折，充满着激烈的政治斗争，斗争的焦点是军队和解放区政权问题。蒋介石坚持在"政令军令统一"的名义下取消中共领导的解放区政权和军队。

毛泽东深深懂得，这两条是共产党的命根子，没有实力作后盾，就不会有合法的存在。因此，以周恩来为代表的中国共产党代表团以顽强的原则性与巧妙的灵活性相结合，同国民党代表展开了针锋相对的马拉松式的唇枪舌战。

到九月中旬，谈判陷于停顿状态。蒋介石迫不及待地要对中共施加压力了，他对周恩来说："盼告诉润之，要和，就照这个条件和，不然，就请他回延安带兵来打好了。"显然，这是蒋介石在恐吓。可是，毛泽东"掌有千秋史，胸有百万兵"，并不在乎蒋介石的威胁，第二天，他会见蒋时，既自然又严肃地回答："现在打，我实在打不过你，但我可以用对付日本人的办法来对付你，你占点线，我占面，从农村包围城市，你看如何？"毛泽东不卑不亢，轻松、自信。

最后，经过43天的艰苦谈判，国共双方终于签署了"双十协定"，确定了和平建国的基本方针。

2. 武装斗争

再比如，关于这一专题中的"中国革命胜利的原因和基本经验"，即中国共产党战胜敌人的"三大法宝"：统一战线、武装斗争和党的建设。本文以"武装斗争"为例。

毛泽东指出，同国民党的战争，包括公开的战争和隐蔽的战争。所谓隐蔽的战争，就是中国共产党长期以来开展的情报工作和地下工作。然后，以《为了新中国》第5集"谍战交锋"导课，使同学们进一步认识到，解放战争时期，中国共产党的情报工作已经发展到了历史上的最高峰。当时，国民党虽然也有特务组织和情报机关，但是，它的情报人员从未进入到我党的最高领导机构。而中国共产党的情报人员则不同，他们已经进入到国民党党政军的最高决策层。用国民党的话来说，中国共产党的地下组织甚至到了无孔不入的地步。如当时受受周恩来、董必武等派遣打入国民党中央核心机关的沈安娜，被人们称为"抓住国民党脉搏的人"。从1938年秋到1949年春，她担任国民党中央党部机要速记员达10多年之久，得以参加国民党历届中央全体会议、中央常委会议、国防委员会会议等高级军政会议，把包括蒋介石在内的国民党高层人物的言行及许多绝密情报通过其丈夫华明之转送延安。而沈的身份从来没有引起怀疑。华明之1934年入党，是中国共产党中央特科的情报人员。两人提供了重要的情报，为毛泽东判断内战的不可避免并积极准备内战作出了重大贡献。还有我党情报战线上的"后三杰"之一的熊向晖，他于1936年就加入了中国共产党，曾任胡宗南的侍从副官、机要秘书。1943年和1947年，蒋介石曾先后两次密令胡宗南进攻延安，熊向辉及时将情报送交中央，从而挽救了中央危局。毛泽东称赞熊向晖一个人"能顶几个师"，"熊向晖的地下情报工作是我党情报工作最成功、最模范的事例"。此外，谢和赓打入桂系，成为蒋介石大本营副参谋总长白崇禧的机要秘书，在桂系工作了10多年，却未被号称"小诸葛"的白崇禧发觉。他先后为中央提供了桂系以及国民党国防会议许多高层次的机密情报。韩练成，1942年正式加入中共的情报系统，任国民政府参军处的参军，深得蒋介石的信任。郭汝瑰，任国民党国防部第3厅厅长，国民党军界精英。后在四川宜宾起义，被蒋称为国民党内部的最大共谍。

蒋介石败退台湾后，痛定思痛，在岛上办了一个革命实践研究院，集结一些精英总结失败的教训。他们一致认为，大陆之败首败于情报。这也从另一侧面证明了毛泽东对战争的正确论断以及中国共产党人情报工作的巨大成功。

虽然蒋介石和毛泽东一样，都非常看重兵法，特别是《孙子兵法》，但蒋介石并没有真正读懂兵法。《孙子兵法》说："非圣贤不能用间，非仁义不能使间。"因此，蒋介石的失败归根结底不是败于情报，而恰恰败于"不仁"。因为不仁，他就失去了人心，因为失去了人心，也就注定了他终将失去一切。

总之，我们逐步摸索出的把历史知识与当下时政相结合的教学方法，充分利用了中国近现代史中蕴藏的丰富教育资源，既拓宽了学生的历史知识面，深化了学生对爱国主义、革命传统、共产主义理想信念的认识，又充分调动了学生学习的积极性，提高了学生的思想政治素质，发挥了史学传承文明、鉴古知今和启迪民智的功能，增强了思想政治理论课的育人效果，是教与学的辩证统一，在目前的教学实践中显示出了良好的效果，具有很强的操作性和实践性。

# "概论"[1] 课教材体系向教学体系
# 转化中的专题化教学探讨[2]

曾毅红

（北京信息科技大学政治理论教育学院　中国特色社会主义理论教研室）

**摘　要**　"概论"课在高校思想政治理论必修课中分量最重，配套教材内容丰富、体系庞大，加上课时紧张、学生负担重等情况，因此在教学实践中进行专题化教学、实现教材体系向教学体系的转化是必要和紧迫的，既有利于更好实现理论与实际的紧密结合，激发学生的学习兴趣，提高政治理论课教学的实效性，也有利于拓展课程视野，提升理论深度，增强理论的说服力。开展专题化教学要注意与其他教学方式和手段有效结合，同时也对教师的科研深度和广度提出了更高的要求。

**关键词**　"概论"课　教材体系　教学体系　专题化教学

　　《毛泽东思想和中国特色社会主义理论体系概论》课程是高校政治理论课 "05 改革方案" 中确定的四门思想政治理论必修课中分量最重的一门，原设计为 96–108 学时。课程以中国化的马克思主义为主题，以马克思主义中国化为主线，以建设中国特色社会主义为重点内容。为了实现教学目的和要求，课程的配套教材内容丰富、体系庞大。但在教学实践中，"概论" 课通常被放在四门课的最后，此时学生的年级较高、专业负担较重，而且大多数高校 "概论" 课的计划培养课时都难以达到原设计学时。因此，如何将内容

---

[1]　即《毛泽东思想和中国特色社会主义理论体系概论》，后文统一简称为 "概论"。

[2]　本文系北京信息科技大学 2010 年度教学改革项目 "《毛泽东思想和中国特色社会主义理论体系概论》课程教材体系向教学体系转化研究"（项目编号 2010JG29）的研究成果。

丰富、系统庞大的教材体系进行整合，使之转化为在现有条件下既能实现教学目的又受到学生喜爱的教学体系，就成为一个颇具挑战性且亟待研究的课题。

专题化教学并不是一个新话题，很多学校、课程和教师在教学实践中都采用过这种教学形式。笔者认为，在探索"概论"课教材体系向教学体系转化的方法和途径时，专题化教学仍然是一种现实的路径选择，不过这种教学形式在"概论"课这一特定课程和学校的特定背景下会面临一些特殊的问题。本文将以一次相关的学情调查为主要实证依据，探讨如何推动"概论"课专题化教学的开展。

## 一、实现专题化教学在我校"概论"课教学中的必要性和紧迫性

以笔者所在学校为例，自 2006 年秋季学期开始执行"05 改革方案"以来，经过几轮实践，目前把"概论"课设计为 64 个学时，不同学院分别安排在第 4、第 5 学期进行。由于二、三年级学生的专业课培养计划中往往安排了不少课设、校内外实习等活动，加上春节放假等因素的影响，要在一学期内完成 64 课时的"概论"课学习，就常常会出现同一课堂每周要上三次课甚至四次课的情况。于是，"概论"课教师面临着这样的困境：一方面课时有限，难以完成教材体系所涵盖的全部内容；另一方面，同一课堂密集上课，而学生又对理论课较普遍地存在畏难甚至排斥情绪，那么，如何能保持学生对课程的学习兴趣，提高课程教学的实效性呢？

2010 年 10 月，笔者在授课班级对学生进行了一次问卷调查，目的是了解学生在"概论"课学习前的知识背景以及他们对本课程在教学内容、教材、教学方式和环节等方面的评价和要求，期望以此来掌握学生在政治理论课学习上的特点和要求，以利于今后更好地开展符合我校自身情况的针对性教学，从而提高政治理论课教学的实效性。当时的调查对象为我校光电学院 08 级通信专业和电信专业的部分学生，共发放问卷 133 份，其中通信专业 80 份，电信专业 53 份，问卷全部回收且皆为有效问卷。为了了解不同专业学生的差异，特将两个专业的问卷做了分别统计。

统计出的调查数据在若干问题上都提示我们：实现教材体系向教学体系

的转化的确是当前"概论"课教学急需解决的重要问题。例如，调查中问到学生对教材的阅读情况，绝大多数学生都是有选择地阅读教材或只在考试前阅读（电信专业86%，通信专业89%），电信专业选择不阅读的（12%）远超过全部阅读的（2%），通信专业的则大体相当（5%和6%）；对于教材在教学过程中的运用，希望老师讲授教材全部内容的只占极少数（1%－2%），同时通信专业66%的学生要求讲授教材重点，电信专业31%学生则要求少讲教材内容，只讲他们感兴趣的东西，甚至还有21%要求不讲教材内容。同时，学生对于理论学习的态度普遍表现为不感兴趣，他们希望老师更多地分析现实、列举实例（电信专业87%，通信专业则有91%将这两项列为第一选项），不希望更深入地讲授理论和更多地阐释党的大政方针，但对于重大理论和现实问题，他们的理解和把握程度又常常是困惑、模糊甚至存在一些错误的。例如，当被问到"通过这门课程的学习，你最想了解或解决的问题是什么?"，学生的回答虽然五花八门，但大都可以归结到中宣部、教育部提出的"六个为什么"这几个大问题。在这六个问题中，无论是"比较清楚的"、"比较困惑的"还是"最想搞清楚的"，电信专业学生都没有很突出的选项，特别是在"最想搞清楚的"问题上，没有一个选项超过20%；通信专业学生则对为什么要坚持中国特色的社会主义道路、坚持改革开放和坚持目前的基本经济制度有较多了解，但对我国的政体和政党制度，以及为什么要坚持马克思主义的指导地位和社会主义道路等问题都感到相当困惑，这些问题也基本上是他们最想搞清楚的问题，尤其是我国的政体和政党制度。这些数据和回答的矛盾之处在于，学生们排斥理论学习，但他们感到困惑和很想弄懂的问题又恰恰是要以讲清讲透理论为基础的。另外，调查中还显示，本课程的内容与学生中学时的政治课学习存在较严重的重复现象，那些认为自己在学习本课程前对"马克思主义中国化理论成果"了解或比较了解的学生中，绝大多数人承认他们原先的了解是因为在中学学过（电信专业的比例高达84%，通信专业也达到64%），只有10%左右的学生认为自己是出于感兴趣而去了解的。

上述情况充分说明，在"概论"课教学中推动教材体系向教学体系转化，实现专题化教学无疑是必要的和急迫的。

第一，由于"概论"课教材内容丰富，体系庞大，而课时无法达到原设计学时，因此，为了更好地完成教学任务，实现教学目的，必须重新整合教材体系。

第二，学生对政治理论和教材内容普遍缺乏兴趣，但又很关注现实的经济社会发展问题，探讨并推动教材体系向教学体系的转化有利于更好地实现理论与实际的紧密结合，激发学生的学习兴趣，提高政治理论课教学的实效性。

第三，传统的教学形式主要以教材体系为教学逻辑，而教材内容又是面面俱到但往往缺乏深度的，因此，教师容易陷入照本宣科的模式之中，只传达了"是什么"而没有回答"为什么"。而且，学生会因为课程内容与过去所学的简单重复而倍感厌烦，学下来仍是一锅"夹生饭"。整合教材体系，推动专题化教学，有利于拓展课程视野，提升理论深度，增强理论的说服力。

## 二、专题化教学要注意与其他教学方式和手段的有效结合

专题化教学首先是对教材内容体系的整合，但又决不仅限于此，很重要的是必须通过运用多种教学方式和手段将整合后的教学内容立体化地呈现在课堂上，有效调动学生的学习兴趣和参与积极性。过去一些课程或教师的专题化教学尝试效果之所以不明显，或者只是有名无实，其中的重要原因之一就是没有将专题化教学与其他教学方式和手段有效结合起来。在各种教学方式和手段中，有些学生可能会天然喜欢，但如果滥用，效果会适得其反；还有些教学环节学生似乎不欢迎，但不能因此就放弃，而应该认真分析、深入研究，找出学生不喜欢的原因，提升各种教学方式和手段的运用质量和效率。

在调查中，我们就常用的几种教学方式和环节询问了学生，结果发现，学生最喜欢的教学环节是观看录像（电信专业52%，通信专业则有63%将其作为第一选项），其次是情景教学，课堂讨论（电信专业10%，通信专业也只有14%将其作为第一选项）和阅读文献则不受欢迎。对于老师教学课件的要求，他们普遍喜欢课件中有图片和视频，其中通信专业53%强调要"根据教学内容有适当的图片和视频"，电信专业则有46%要求"有比较多的图片和视频"。

总体上讲，这样的调查数据并不令人感到意外，它与教师在教学中的

感受基本是相符的，问题是在专题化教学中，我们应当怎样看待和分析这些现象，采取怎样的应对之策？学生最喜欢"观看录像"和"情景教学"的环节和方式，希望在教学中有更多的图片和视频，但如果我们一味地迎合这种要求，就会失去理论教学的意义，学生上课变成了看片儿，当时可能开心、热闹，过后觉得一无所获，在内心里会愈发看轻政治理论课。所以，要求教师精心选择和剪辑与教学内容密切相关的视频片段，将其作为专题教学的补充而不是主体，必要时，应设计与视频内容相关的问题，在播放之后吸引学生参与讨论，避免出现教师敷衍教学、一放了之，学生看过就忘、毫无收获的现象发生。另一方面，学生不喜欢"课堂讨论"和"文献阅读"，但我们不能轻易放弃这些在长期教学实践中被证明了是有益的教学环节和方式，而要深入分析、探寻学生不喜欢的原因，努力将它们转变为受学生欢迎的教学手段。对于经典文献，通常教材的每一章后都推荐了大量的阅读篇目，如果教师不要求或者不加选择地布置给学生，那么就会形同虚设。因此，教师要结合专题教学的内容对文献进行精选和导读，这对于学生通过"概论"课学习提升其理论素养至关重要。课堂讨论环节要想取得好的效果也必须做到主题明确、准备充分、设计周密，特别是案例教学中的讨论，案例文本应提前让学生知晓，给学生留下思考的时间和空间，那种随机性的、形式化的讨论环节必然会影响学生的参与积极性。

## 三、专题化教学对"概论"课教师提出了更高的科研要求

通常认为，理想的专题化教学应该是由不同的老师、专家从自己的研究特长出发给学生深入讲授不同的专题内容，例如，当年北京大学率先开设《邓小平理论》课程时，就是由北大十二位在邓小平理论研究方面有突出成果、并且有丰富教学经验的专家教授以专题讲座的形式进行授课的，如此既体现了课程的理论深度，又加强了教学的针对性，这一范例至今仍被学界奉为经典。但是，这种不同专题由不同老师讲授的模式，目前在很多学校校尚不具备实施的条件。仍以我校为例，一方面，我校"概论"课教师团队的力量有限，而且，老师们在这个问题上并未达成共识；另一方面，从调查结果上看，学生对此的要求也并不强烈。下图是针对此问题的

调查结果：

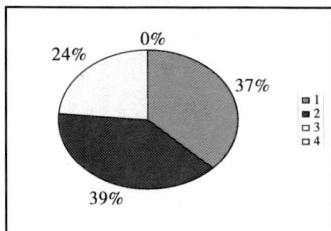

电信专业

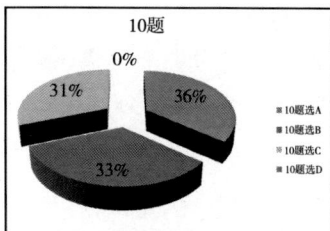

通信专业

图中 A、B、C 或 1、2、3 选项分别代表"自始至终由一个老师讲"、"分专题由不同老师讲"和"无所谓"。通信专业的选择是几乎各占 1/3，没有体现出特殊的偏好，这或许与我校绝大多数政治理论课堂仍是始终由一个老师讲授，学生没有体验过其他教学模式有关；不同的是，电信专业在"中国近现代史纲要"课上曾体验过"分专题由不同老师讲"的教学模式，当时学院聘请的也都是业内著名专家，但学生的选择体现出对这两种模式存在较大分歧，笔者与学生个别交流沟通时也发现这种分歧是真实存在的。

可见，课程自始至终由一个老师讲，还是分专题由不同老师讲，学生的选择表面上看似乎差别不大，但考虑到两专业不同的学习经历，应该能说明一定问题。体验过专家课堂分专题教学模式的电信专业之所以对这种模式存在明显分歧，相当比例的学生对教师原本认为近乎理想的模式持反对或无所谓的态度，我认为根本原因还是学生对理论学习缺乏兴趣甚至反感，在这种情况下，教师对理论研究和讲授的深度甚至可能会与教学效果成反比。但是，这决不能成为"概论"课教师忽视甚或放弃科研的理由和借口，相反，这对作为教学支撑的科研提出了更高的要求。

一方面，科研既要有深度也要有广度，特别是"概论"课教师，一定要对"马克思主义基本原理"和"中国近现代史纲要"等课程的内容有一定程度的把握。有学生在问卷中直言，"学生对政治毫无兴趣，主要原因还是因为它不具思考和讨论的空间"，强调教师搞科研的重要性，意义正在于打开这种思考和讨论的空间。近年来中宣部、教育部连续提出的"六个为什么"、"七个怎么看"、"划清四个重大界限"等问题，很多都是"概论"课原有的教学内容，但要讲清讲好，却要涉及一些"原理"和"纲要"等课程的内容。例如学生对我国为什么要坚持人民代表大会制度而不能搞"三权分立"、我国的政党制度为什么不能实行西方的多党制、什么是真正的马克思主义以及为什么我国要坚持马克思主义的指导地位和社会主义道路等问题都感到相当困惑，甚至存在不少错误认识，对这些问题的分析阐释就需要将几门政治理论课的内容统合起来。

另一方面，科研同样要注意贯彻理论联系实际的原则。虽然学生普遍缺乏人文社会科学的知识积累，对理论课教学不感兴趣，但是，学生的主流还是关心国家的前途命运、具有较强社会责任感的。调查显示，两个专业都有超过70%的学生表示比较关注或很关注中国经济社会发展的现实问题。同时，在调查中学生对课程提出了不少教学建议，其中最为集中的是，学生要求教师少讲课本、多分析实例、贴近现实生活，还有学生呼吁"老师应当多听听当今大学生的思想和心声，这样才能够及时地对同学们思想成长进行正确的引导"、要求教师"把授课内容与大学生未来发展的道路结合起来"。这些呼声和要求凸显了政治理论课教师科研的特殊性，必须突出强调理论与实际的紧密结合，把理论的难点与社会热点、时代焦点联系起来，把大学生的个人发展与家国天下之间的关联展现出来，如此，必将有助于提高学生学习的积极性和主动性。

## 四、"概论"课专题化教学的初步框架

目前我校"概论"课采用的是高等教育出版社出版的《毛泽东思想和中国特色社会主义理论体系概论》教材，这是马克思主义理论研究和建设工程重点教材，全书约35万字，分15章。将整个教材体系进行整合，初步把"概论"课的专题教学设计为13个专题，分列如下：

专题一　马克思主义中国化的历史进程和理论精髓

专题二　毛泽东思想

专题三　党对中国社会主义建设道路的初步探索

专题四　首要问题：对社会主义本质的新认识

专题五　初级阶段：中国社会主义社会的历史定位

专题六　伟大创举：建立和完善社会主义市场经济体制

专题七　突破禁区：社会主义初级阶段的基本经济制度

专题八　公平正义：国民财富的分配与再分配

专题九　　　民主法治：建设中国特色社会主义政治

专题十　　　文化与文明：当代中国的精神文明与文化软实力建设

专题十一　　发展与稳定：科学发展观与和谐社会的重大战略思想

专题十二　　期盼统一：台湾问题与"和平统一、一国两制"的科学构想

专题十三　　中国与世界：对外开放与和谐世界的外交战略

# 《毛泽东思想和中国特色社会主义理论体系概论》互动教学法初探

舍娜莉

（北京信息科技大学政治理论教育学院 中国特色社会主义理论教研室）

**摘　要**　本文主要论述《毛泽东思想和中国特色社会主义理论体系概论》教学中三种互动教学方法：生师互动的案例教学法、师生互动的情境教学法和生生互动的任务驱动法，同时探讨了这三种互动教学法对教师的要求。

**关键词**　互动　教学法　素质

思想品德课和政治理论课教学是高校德育工作的重要方面和基本环节，教学面临的任务十分重大。《毛泽东思想和中国特色社会主义理论体系概论》课作为继《思想道德修养和法律基础》、《马克思主义基本原理》及《中国近现代史纲要》之后大学最后一门思想政治理论课，其教学质量的高低对于大学生思想政治素质的培养具有深远的意义。如何帮助学生确立中国特色社会主义信仰体系，整合多种教学方式方法，搭建互动平台，加深大学生对于马克思主义基本理论的理解，提高分析问题和解决问题的能力，需要对教学法进行坚持不懈的探索和实践。笔者在多年的教学实践中尝试采用多种互动教学方法，受到学生们的欢迎并收到成效，本文在这方面做了一些探索。

## 一、生师互动的案例教学法

案例教学是教师有意识逐步引导学生积极思考，淡化解决方案，鼓励学生主动提出自己的应对方案，并对合理的方案加以适当的正面评价，为学生日后在实践中独立面对问题并提出解决方案奠定基础，是当今世界公认的培养"知识型+能力型"复合人才的一种行之有效的教学方法。

《毛泽东思想和中国特色社会主义理论体系概论》课程中有许多目前存在争议、正在探讨的理论以及实践问题，如当今时代的全球化问题、就业问题、社会保障制度问题、民主政治发展问题、市场经济发展中遇到的道德困境等。教师在授课过程中，对于这些问题，很难给学生一个"标准"答案，在教学过程中，不妨将这些问题交予学生讨论，具体案例由学生选定，讨论的方式可以分成小组，也可以整个课堂共同参与，学生可以集思广益、各抒己见，从而最大限度地调动每一个学生的学习积极性。传统的理论教学模式以教师为中心，学生只是知识的被动接受者，这种"填鸭式"的教学模式具有很大的局限性，在生师互动的案例教学中，学生才是真正的"主角"，在争辩和讨论的氛围中完成自主学习的过程。教师扮演"主持人"、"引导者"的角色，引导学生讨论，让学生就自己的观点畅所欲言，并且提出独到的见解。在讨论、辩论和解决问题中，激发了学生的学习热情，调动了学生的积极性和参与度，活跃了课堂气氛，不但锻炼了学生在众人面前表达自己的能力，而且增强了学生的学习兴趣。

学生对于社会上贫富差距的加剧普遍比较关注，笔者在教授第五章社会主义的本质和根本任务"社会主义本质问题"时采用案例教学法，分组讨论"如何看待当今中国贫富悬殊"问题，A 组同学认为中国现在社会贫富差距过大，0.4% 的人掌握了 70% 的财富，财富集中度高于美国，中国大陆基尼系数已经达到 0.5，远远超过国际警戒线水平。B 组同学认为我国目前社会成员生活水平普遍提高，特别是与整个世界发展趋势相比，我们国家解决贫富差距已经取得的成就。1978 年，全国农村贫困人口有 2.5 亿人，1998 年减少到 4200 万人。20 多年来，我国贫困人口每年平均减少 1000 万人，这同世界许多国家和地区贫困状况日趋严重、还有大量人口处于赤贫状态形成了鲜明对照。世界两极分化的加剧，而中国农村绝大多数人口的温饱问题已经基本得到解决，这为 13 亿中国人民全面建设小康社会奠定了更为坚实的基础。任何一个案例的分析，笔者都鼓励学生多角度、多维度地观察问题，提出自己最具创造力的见解和解决方案，最终教师予以点评总结，并答疑解惑。案例教学对于学生全面认识问题是有帮助的，学生通过自己的探讨分析，认识到有了正确的理论并不等于实践中不会出现任何问题；认识到实践中提出的问题需要在进一步发展中予以解决；认识到政府在积极努力解决问题。案例教学能将理论与实际更好地结合，提高学生对社会问题的关注程度，努力促使学生将所学的知识转化为实际技能，对培养学生的综合能力起到非常重要的作用。

案例教学法对教师的要求：精。教师要明确教学内容，善于精选问题和案例，善于引导学生参与教学，善于控制教学程序和大方向，引导学生看大局、看主流、看趋势。在案例教学中，案例探讨是手段，案例评析是目的，手段始终为目的服务，教师的教学能力和水平高低直接决定案例教学的效果和质量。

## 二、师生互动的情境教学法

情境教学法是教师借助情境的直观性、形象性吸引学生参与教学活动，为学生提供一种良好的启迪，接通学生的经验和感受、唤醒学生自身潜在的生活经验和内在情感，在积极的情感体验中获得学习乐趣，充分调动学生的内在学习动力，不断实现人格的提升。

《毛泽东思想和中国特色社会主义理论体系概论》是四门思想政治理论课中与社会现实联系最为紧密的课程，如何运用多媒体技术手段，让学生对现实有感性认识，情景教学是一种备选方案。上课初始，学生对政治理论课漠然甚至轻度抵触，笔者并不急于讲授理论内容的具体内容，而是用视频资料向学生演示美国如何整合媒体、宗教和学校教育等多种手段把"美国是世界上唯一铲除邪恶势力、拯救世界的正义力量"这种核心价值观渗透到美国民众的思想意识当中；如何利用文化制品和宗教传播等多种形式把美国的核心价值观推广普及到全世界，如何利用媒体分化、西化最终成功肢解前苏联，又很如何如法炮制对付中国，耳听为虚、眼见为实，学生通过自身的分析、对比和思考，转变了对思想政治教育普遍性和必要性的认识，对马克思主义理论的重要性进行重新思考和定位。

良好的教学环境是有效运用情境教学的重要条件，信息技术特别是互联网技术的普及与提高，为思想政治理论课教学提供了现代化手段，拓宽了思想教育的渠道和空间，成为高校学生获取知识和各种信息的重要途径，对学生的学习、生活和思想产生深刻的影响。在笔者多年的教学实践中，也有一些心得体会：两节课设置一个教学主题为佳，一节课中视频运用不要超过两次，每段视频控制在三分钟为宜，视频之间间隔时间长效果更佳，让学生有理解消化和情绪起伏的时间和空间。情境教学中需要剪辑视频和制作多媒体课件，需要花费教师大量的时间和精力，对教师处理好讲授和视频课件之间的关系及具备多方面能力提出更高的要求。教师需要不断加强专业学习，将教学内容内化于心，才能善于联想，善于把教学内容和日常所见的视频联系起来，在观看新闻节目、电影电视、访谈交流节目时收集视频素材。结合《毛泽东思想和中国特色社会主义理论体系概论》教学和学生思想的特点，通过图文并茂、声像交融的音频、视频资料，及时将正确、积极和健康的思想和文化信息充实到学生思想中去，提升课堂教学效果，使教学不断适应新形势的变化。

情境教学法对教师的要求：新。教师必须有新理念、新知识和新技术。善于更新知识，善于关注时事，善于运用现代教学技术，以大量生动形象的视频资料表达内容，控制教学过程，使学生注意力集中在情感互动中，达到化抽象为具体、化晦涩为通俗的效果，提高课堂教学的直观性和生动性，让学生在情感波动中明白事理，获得知识，使其思想境界不断升华。

# 三、生生互动的任务驱动法

任务驱动法是教师交予学生一定的任务，使其独立或集体完成，让学生在一个典型"任务"驱动下展开学习活动，不仅有利于激发学生的学习兴趣和求知欲望，而且能在任务中培养学生的交流能力、合作能力、创新能力和独立分析问题、解决问题的能力。

《毛泽东思想和中国特色社会主义理论体系概论》总计 64 学时，15 个章节涉及的知识面颇为广泛，关联的内容多而杂，任课教师不可能是政治、经济、文化、外交、军事的"全面手"，即使面面俱到，也仅限泛泛而谈。为了教学目标不分散，留给学生一个独立实践的空间，可以设计一些学生感兴趣的任务，让教学延伸到课外。任务驱动法中的"任务"不是孤立的，而是整个课程体系中的有机组成部分。使学生在课堂以外通过自己的实践获得知识和技能，在自发组成的活动小组中，充分发挥团队精神，各司其职，组员之间形成了一种默契，从培养学生职业核心能力角度出发，为其以后职业生涯中能适应各种职业的变换、岗位的轮换奠定能力基础。

任务驱动法教学中最关键的环节是学生如何完成任务。在任务驱动法教学中，教师要充分尊重并发挥学生的主动性，从学生的角度设计任务，具体活动形式和内容则可由学生去构思，给学生充分表现和发挥的机会。譬如，以学生社团为依托，开展公益活动、学术活动以及各类主题活动，活动的内容多样，形式不拘一格，主题贴近学生。如大学生就业问题、价值取向问题和能力培养问题，使学生从思想上明白、从情理上接受、在行动中践行中国特色社会主义理论。只有让学生对关系切身利益问题亲身实践，才能使其理解新形势下党的方针政策，澄清模糊认识，统一思想，增强学生在党的领导下走中国特色社会主义道路的信心。

任务驱动法对教师的要求：实。教师需要传授给学生完成任务的实用技巧，而且要严格控制任务进度、任务评估等相关要素。要了解学生的个性差异和任务难易，任务要由易到难，层层深入，难度太小，缺乏挑战，会使学生失去兴趣；难度太大，容易挫伤学生的积极性和自信心，一个难度适当同时又能让人体验成功的任务，才能激发学生的求知欲和成就感，使每个学生都能在任务中找到自己的位置，使各个层次的学生都能得到锻炼。

教学有法，教无定法，贵在得法。无论是生师互动的案例教学法、师生互动的情境教学法，还是生生互动的任务驱动法，笔者在教学实践中运用良久，体会颇丰，任何教学方法都不可能一成不变、一劳永逸，案例教学法的"精"、情境教学法的"新"和任务驱动法的"实"需要任课教师根据教学对象因人而异、因地制宜，大胆尝试，有机结合，灵活运用，在教学实践中不断探索和整合，促使互动教学法更好地发挥作用。

## 参考文献：

[1] 肖贵清. 关于讲述"毛泽东思想、邓小平理论和'三个代表'重要思想概论"课的几点思考 [J]. 教学与研究, 2006 (8).

[2] 黄桂华. 改善"毛泽东思想和中国特色社会主义理论体系概论"教学效果的思考 [J]. 学校党建与思想教育, 2010 (4).

# 西方经济学在中国特色社会主义
# 理论体系概论教学中的作用

赵雅沁

（北京信息科技大学政治理论教育学院　中国特色社会主义理论教研室）

**摘　要**　改革开放以来，西方经济学的广泛传播对中国特色社会主义理论和实践的认识产生了正反两个方面的影响。在中国特色社会主义理论体系概论教学中，一方面要利用其作为资本主义市场经济理论总结的正面作用，使学生更好地理解中国特色社会主义的相关理论和实践；另一方面，也是在目前来说更值得关注的，是消除西方经济学作为资产阶级意识形态而产生的负面影响，澄清由此带来的种种困惑，把对中国特色社会主义理论和实践的认识建立在马克思主义的基础上。

**关键词**　西方经济学　中国特色社会主义理论体系概论教学

## 一、西方经济学为什么会在中国特色社会主义理论体系概论教学中起作用

作为马克思主义中国化的最新成果，中国特色社会主义理论体系（包括邓小平理论、"三个代表"重要思想以及科学发展观等重大战略思想）当然是以马克思主义基本理论为前提和基础，在教学中也主要是运用马克思主义基本原理去理解和认识中国特色社会主义建设中的一系列理论和实践问题。那么，与马克思主义理论有着根本不同的西方经济学，又为什么会在中国特色社会主义理论体系概论教学中起作用呢？这主要是因为，中国特色社会主义理论体系是在改革开放的历史时期形成和发展的，而这一时期同时也是西

方经济学在我国得到日益广泛传播的时期，西方经济学的广泛传播不可避免地对中国特色社会主义理论和实践的认识产生影响，这种影响主要体现在正反两个方面：

（1）西方经济学作为资本主义市场经济的经验总结而产生的正面影响。

作为资本主义市场经济的经验总结，西方经济学对市场经济的一般运行规律作了理论上的描述和说明，而我国的改革是市场取向的改革，中国特色社会主义理论体系则是这一市场取向改革进程的理论总结，这就决定了西方经济学对中国特色社会主义理论和实践的借鉴意义。学习西方经济学，有助于我们深入认识市场机制及其运行规律，更好地理解社会主义市场经济的理论，搞好社会主义市场经济。此外，西方经济学中的一些概念在改革开放进程中被广泛采用，学习西方经济学有助于我们全面地理解这些概念的含义，更好地认识中国特色社会主义的理论和实践。例如，国内生产总值（GDP）的概念在西方经济学中是专门的一节内容，它不仅帮助我们认识这一指标在市场经济条件下的优势和便利之处，也告诉我们这一指标存在的内在缺陷和不足，使我们认识到 GDP 并非一个完美无缺的指标，从而避免或纠正对 GDP 的盲目崇拜，正确理解邓小平"发展才是硬道理"的论断，更好地深入贯彻落实科学发展观。

（2）西方经济学作为资产阶级意识形态而产生的负面影响。

西方经济学是宣传资本主义制度合理性和优越性、为资本主义制度辩护的学说，反映的是资产阶级的意识形态。伴随着西方经济学的广泛传播，西方资产阶级的意识形态也传播到我国。由于市场取向改革的现实需要，我们在中国特色社会主义建设中更为关注的是西方经济学对建立和完善社会主义市场经济体制的正面作用，而对其作为资产阶级意识形态的负面影响缺乏足够的警惕，致使西方资产阶级意识形态的影响日益深入。我们对中国特色社会主义理论和实践认识上的一些误区和种种困惑，很多时候是由于西方资产阶级意识形态的影响所致。这种影响，对许多学习过西方经济学的人而言，主要是由于片面接受西方经济学所描述的表象，不能运用马克思主义对其进行批判分析，而对广大未接触过西方经济学的人来说，则是由于对西方经济学的这种片面理解而产生的错误观念被广泛宣扬，潜移默化地进入了人们的头脑，使人们把它看做是改革开放中出现的新的正确观念（实际不过是西方经济学早就提出、甚至早已被马克思批判过的陈词滥调）。可见，运用马克思主义批判地学习西方经济学，有助于我们走出误区，澄清困惑，正确地理解中国特色社会主义理论体系。由于西方经济学的现象分析易于被一般人接受，而我们对与之相伴随的资产阶级意识形态的负面影响又关注不够，因此，下面通过两个实例分析说明西方经济学在中国特色社会主义理论体系概论教学中的作用时把侧重点放在了这一方面。

## 二、实例分析：西方经济学在中国特色社会主义理论体系概论教学中的作用

（1）怎样认识邓小平关于"先富"与"共富"的论述。

邓小平关于"一部分人先富起来，逐步实现共同富裕"的论述是中国特色社会主义理论体系概论教学的重要内容，但如何理解这一论述，则很容易陷入误区。某学者有这样的解释：

比如1000万人民币，让1000个人平均分配，每人1万元，什么企业都办不成。如果由1个人占有，则有可能办一个企业。假设这个企业雇了其他99个人做它的职工，他们就可以就业，就可以不断地从这个企业获得工资，他们每个人的收入累计起来会大大超过平均分的时候获得的1万元数额。

上述解释得到的结论是：财富向少数人集中、归少数人私有是有助于促进生产发展和解决就业问题的，也是有助于人民群众收入水平提高、实现共同富裕的。事实上，这样的解释往往是容易被普通人接受的，笔者就曾听朋友讲过这样的观点：资本家自己能吃多少、喝多少，剩下的钱用来办企业，还能解决工人的就业问题和收入问题，不一样是对社会做贡献吗？笔者也曾就此询问过所教授的学生，学生普遍认为是有道理的。

事实上，就连笔者自己最初看到这个解释时，也觉得新颖、独特，似乎也有些道理。然而，在对西方经济学进行系统学习之后，笔者蓦然发现，原来这种解释既不新颖，也不独特，它只不过是凯恩斯早在1936年出版的《就业、利息和货币通论》一书中提出的"边际消费倾向递减规律"的一种叙述而已。边际消费倾向递减规律的内容是：随着收入的增加，消费也在增加，但在增加的收入中，用来消费的部分所占的比例越来越少，即边际消费倾向是递减的。这本来是凯恩斯用来解释资本主义有效需求不足、从而出现危机

和失业的原因之一，但后来被资产阶级学者用来为资本主义辩护，即：在资本家增加的收入中，用于个人消费的部分越来越少，余下的收入用于投资办厂，是有利于整个社会的。

其实，某学者的解释不仅是陈旧的，而且也是欠缺理论逻辑的。我们可以设想，1000万元人民币集中起来办一个公有制企业，比如集体所有制企业，属于这1000个工人共同所有，不一样可以促进生产发展吗？不一样可以解决他们的就业和收入问题吗？为什么非得把这1000万归某个私人所有才能解决这些问题呢？况且，当一个企业归私人所有时，势必要区分出老板和雇佣工人，出现对雇佣工人的剥削，以及老板和雇佣工人之间收入的两极分化，怎么可能实现共同富裕呢？而公有制企业则没有老板和雇佣工人之分，避免了两极分化，才是真正的实现共同富裕之道。那么，我们为什么如此容易接受某学者的解释呢？是因为我们受西方资产阶级意识形态的影响，在潜意识里把私有制当做了必然的前提。西方经济学的整个理论体系都是建立在资本主义私有制基础之上的，但西方经济学对此并不提及，因为在它看来，资本主义是一种永恒的自然存在而不是历史存在，仿佛从天上掉下来一样会存在到永远，所以也就是一种无需说明的当然。因此，尽管西方经济学并不专门提及所有制问题，但实际上任何时候它都是以资本主义私有制为前提的。某学者的解释作为"边际消费倾向递减规律"的一种叙述，实际上已经把资本主义私有制作为了当然的前提，从而得出了财富应向少数私人集中的结论，误导了我们对邓小平关于"先富"与"共富"的论述的理解。

就笔者所阅读的资料而言，邓小平最早是在1978年12月13日中央工作会议（这次中央工作会议为随即召开的党的十一届三中全会做了充分准备）闭幕会上的讲话中提出"先富"与"共富"问题的。[1]当时公有制几乎一统天下，分配领域存在的主要问题是平均主义，所以"先富"、"共富"论的提出主要是针对当时存在的平均主义，而公有制也为"共富"提供了制度保证。后来，邓小平一再强调，一个公有制占主体，一个共同富裕，这是我们必须坚持的社会主义的根本原则。通观整个《邓小平文选》，实在得不出邓小平这个论述是如某学者的解释一样要使财富为少数人私有的结论。

（2）怎样认识社会主义初级阶段的分配制度。

党的十五大明确指出，社会主义初级阶段实行按劳分配和按生产要素分配相结合的分配制度，党的十六大进一步提出，要建立健全生产要素按贡献参与分配的制度。使学生正确理解社会主义初级阶段的这一分配制度，是中国特色社会主义理论体系概论教学的一项重要内容和目标。

在这个问题上，一些学者的解释充分体现了西方经济学的负面影响。一个普遍的解释是：劳动、土地、资本等生产要素共同创造价值，都对价值创造作了贡献，因此要依其贡献获得相应的分配份额，社会主义初级阶段实行生产要素按贡献参与分配的制度这一现实反过来也证明了生产要素对价值创造的贡献。笔者曾就这一解释询问所教授的学生，绝大部分学生都认为这个解释是正确的。

实际上，这个解释并不是伴随着改革开放分配制度的调整而出现的新理论、新说法，而是萨伊（1767－1832）早就提出、并被马克思在《资本论》第三卷中批判过的"三位一体公式"，即：各种生产要素根据它们对价值创造的贡献获得相应的收入，土地——地租、资本——利息，劳动——工资。既然马克思早就对西方经济学的这个理论进行了透彻的批判，那为何还有这么多的人接受马克思所批判的那种错误认识呢？原因有二：一是不加分析地接受了西方经济学理论，或者虽不知道这是西方经济学理论却由于西方思想的传播而潜移默化地受到影响；二是不了解马克思对这个理论的批判。

尤其是，对社会主义初级阶段分配制度的上述解释实际上否定了马克思的劳动价值论，而劳动价值论是整个马克思主义政治经济学大厦的基石，也是新中国得以合理合法存在的根本。按照马克思的理论，在生产环节，劳动创造价值，而在分配环节，则是生产资料所有制决定分配，因此，资本家、土地所有者等都是凭借其所有权而占有劳动者创造的超过劳动力价值以上的那部分价值——剩余价值，这也就意味着剥削的存在，从而意味着"剥夺者"的合理合法性。而按照一些学者对社会主义初级阶段分配制度的上述解释，土地也创造价值，岂不意味着黄世仁获得地租完全是其土地对价值创造做了贡献所应得的？岂不意味着杨白劳终年辛苦劳作却无法生存是合理的？果真如此，共产党当年又有什么理由带领杨白劳们闹革命、把黄世仁们的土地分给杨白劳们以使杨白劳们过上幸福生活呢？同样的，如果资本也创造价值，就意味着资本所得完全是根据其对价值创造的贡献所应得的，根本不存在剥削，那建国后对资本主义工商业进行社会主义改造的依据又在哪里呢？

西方经济学的分配理论，本来就是要证明资本主义不存在剥削、从而为资本主义进行辩护的，如果我们用西方经济学理论解释我国社会主义初级阶段的分配制度，则只能动摇国家的根本，其危害是显而易见的。

也正因为如此，才需要在教学中结合西方经济学的这一理论和马克思对它的批判，给学生讲清楚这个问题，使学生认识到：社会主义初级阶段生产要素参与分配，并非是因为生产要素创造价值（只有劳动才创造价值），而是因为社会主义初级阶段存在着生产要素的多种所有制，既然社会主义初级阶段允许私人拥有许多生产要素的所有权，则私人就可以凭借生产要素所有权去获得收入，这与劳动价值论并不矛盾。因此，社会主义初级阶段生产要素参与分配的现实并不否定劳动价值论。

## 三、结论

综上所述，鉴于西方经济学对中国特色社会主义理论和实践的认识产生的影响，在中国特色社会主义理论体系概论教学中应有意识地结合西方经济学的相关理论进行讲授。一方面利用其作为资本主义市场经济理论总结的正面作用，使学生更好地理解中国特色社会主义的相关理论和实践；另一方面，也是在目前来说更值得关注的，是消除西方经济学作为资产阶级意识形态而产生的负面影响，澄清由此带来的种种困惑，使学生走出认识的误区，把对中国特色社会主义理论和实践的认识建立在马克思主义的基础上。为此，中国特色社会主义理论体系概论课的教师，也应运用马克思主义批判地学习西方经济学，以更好地为教学服务。

## 参考文献

[1] 邓小平文选（第 2 卷）［M］. 北京：人民出版社，1994：152.

# "05方案"实施以来高校思想政治理论课实践教学的现状与思考

胡　飒　傅正华

（北京信息科技大学政治理论教育学院　哲学教研室）

**摘　要**　"05方案"实施以来，高校思想政治理论课实践教学得到普遍认同和实施；探讨和实施了丰富多彩的实践教学方式；厘清了思想政治理论课实践教学与理论教学的关系。但是实践教学也存在一些问题：比如经费短缺；实践教学各自为政，缺乏协调和统筹安排；效果难以确认等。加强实践教学的经费保障和组织保障，协调和统筹安排实践教学，注重思想政治理论课实践教学与大学生的专业实习的联系等，是解决思想政治理论课实践教学问题的有益之道。

**关键词**　思想政治理论课　实践教学　"05方案"　高校

高校思想政治理论课"05方案"已全面实施，通过加强实践教学环节，提高思想政治理论教育的吸引力和实效性，是促进"05方案"实施的重要途径和手段。中央"16号文件"指出：高校思想政治理论课所有课程都要加强实践环节。中宣部、教育部《关于进一步加强和改进高等学校思想政治理论课的意见》也强调：高校思想政治理论课课程要加强实践环节，要建立和完善实践教学保障机制，探索实践育人的长效机制。通过加强形式多样的实践教学活动，提高学生思想政治素质和观察分析社会现象的能力，深化教育教学的效果。2008年中宣部、教育部颁发的《关于进一步加强高等学校思想政治理论课教师队伍建设的意见》更是提出"要从本科思想政治理论课现有学分中划出 2 个学分、从专科思想政治理论课现有学分中划出 1 个学分开展本专科思想政治理论课实践教学"。

## 一、高校思想政治理论课实践教学现状

从万方数据网的搜索可知：从 2005 年年初到 2010 年年末，输入词条"思想政治理论课"和"实践教学"，共搜索到相关学术论文 505 篇。分析这些论文，我们可以看出"05 方案"实施以来高校思想政治理论课实践教学的基本情况。

（1）高校思想政治理论课实践教学得到普遍认同和实施。

"05 方案"把思想政治理论课由原来的七门调整为四门。现在四门课都有实践教学环节的设置，另外，还有一个 32 学时的独立实践教学环节。高校思想政治理论课教师以极大的热情推动实践教学的开展。他们认为实践教学环节是由实践本身的特性所决定的。实践的观点是马克思主义认识论首要的基本的观点。社会实践教学是课堂教学的有机延伸和有力补充。有学者认为只有完成"到实践中去"的环节，才能做到理论教育与实践教育相结合，切实实现"教化"与"内化"、"知"与"行"的统一。有人指出无论是课内还是课外，实践活动均有助于促进基本理论、社会现实和学生思想之间的联系，帮助和引导他们在解决思想认识的过程中，提高掌握并自觉运用马克思主义的基本原理分析问题和解决实际问题的能力。也有人认为社会实践是促进《马克思主义基本原理概论》课教学紧密联系实际，提高教学效果的重要形式。社会实践是培养学生运用马克思主义理论分析问题和解决问题能力的重要手段。

另外，教育部等相关部门也都非常重视思想政治理论课实践教学的开展。从搜索到的论文可以看出，许多论文得到教育部社科研究基金、省级教学研究项目、省级社会科学规划项目或者是高校教学改革、科学研究基金的资助，批准立项的题目为"思想政治理论课实践教学模式的建构"、"高校思想政治理论课'05 方案'本科 4 门课程实践教学质量管理体系的研究依据和意义"、"高校思想政治理论课社会实践教学环节研究"、"新课程设置方案实施过程中的实践教学环节研究"、"制约'思想政治理论课'实践教学开展的因素及对策"，等等，这表明学者们对马克思主义基本原理有全面的关注和研究。

（2）探讨和实施了丰富多彩的实践教学方式。

从万方数据网搜索到的有关思想政治理论课实践教学的 505 篇学术论文中，绝大部分都论述了实践教学的方式方法和途径。学者们一般都认为思想政治理论课的实践教学可以分为课堂实践教学和课外实践教学。课堂实践教学一般包括讲座、讨论、演讲、辩论、自学自讲、角色扮演等形式。教师还可根据讲授的内容、知识结构、学生的年级、专业而创造和设计出不同的形式。这些实践活动改变了教师单向灌输、学生单纯听课的教学模式，让学生积极参与教学过程，提高了学生的积极性和主动性，自然也提高了思想政治理论课的实效性。

课外实践教学从空间上来看，可以分为校内实践和校外实践。校内实践以其方便、安全、成本低和易操作等特点被广大师生广泛采用；校外实践则以其社会大课堂的真实和魅力充满着吸引力，但是经费和安全对动辄上百人的思想政治理论课的课堂来说却是不小的难题。课外实践教学从内容上来看，可以分为理论宣传活动、社会调查活动、社会志愿服务活动、参观考察活动，红色之旅活动等。有人认为"社会调查、参观访问、志愿服务等是思想政治理论课实践教学的基本形式。"[1]确实，这些活动能在较短的时间里让学生完成"到实践中去"的环节，实现马克思主义理论与实际相结合，实现"教化"与"内化"、"知"与"行"的统一。无论是课内还是课外实践教学，对于每一种实践方式，教师们都要合理安排、精心设计，做好主题的确定、步骤的安排、活动的总结等环节的工作，尤其还要有监督和反馈，这样才能收到切实的效果。

（3）厘清了思想政治理论课实践教学与理论教学的关系。

胡锦涛同志指出：高校是培养人才的重要基地……要坚持政治理论教育与社会实践相结合，既搞好课堂教育，又注重引导大学生深入社会、了解社会、服务社会。[2]课堂教学是理论教学的重要载体，是高校马克思主义理论教育的重要阵地。实践教学要求理论与实践相结合，使学生丰富的感性经验和理论思维相结合，是马克思主义理论教育的重要环节。课堂教学为实践教学提供理论指导。另一方面，实践教学可以充实马克思主义理论教育的内容，可以加强教学内容的现实性、针对性，调动学生学习的积极性，增强教学实效。

## 二、高校思想政治理论课实践教学中的问题

（1）经费短缺。

这是一个普遍问题，也是一个重要问题，在万方数据网上搜索到的论文一般都提到了这个问题。中宣部、教育部《关于进一步加强和改进高等学校思想政治理论课的意见》中要求各高校加大对思政课经费投入以保证该课程教学各环节的实施。2005年中宣部、教育部《关于进一步加强和改进大学生社会实践的意见》指出要建立多种形式的投入保障机制，对教学实践、专业实习、军政训练，要在学校教学经费中作出安排，确保人人参加；对"三下乡"和"四进社区"活动，学校要建立专项经费。但大多数高校没有认真执行该意见中关于经费投入的要求，经费上的紧缺不仅使实践教学的开展缺乏物质支持，而且教师的参与热情也大打折扣。"30所高校的学生对'学校是否有专项经费不了解'的均值高达82%，不同层次院校略有差异。同时，不少教师认为所在学校经费难以完全落实或根本就没有，暴露了经费困境。"[3]

（2）思想政治理论课的实践教学各自为政，缺乏协调和统筹安排。

"05"方案把思想政治理论课由原来的7门课程压缩成4门，每门课都有实践环节的设置。《马克思基原理概论》课通过实践教学，深化对马克思主义理论的理解，真正提高社会实践能力。《思想道德修养与法律基础》课通过实践教学"以获得思想道德与法律基本要求方面的直接体验为主要内容，以提高大学生思想道德与法律素质为目标"。[4]《中国近现代史纲要》课引导学生通过对形象生动的历史素材的感知，使其客观辩证地认识国情、认识社会，树立正确的政治方向和人生观、价值观，增强社会责任感和历史使命感。[5]《毛泽东思想、邓小平理论和"三个代表"重要思想概论》课是一门与时俱进的课程，要时刻紧跟时代的发展步伐，也就是在讲课的过程中要密切联系中国的实际问题。[6]

从以上的分析可以看出，四门课的实践内容虽各有其特点，但是它们的实践环节和实践方式、实践教学的考核方式等大同小异。由于四门课的实践教学是任课教师独自组织，没有一个机构对四门课的实践教学选题、方式进行协调和统筹安排，以致学生会在不同的学期遭遇相同的实践环节，相似的实践教学选题，结果就是千篇一律，缺乏新意，学生对实践教学的兴趣在一

次次相似的过程中逐渐消退了，最后往往流于形式。

此外，从社会效益来看，缺乏统筹安排的社会实践也会带来一些尴尬。据 2010 年 5 月 4 日《广州日报》报道：2010 年 5 月 1 日，到广东佛山市福利院的志愿者达到了 5 批次，前后有近 200 人，其中以大中专学生为主。一天之内老人们被陪聊了 5 次，房间被打扫了好几遍，这让福利院的老人有些烦。如果事先有过协调和了解，这样的尴尬就不会出现。还有，现在思想政治理论课独立实践教学环节的设置，让很多教师有困惑，怎么处理四门课各自的实践教学与独立实践教学的关系？

（3）思想政治理论课实践教学的效果难以确认。

实践教学是思想政治理论课实现理论与实际相结合、深化对马克思主义理论的理解、强化学生能力培养的有效方式。但是一些客观原因影响了思想政治理论课的实践教学效果。

首先，思想政治理论课的班容量大，每个思政课教师一般都教 4—8 个自然班，"05" 方案把原来的 7 门课程压缩成 4 门，并且课时也都有大量的压缩，这给思政课教师的理论教学带来了很大的压力。而实践教学的课时少，由于学生人数众多，在实践教学中尤其是课外实践，牵扯教师巨大的精力，教师很难全面监督到位，客观上给一些想搭顺风车的学生提供了机会，这样很容易使实践教学效果打折扣。以至于一些教师和学生存在完成任务的心理，采取"走过场"方式应对社会实践。

其次，思想政治理论课实践教学效果的考核方式比较单一。一般而言，实践教学结束每个学生都会提交一定的文字材料作为实践教学的成果接受考核，其实就是一些观后感、调查报告、读后感等，不能否定其中有很多优秀成果，但是有很多论文让教师读起来有似曾相识的感觉，网络成了学生完成这些实践成果的重要来源。到底有多少学生真正去调查了，用心去参观了，真是不好说！这样拼凑出来的实践成果又怎么能说明达到了理论与实际相结合、深化了对马克思主义理论的理解呢？

第三，实践活动形式多样，活动场面热闹，效果不够明显。一般而言，教师会给学生提供很多实践选题，也会鼓励学生自己列出选题，但是根据实际情况来看，绝大部分学生都选择简单、耗时少、容易完成的题目。比如说选择看一部红色电影，或者做 1-2 小时志愿服务、或者派发宣传单等。学生在活动中贴标语、拉横幅、拍照片做得很热闹，但是这样的活动没有什么知识含量和技术要求，亦谈不上能全面和深刻地认识社会。

## 三、加强高校思想政治理论课实践教学的思路

（1）加强实践教学的经费保障和组织保障。

"巧妇难为无米之炊"，尽管我们都很明白实践教学的重要性，但是经费的短缺让现实很无奈。从万方数据网上搜索到的论文我们可以看出这个问题的普遍性，从与思政课教师的交流中我们更可以深刻地感受到这个问题。如果没有经费的支持，再好的实践教学设计都只能流于形式。正是基于这样的现实，很多思政理论课的实践教学无奈地将眼光从社会的大课堂转回到校园，将校园这个"小社会"作为实践基地。大学生针对学习和生活情况列出一些选题，如学生逃课现象的调查；考研情况；学生考试作弊现象；学生对教师课堂教学满意度；学生受外来文化影响程度；学生上网对学习影响情况；学生信仰情况；学生消费观；社团情况；食堂情况；学生党员情况等等。大学生通过调查，再经过自己的分析和思考，最终形成理论和实践相结合的调研报告。当然不能说这样的方式不行，但是如果能让大学生真切地去感受社会大课堂，岂不是更好？

经费保障是实践教学的重要条件，但并不是唯一条件。思想政治理论课的实践教学要协调发展，统筹安排。要建立由校长负责、教务处牵头、学生处和团委相配合、院系为基础的组织领导体系，使实践教学有领导、有组织、有保证。比如说组织学生去校外实践，学生的安全等责任绝不是某一个任课教师所能承受的，怎样组织、怎样应对紧急状况等都需要学校相关部门做出细致的计划和安排。有学者撰文指出："当前各级学校由于面临过重的安全压力，被迫取消了大量对学生发展极为重要的实践活动、集体活动、社会活动等，严重背离了教育自身发展规律。"[7]要改变这种状况，需要制订一系列实施细则，鼓励思想政治理论课教师积极探索实践教学活动的开展；通过制订一系列规章制度，营造大力开展实践教学的氛围。

（2）协调和统筹安排实践教学。

实践教学的方式很多，但是哪种是适合的，这需要探索、研究和协调。首先，四门思政理论课在不同的学期开设，实践教学领导小组可以与任课教

师协调，让学生在四门政治理论课上尝试不同的实践方式，避免不同课程采用相同的实践教学方式，避免大学生因为面对相同的教学方式而产生厌烦感，导致最后走形式主义。

其次，固定班级实践活动小组。思政理论课上每个班级都会组成不同的小组。很多实践活动是通过小组的协作来完成的。可以考虑让班级实践活动小组在大学期间固定下来，一旦小组成员固定，组长和组员的分工明确，就可以很好地开展活动了。并且在不同的思政理论课的实践教学中，可以有意识地调换组长和组员的角色，这样可以有效地避免那些懒惰的学生在小组中浑水摸鱼、搭便车，提高实践教学的整体效果。并且不同的小组之间还可以形成竞争，在四门思想政治理论的实践教学都结束之后所形成的实践成果，对学生来说弥足珍贵，是他们的劳动结晶，会得到他们的认同，也会激发他们的成就感。

第三，可以考虑把四门思想政治理论课的实践教学时间与独立的思政实践教学环节合并在一起，组成一个有较长时间长度的实践教学环节。这样既可以避免各门课之间的简单重复，又可以在相应的时间、经费和人力资源的保障下，让大学生有整块的时间真正去接触社会，去接触现实。最好有一个月的时间让学生带上铺盖卷真正地去田间地头、去企业和居委会，去社会各个层面，把学到的理论跟实际相结合，在实际中去体会和消化理论，提升大学生各方面的素质和能力，相比蜻蜓点水般的参观和访问，这样做的效果要深刻得多。

（3）思想政治理论课实践教学与大学生的专业实习相联系。

很多人都觉得这是一个好方法，但是难度显而易见，那就是专业课教师会觉得专业实习与思想政治理论课的实践是不搭界的两件事，怎么可以在一块做？其实，思想政治教育从来都是与各种具体的业务工作紧密相连的，他们不是两张皮，而是一个硬币的两个面。比如工科类学生的实习过程中，各种专业技术是重要的，但是人际关系、流水线上的人与人之间的关系也是不可忽视的。2011 年著名的富士康公司连续发生的多起员工跳楼事件让世人震惊。富士康事件的发生固然和该公司对劳动者的道德责任承担程度有着密切关系，但是也与我国教育领域注重培养工匠式人才而忽略生命伦理、人文精神的培养不无关系。在大学生的专业实习中尽早体验和调适人际关系，理顺各种人际关系，转变热衷于即时利益的功利主义模式，引导大学生建立恰当的人生预期，这些对大学生以后的职场人生意义重大，毫无疑问这些内容也正是思想政治教育实践教学的内容。另外，如果思想政治理论课实践教学与大学生的专业实习能够相统一，还可以节省大量的人力和物力以及大量宝贵的时间，并且还可以提高大学生的积极性，从而也提高了思政理论课实践教学的效果。

## 参考文献：

[1] 曾令超. 高校思想政治理论课实践教学探究 [J]. 思想理论教育导刊, 2009 (10).

[2] 胡锦涛. 加强改进大学生思想政治教育工作 [EB/OL]. http://www.people.com.cn, 2005-01-18.

[3] 余展洪. 思想政治理论课社会实践教学实施情况实证分析 [J]. 思想理论教育, 2009 (15).

[4] 黄焕初. 高校思想政治理论课实践教学环节的界定 [J]. 江南大学学报, 2006 (6).

[5] 解建红. 《中国近现代史纲要》实践教学的目标和特点 [J]. 边疆经济与文化, 2009 (1).

[6] 陈洁. 高校思想政治理论课实践教学方法探析——以《毛泽东思想和中国特色社会主义理论体系概论》为例 [J]. 思想政治教育研究, 2009 (10).

[7] 冉亚辉. 学校过重安全压力的负面影响及对策 [J]. 教学与管理, 2007 (34).

# 高校实践教学改革的思考

梁彦丽

(北京信息科技大学政治理论教育学院 思想道德修养与法律基础教研室)

**摘 要** 现在高校普遍开始重视社会实践，但由于观念、经验和现实条件的限制，社会实践存在一些亟待解决的问题，针对这些问题，笔者结合自身指导学生社会实践的经验谈一下自己的看法，解决实践教学问题的对策就是要转变观念，构建系统的实践教学体系，加快适应实践教学需要的师资队伍建设，不断完善实践教学的考核制度。

**关键词** 高等教育 实践教学 教学改革

《高等教育法》明文规定"高等教育的任务是培养具有创新精神和实践能力的高级专门人才"，但是由于多年来应试教育体制的影响，使得高校对学生实践能力培养不足，导致越来越多毕业生毕业即失业，学校是服务社会的，学校只有培养出了社会需要的人才，才有生存和发展的基础。

## 一、大学生参加社会实践的意义

大学生社会实践活动意义重大，社会实践可以培养学生健全人格和良好的个性，最终实现增长知识、锻炼能力、内化素质、全面发展的目的，是促进大学生健康成长的有效途径。大学生社会实践活动的积极意义主要有以下几点：

（1）有利于大学生了解国情、了解社会，增强社会责任感和使命感。

当代大学生大多是在书本和网络知识中成长起来的，对我国的国情、民情知之甚少，社会实践活动则为他们打开一扇窗口，通过社会实践走入社会这个大课堂。比如去贫困山区支教的学生回来后，感触很深，了解了那里人们的真实生活，知道我们国家还有相当一部分人处在贫困的生活状态。再比如有些学生去养老院做义工，体会帮助他人内心获得的快乐和满足，这样的经历对学生的教育意义远不是听几节课、看几本书所能比的。

（2）有利于大学生不断完善自我，增强适应社会的能力。

现在用人单位普遍反映大学生存在眼高手低的状况，其实学生在学校学到的理论知识要应用到实践中需要有个转化过程，通过广泛的社会实践活动，能让学生看到自己和市场需求之间的差距，看到自身知识和能力上存在的不足，能促使他们比较客观地去重新认识自我、评价自我，逐渐摆正个人位置，不断提高自己、完善自己。社会实践活动使大学生在实践中不断动手、动脑、动嘴，直接和社会各阶层、各部门的人员打交道，培养和锻炼实际的工作能力，并且在工作中发现不足，及时改进和提高，不断更新知识结构，获取新的知识信息，以适应社会的需要。

（3）有利于大学生对理论知识的转化和拓展，增强运用知识解决实际问题的能力。

大学生以课堂学习为主要接受方式，这对大学生来说非常重要，但这些理论知识并不代表大学生的实际技能，往往难以直接运用于现实生活之中。社会实践使大学生接近社会，获得大量的感性认识和许多有价值的新知识，同时使他们能够把自己所学的理论知识与接触的实际现象进行对照、比较，把抽象的理论知识逐渐转化为认识和解决实际问题的能力。

多种形式的社会实践是"两课"实践教学的重要内容，对高校的德育工作起着不可替代的作用，学生带着理论问题走向社会，又带着实际问题回到课堂，以理论指导实践，以实践丰富理论，这样就使学生的思维由简单到复杂，由单一到综合，提高了学生思维辩证能力。

## 二、高校社会实践活动存在的问题

（1）对实践教学缺乏应有的重视。

从我国高等教育的历史来看，高校对实践教学不太重视，始终存在着重知识传授轻能力培养的问题，即便在当前，这种影响也未完全消除，仍强调以理论教学为主，实践教学为辅，把实践教学看成是可有可无的东西；即便开展实践教学，其重心也不是为了培养学生的动手能力和分析问题的能力，而仅仅是将其作为一种加深对有关理论课程理解和掌握的工具，缺乏重要性认识是我国实践教学发展缓慢的首要原因。有调查数据显示，有20%的大学生从未参加过任何形式的社会实践，随年级的增长，没参加过社会实践的比例逐步下降，但在大四的学生中仍有9.9%的人未参加过社会实践，在大三的学生中也有15.4%的人未参加过社会实践，这一比例偏高。[1]

（2）实践教学课程设置不到位。

尽管目前大多数高校都能认识到实践教学对大学生就业的重要性，并在制订教学计划时明显增加一些实践教学课程的课时，但是有些实践课程是虚设的，尤其是文科专业的实践教学被普遍弱化，在教学内容的安排上仍普遍存在着重理论轻实践、重知识轻能力的现象；缺乏培养学生动手能力和分析问题能力的一整套规划，加之近年来一些高校在条件尚未具备的情况下，扩招速度较快，致使社会实践经费严重缺乏。比如，我校"两课"社会实践中社会调查是很重要一种形式，由于调查费用均为自筹，部分学生不得不通过缩减打印问卷的数量、减少调查出行次数等方式降低调查成本，从而导致了部分调查数据不具有普遍意义。

（3）实践教学师资水平不高，活动缺乏有效指导和管理，存在流于形式、走过场现象。

目前，高校招聘教师主要看的就是学历，可是我国博士生、硕士生大多是从大学校门到大学校门，日常的教育中重理论、轻实践的现象相当普遍，他们所受到的教育基本就是理论教育，本身并没有经过职业技能训练，而毕业后他们或因课务重或基于职称的压力，也难有实践锻炼的时间和愿望。由于教师们自身先天的缺陷，所以在指导学生时难免底气不足，很难对学生实施实践性教育，比如，要求学生搞社会调查，可教师对社会调查的程序、样本如何采集、样本有效性、如何对调查结果进行科学的分析都知之甚少，又如何能指导学生做好调查工作呢？所以难免会出现教师对社会实践过程走过场的情况。

由于投入少、经费短缺，许多学校难以组织大规模的学生参加社会实践活动，通常是在寒暑假组织学生开展以分散返乡调查实践为主，或者在暑期象征性地组织几支社会实践服务团队，用短短的几天时间下乡参与社会实践活动，大多是做些简单的参观、走访、调查后便草草收场。这样开展社会实践活动，缺乏专业性的指导，缺乏严格的各种保障机制，难免使大学生社会实践成为一种虚多实少、流于形式的活动。

由于缺乏对社会实践活动实际价值的认识，部分学生应付心理明显，比如把调查活动仅作为一项作业去做，不认真选择调查对象、设计调查问卷和制定调查计划，而是制订一篇调查报告来应付教师的批阅，甚至出现了少数学生直接从网上摘抄他人的现有调查数据，移花接木，导致调查报告丧失应有意义。另外，学生社会实践中出现的很多问题，与教师对活动的指导工作不到位密切相关。当前，很多教师把实践活动当作学生自由活动的过程，只负责给学生提供活动选择和原则性指导，少有对具体活动的指导意见，导致整个活动呈现出自由主义的状态，结果必然导致流于形式走过场的结果。

（4）实践教学考核评价体系不完善，制度不严格。

从评价体系来看，很多高校不注重营造实践创新的环境，没有制订新的专门的实践教学考核办法和考核标准，对社会实践的过程、参与人员的现实表现、取得的成果没能进行科学的质与量的分析考评。而高校长期以来采用的评价体系，是一种以学习成绩为主的人才培养考核评价体系，面对学生实践中产生的千差万别的创新成果和创新水平，这种考核制度显然无法作出公正而又科学的评价，其结果是既难以考查教师的实践教学水平，也不利于学生创新意识和实践能力的培养。此外，多数高校还缺乏应有的激励机制，没有建立学生社会实践成绩档案，将其与奖学金的评定、先进个人与先进集体的评选、团员民主评议、推优入党和推荐免试研究生、推荐就业等挂钩，这也严重抑制了学生开展实践活动的积极性，阻碍了实践教学的发展。

## 三、针对问题提出改进大学生社会实践的建议

（1）从思想上重视高校实践教学。

首先必须在教育界从上到下彻底改变重理论、轻实践的思想，否则加强实践教学就是空谈。此外，加强实践教学当前还应重构实践教学体系。由于实践是创新的基础，所以应该彻底改变传统教育模式下实践教学处于从属地位的状况，摆在高校面前的一个重要任务就是要加紧构建能为更多学生提供

一个更具综合性、设计性和创造性的实践环境，以便使每个大学生在大学阶段都能接受多个实践环节的培养，这不仅能使学生掌握扎实的基本知识与技能，而且对提高学生的综合素质大有好处。

（2）建立完整和相对独立的实践教学体系。

高校作为实施大学生社会实践的主要力量，应该制定相应的工作制度，保障大学生社会实践活动的正常开展。高校要明确社会实践的重要性、社会实践的内容、保障措施和奖惩办法，使社会实践活动朝着规范化的方向发展。学校应该把大学生社会实践与教学相挂钩，完善考核评价机制，规定学时和学分，制定与大学生各学习阶段和专业相适应的社会实践教学计划，编写教材，规定实践的内容和要求，并配备专门指导教师。进一步调整理论教学与实践教学的比例，适当减少理论课的教授时数，增加专业实习和课程实习的时间，要围绕学生走上社会所必须具备的能力和技能来设计每学年的实践教学环节，统筹安排，并用教学文件的形式把它固定下来。调动大学生参与社会实践活动的主动性和积极性，把学生社会实践活动的成绩与学生德智体综合测评成绩挂钩，并把社会实践与开展各类先进集体考评相结合，建立激励机制，让广大教师和学生都主动积极地参与社会实践。

同时，对社会实践活动的内容和形式进行创新，根据大学生培养专业的特点，其形式更为多样化，主要有：社会考察，包括走访参观、综合调查、实地考察等；科技文化服务，包括知识培训、技术咨询、科技开发、助理研究等；勤工助学，包括家教、促销等；志愿者活动，包括支教扫盲、扶贫帮困、法律援助、大型赛事活动的协办等。

（3）加强实践教学师资队伍建设。

改进高校进人用人方法，加强实践课教师队伍建设。毫无疑问，一支结构合理、事业心强、技术水平高的实践课教师队伍是提高实践教学质量的关键，是大学毕业生及时适应社会需要的重要保证。为此，高校在引进教师时应，尽可能将那些既有较高的专业理论知识又有较强实践能力的综合型人才吸收到教学队伍中。

高校应引导教师开展实践教学的研究，鼓励教师进行实践教学手段和方法改革，让重视实践教学的观念深入人心，把重视实践教学的措施落到实处。在实践教学师资的培养上采取切实可行的措施，提高教师实践教学的质量和水平。给教师提供各种继续受教育的机会，为教师了解和吸收新科研成果提供方便；积极创造条件，让部分教师定期到有关部门、公司、企业挂职锻炼，为教师进行科研和社会调查研究提供机会；改革实践教学工作量的计算办法和酬金计算标准，吸引广大教师尤其是高职称教师参与指导实践教学；聘请知名高校实践能力强、理论水平高的教授作为兼职教授，定期对教师开设讲座，提高年轻教师的实践教学水平和理论水平；聘请企业、事业单位或其他部门实践能力强的专家与高校教师一起共同担任学生实践指导老师，提高实践教学效果；通过学生参与教师科研或者从事毕业设计等形式锻炼学生的实践动手能力，同时促进教师指导实践教学水平的提高。这样，通过多种渠道，就可以组建一支以专职为主、专兼结合的实践教学师资队伍。

（4）探讨实践教学考核的新方式。

通过实践考核改革促进实践教学发展。传统的考试题型和方式只适合于对学生进行理论知识的评价，而实践能力则是学生将理论知识应用于实践的综合性能力，传统的考试题型和方式显然无法胜任评价任务，因此对实践教学的考核一定要注重研究出新的考核方式。

社会实践考核评价可采用定性方法和定量方法相结合的方式，最终形成学分，记入学生学分档案。要建立科学的评估机制：一是成立评估小组，实行定性定量考评，坚持学生自测与集体（小组）评估相结合；二是如实记录社会实践活动各项资料、学生具体表现以及实践单位评价；三是学院要建立社会实践活动信息接收、反馈及处理机制；四是学校要出台有关社会实践活动的条例与管理办法，各学院、班级制定实施细则。同时做到"七个挂钩"，即：社会实践活动情况与学生德、智、体综合测评成绩挂钩，与奖学金评定挂钩，与评选先进个人和集体挂钩，与团员民主评议、推优入党挂钩，与推荐免试硕士研究生、推荐就业挂钩，与学院和个人的经济利益挂钩，与教师工作量和干部业绩的奖惩挂钩。同时，针对社会实践活动每年开展各类先进集体和先进个人评比活动，对活动表现突出的个人和集体给予表彰奖励。通过建立完整的激励机制，调动大学生、广大教师参与社会实践的积极性、主动性，使社会实践形成有机运作、自我驱动、有轨发展的动力机制。[2]

## 参考文献：

[1] 康慧，刘江. 大学生社会实践工作问题及对策 [J]. 河南机电高等专科学校学报，2010（1）.

[2] 赵振华. 大学生社会实践的现状及路径探析 [J]. 理论观察，2006（12）.

# 思想政治理论课志愿服务实践教学试点与研究❶

董 术

（北京信息科技大学政治理论教育学院 中国特色社会主义理论教研室）

**摘 要** 思想政治理论课实践教学是多年教学难点。教育部教思政
[2009] 9 号文件要求：要认真总结近年来学生参与志愿服务活动的做法和经
验，促进学生志愿服务活动的长效化、规范化。北京信息科技大学两年多来
已经实施五轮志愿服务实践教学试点，总结其基本经验：一是认真学习贯彻
中共中央、教育部等上级实践教学指导文件，这是实践教学规范化、不断完
善的前提；二是把实践教学纳入本科生教学计划，这是实践教学根本保障机
制；三是建立实践教学基地，相对稳定地安排实践教学指导教师，这是保障
实践教学质量的关键。

**关键词** 北京 高等学校 思想政治理论课 实践教学改革

思想政治理论课实践教学（简称"实践教学"）是多年以来的教学难点。
2009 年教育部颁布《关于深入推进学生志愿服务活动的意见》（教思政
[2009] 9 号，简称"9 号文件"）要求："深入推进学生志愿服务活动，要认
真总结近年来学生参与志愿服务活动的做法和经验，在已有工作基础上，努
力促进学生志愿服务活动的长效化、规范化、常态化。"[1]2005 年以来，笔者
以 2004 年中共中央国务院《关于进一步加强和改进大学生思想政治教育的意
见》（简称"16 号文件"）和中宣部、教育部《关于进一步改进和加强高等

---

❶ ［基金项目］本文系首都大学生思想政治教育重点课题《思想政治理论课实践教学体系的构
建与实效性研究》（项目编号：BJSZ2001ZD16）研究成果之一。

学校思想政治理论课的意见》（简称"5 号文件"）[2] 以及 9 号文件为指导，在北京信息科技大学政治理论教育学院、教务处领导的支持下，实施五轮志愿服务实践教学试点，并且探讨这种实践教学方法的规范化和推广。笔者对这些近年来志愿服务实践教学的做法和经验总结、研究如下：

## 一、开展志愿服务实践教学的必要性

（1）开展志愿服务实践教学是中共中央、教育部等党政部门的要求。16 号文件提出：政治理论教育与社会实践相结合是大学生思想政治教育的 6 项基本原则之一。要"积极组织大学生参加社会调查、生产劳动、志愿服务、公益活动、科技发明和勤工俭学等社会实践活动"。5 号文件提出："要通过形式多样的实践教学活动，提高学生思想政治素质和观察分析社会现象的能力，深化教育教学效果"。9 号文件指出："把志愿精神作为进一步加强和改进大学生思想政治教育和未成年人思想道德建设的重要内容，充分发挥志愿服务活动的育人作用。"建立健全学生志愿服务活动长效机制。

（2）志愿服务能够突破实践教学资源匮乏的瓶颈。传统实践教学基本方法是，教师带领学生参观工厂、农村等，或者参加生产劳动、社会调查等。工厂等单位偶尔接待少量学生参观还可以，长年接待大批学生参观，耗费人力，影响生产秩序，即使学校交参观费，有的企业也不愿意接待。大量学生实践教学无处可去，实践教学资源匮乏成为多年来高校学生全员参加实践教学的瓶颈。

为此，2004 年 6 月 29 日，教育部主办、江南大学承办了首届"全国公共课实践教学研讨会"，研讨会中心议题是：如何克服 2000 多万大学生实践教学资源匮乏的瓶颈？来自全国近 100 所高校思想政治理论课教师对此展开热烈讨论，广泛交流多年教学经验。2004 年 7 月 1 日，教育部社政司副司长徐维凡在研讨会闭幕式上总结大会研究成果，概括出实践教学新思路：一是"返乡实践"，即假期安排学生返乡社会实践，结合各校大学生暑期"科技、文化、卫生三下乡"等，学生容易找到社会实践单位，克服实践资源匮乏的瓶颈；二是"综合实践"，即学生综合运用各门政治理论课理论指导社会实践，理论联系实际，在实践中深入领会各门思想政治理论内容。笔者经过五轮志愿服务实践教学试点，发现了志愿服务突破实践教学资源匮乏瓶颈的机制：学生以奉献精神、专业技能和公益活动为社会实践单位志愿服务，为实践单位物质文明、精神文明、社会文明、生态文明建设提供某些力所能及的技术服务、人力服务，实践单位自然愿意接待和指导学生志愿服务社会实践，妥善安排实践岗位，实现实践单位与学生、学校互利共赢。

## 二、第一轮志愿服务实践教学试点

2003 年，胡锦涛总书记对全国青年提出三点希望：勤于学习、善于创造、甘于奉献。"奉献是崇高的精神境界，是美好的人生追求，也是成就事业的前提。广大青年要自觉把个人的命运同祖国和民族的命运紧紧联系在一起，把个人的理想追求同全面建设小康社会的伟大事业紧紧联系在一起，自觉服务祖国，无私奉献社会，艰苦奋斗，不懈进取，在火热的社会实践中创造出无悔的青春、永恒的青春。"[3]

2005 年 2 月寒假，笔者以中央 16 号文件为指导，贯彻胡锦涛总书记对青年"勤于学习、善于创造、甘于奉献"的希望和要求，按照 2004 年徐维凡副司长提出"返乡实践"、"综合实践"的实践教学改革思路，自愿申请在本校经管学院信息管理与信息系统专业三个班级实施实践教学改革试点，得到时任人文社科系领导张玲莉、郭春燕的支持。笔者当时在国内首创的实践教学方法是"大学生做社会主义建设志愿者"，要求学生假期返乡以专业技能、志愿服务、公益活动为基层单位义务工作三天，深入领会所学思想政治理论。学生开学返校后提交社会实践报告，实践教学占《邓小平理论和"三个代表"重要思想概论》课程总成绩 15%。寒假前，教师给学生举办"社会实践方法与要求"讲座，给每个学生一份《社会实践指导书》。试点要求与试点效果如下：

（1）试点要求将社会实践与深入领会、宣传和应用学生所学思想政治理论相结合。

某学生为家乡（鹤岗市）街道居委会举办邓小平理论宣传栏。她进一步深入学习、领会邓小平理论，为宣传栏撰写文章《邓小平理论在基层》、《邓小平理论在我心中》；她还运用所学专业理论，为宣传栏撰写《和电脑做朋友》等科普作品，引来许多社区居民观看，起到很好的宣传邓小平理论、普及电脑知识的效果。

　　某学生在家乡运用邓小平理论指导实践，促进家乡经济社会发展。湘西土家族苗族自治州属于我国西部地区，经济、文化落后。学生运用邓小平理论的可持续发展战略，建议公司领导不能走先污染、后治理的道路。经过他的宣传，公司领导人表示愿意出钱增添处理污染的设备，配合政府保护环境。有的学生到企业志愿参加生产劳动，以中国特色社会主义理论为指导，创造性提出完善企业管理的合理化建议，企业领导感谢这个学生。

　　（2）试点要求将社会实践与专业学习、择业就业、学生个性发展相结合。

　　学生结合专业实习、未来就业、个人爱好，借助亲友选择自己喜欢的单位和岗位去社会实践，也利于发展学生个性。101 名信息管理与信息系统专业学生中，有 53 名学生选择用专业技能为家乡社会主义建设作奉献，占学生比重 52%。其中 7 名学生独立为基层单位架设局域网，15 名学生为基层单位维护或优化局域网，31 名学生为基层单位维修电脑、开发软件、传授计算机使用技能等，为基层单位技术服务，加强信息化建设，提高工作效率。一方面学生为家乡物质文明建设做贡献，另一方面锻炼、提高了学生专业实践能力，培养学生为社会主义服务、为人民服务的奉献精神，实践育人，实现实践单位、学生、学校互利共赢。有的学生在基层单位实践，还得到该单位技术骨干的辅导，提高了专业技能。

　　（3）试点要求将社会实践与公益服务、坚定社会主义信念，甘于为社会主义奉献相结合。

　　某学生到北京市和平里敬老院义务服务。她擦玻璃和墙围，不怕脏和累，受到工作人员和老人们的好评。她在实践报告中写到："老人们诸多行动不便，需要有人照料。敬老院是一个公益场所，很多有爱心的人来提供无偿服务或赠送日用品。我真正体会到社会主义大家庭的温暖和社会主义的优越性！我以后还要常来敬老院。"

　　"大学生做社会主义建设志愿者"社会实践得到社会实践单位的欢迎。有 12 个实践单位明确赞同这种社会实践。北京佑安医院人事科在学生实践评语中写道："该学生来我单位社会实践，为我们提供了一些计算机技术支持和操作技巧，与职工友好融洽，充分展现了大学生的知识水平和精神风貌，此种社会实践值得提倡。"有 46 个单位感谢学校安排这种社会实践。唐山开平医院学生实践评语中写："该学生为医院布置宣传栏、打扫环境卫生、掺扶老弱患者就医。我们很感激学校领导的安排，我们欢迎这样的大学生!"在学生评语中表现出欢迎志愿服务社会实践的单位占学生总数57%。

有些学生在社会实践报告中赞同这种社会实践。某学生在实践报告中说："这次社会实践以'做中国特色社会主义建设志愿者'为主题，引导同学们积极参加社会主义建设实践，投身改革开放，使我们加深了对邓小平理论和'三个代表'重要思想的理解，了解社会，向工农群众学习，提升思想觉悟，希望学校多举办这样的活动。"某学生为徐州一家公司建立了局域网，他在实践报告中讲："这次实践使我增强了社会实践能力，受益匪浅：学习的知识只有用到实践中才能变成自己的东西，今后，我还将参加更多的实践活动，学以致用，不断提高自己的能力。感谢老师给我们这一社会实践硬性任务，督促我们去实践，去进步。"

为了保证学生社会实践的真实性，老师要求学生：照一张学生社会实践现场工作照片；请社会实践单位写学生社会实践评语，并且注明社会实践接待人和座机联系电话，以便老师核实。但是，有几个学生社会实践造假，没有提供社会实践现场工作照，复印其他学生的社会实践评语作为自己的社会实践评语与证明。老师要求这些学生在学校附近社区志愿服务，补社会实践课。

首轮实践教学试点效果超出预先设想，完全实现了中央16号文件、5号文件的要求，即积极组织大学生参加生产劳动、志愿服务、公益活动、专业实习、科技发明等社会实践，通过形式多样的实践教学活动，提高学生思想政治素质和观察分析社会现象的能力，了解国情，理论联系实际，深入领会所学思想政治理论，提高学生理论联系实际能力、社会活动能力、创新能力、专业实践能力，发展学生个性，全面提高学生素质，教育教学效果得到深化。志愿服务实践教学办学效益高，学校、学生与实践单位互利共赢，学校实践教学零成本，不必支出实践教学经费。

## 三、第二轮志愿服务实践教学试点

什么是实践教学保障机制的关键因素？有的老师认为实践教学经费是关键因素，无经费就无法实践；有的老师认为实践基地关键因素，无基地实践就无处可去。笔者认为，实践教学保障机制的关键因素是将实践教学纳入教学计划，教学计划是教学部门和教师必须完成的教学任务，实践教学不纳入本科教学计划，教师的实践教学就可做可不做，实践教学没有保障机制。实践教学纳入教学计划后，实践经费和实践基地等困难可以逐步解决。

2006 年，在人文社科学院常务副院长郭春燕的主持下，我校贯彻中央 16 号文件、教育部 5 号文件，建立实践教学保障机制，将《思想政治理论课实践教学》作为独立课程，32 学时、2 学分，纳入全校 2008 级及其以后的本科生教学计划。《思想政治理论课实践教学》是为学校各门公共思想政治理论课配套的综合实践课程，主要教学目的是通过实践教学，使学生深入理解《毛泽东思想和中国特色社会主义体系理论概论》和其他三门思想政治理论课程的基本理论，培养学生理论联系实际能力，坚定树立在中国共产党领导下建设中国特色社会主义的理想。2008 年 9 月起，我校实践教学开始走向规范化和长效化。《思想道德修养与法律基础》、《中国近现代史纲要》、《马克思主义基本原理概论》三门课程中都含有约 6 学时的实践教学内容。在《毛泽东思想和中国特色社会主义理论体系概论》开课同时或之后，开设《思想政治理论课实践教学》课程，教学主要目的是使学生深入领会四门思想政治理论课所学理论。由于我校在北京市、在全国高校较早地建立了实践教学的保障机制，将实践教学纳入本科教学计划，四门思想政治理论课都各有配套的实践教学，郭春燕主持的这项实践教学改革获 2008-2009 年北京市高校党的建设和思想政治工作优秀成果三等奖。

2010 年 3-7 月，我校开始实施的《思想政治理论课实践教学》分为个人项目和集体项目。个人项目中，学生课余在学习马克思主义经典著作或领袖传记、观看红色影视、国内外热点主题演讲、参观爱国主义教育基地四项中任选一项；集体项目中，学生 3-5 人一组，在校内调查、演出道德教育小品、志愿服务三项中任选一项。学生在课余时间完成个人项目，学生按教学计划用一个星期（5 天）完成集体项目。每个教师担任 1-2 个班级的实践教学。人文学院教学管理者要求学生集体项目在校内完成，以保证学生安全。笔者申请学生集体项目采用"大学生做社会主义建设志愿者"志愿服务的教学方法，到校外完成。有关教学管理者说，如果教师组织学生校外实践，学生安全出了问题，教师要承担责任。笔者认为，要搞好实践教学，就应该组织学生走出校门，只有亲身参加社会主义建设实践，才能深入领会中国特色社会主义等思想政治理论，这才是高质量的实践教学。教师科学指导学生在实践中注意安全，学生安全不会出问题。如果出问题，笔者愿意承担责任。因此笔者冒着风险，尝试第二轮实践教学改革试点。

在第二轮志愿服务实践教学试点中，笔者在为学生举办"校外志愿服务实践教学"讲座时，首先强调的是校外实践的安全问题。笔者指导学生重新学习《大学生安全知识手册》，在社会实践过程中注意交通安全、注意社会实践工作环境和工作岗位的安全，学生 3–5 人一组，选出组长做领导，统一组织，集体行动，互相关照安全。之前笔者已经组织过 5 轮学生校外志愿服务试点，学生都安全返校。大学生都超过 18 岁，都已成人，有些学生时常到校外勤工俭学、家教服务，如果学生连校外自身安全防护能力都没有形成，将来怎样走出校门就业？不能永远把学生关在学校保险箱里吧？迄今，仍然有些高校、有些老师不敢放手组织学生校外志愿服务，担心出安全问题。16号文件提出：政治理论教育与社会实践相结合是大学生思想政治教育的 6 项基本原则之一。不组织学生走出校门志愿服务，怎能贯彻 16 号文件？怎能使学生了解国情，理论联系实际领会中国特色社会主义理论？

第二轮志愿服务实践教学试点的收获：一是，用实践证明，经过教师科学指导，学生校外志愿服务实践教学不会出安全问题（此后，我校组织学生校外社会调查、志愿服务的老师逐渐增加，学生安全没有出问题）；二是笔者提倡学生尽量结合本专业的技能为社会志愿服务。这样既能使学生在社会主义建设实践中深入领会中国特色社会主义理论等思想政治理论，积累志愿服务实践经验，又能锻炼提高学生专业实践能力，积累专业实践经验，有利于学生未来就业，取得多种教育教学效果。笔者指导的统计 0801 班学生，多数学生通过亲友联系专业对口的实践单位志愿服务，例如，到国家工商总局统计处帮助统计数据，到朝阳区疾病预防控制中心帮助统计实验数据。有的学生选择到学校附近的社区进行志愿服务，慰问"空巢"老人。

## 四、第三轮志愿服务实践教学试点

对思想政治理论课实践教学概念内涵的理解有两种：一种是狭义的传统观点，即实践教学是学生走出学校，参加生产劳动、参观工厂和农村等单位、社会调查等，有助于深入理解所学思想政治理论的教学活动。2006 年起，陆续出现广义的实践教学，比较典型的是认为理论教学之外的所有与实践相关、能调动学生广泛参与和加深学生理解思想政治理论问题的教学环节、教学手段、教学方式都视为实践教学，把社会调查、参观爱国主义教育基地（历史遗址、展览馆、博物馆等）、音像教学、编演历史剧、演唱历史歌曲、阅读文献、校内外专家讲座、主题演讲、案例教学等 9 种教学形式都纳入实践教学方法之中。[4]

　　笔者认为，多年来，理论教学中一直采用教师指导学生阅读文献与史料、案例教学、组织学生演讲与讨论的教学方法。如果把学生关在校园内，把传统理论教学使用的教学方法当做实践教学方法，这是教学理论与教学方法上的误区，混淆了思想政治理论教学与思想政治课实践教学的界限。为此，笔者不得不提出中义（介于狭义广义之间的）实践教学概念。

　　什么是实践？"实践活动是以改造客观世界为目的、主体与客体通过一定中介发生相互作用的过程。主体是指具有思维能力、从事社会实践和认识活动的人；客体是指实践和认识活动所指的对象。"[5]实践还是认识的基础和动力。实践的基本形式是生产劳动，此外还有社会活动、科技实验、教育、艺术等。还有一种观点认为："实践是人类有目的地改造世界的感性物质活动。"[6]所谓"感性物质活动"是指人们在实践中获得对客观世界的感性认识，随着实践的发展，人们的感性认识有可能上升到理性认识。

　　什么是思想政治理论课实践教学？笔者总结自己 1999 年以来实践教学及改革的经验，概括出（中义）实践教学的含义：思想政治理论课实践教学是在教师指导下，通过学生直接参加社会实践（生产劳动、社会活动、科技实验等）或参观工厂、农村等单位或社会调查等教学方法，在实践中了解认识人与客观事物的相互作用，有利于学生从感性认识上升到理性认识，了解国情，理论联系实际，深入领会所学的思想政治理论。思想政治理论课实践教学方法还包括在思想政治理论教学中，教师采用播放相关视频、音像等技术手段，教师指导学生参观爱国主义教育基地（历史遗址、展览馆、博物馆等），编演历史剧或思想道德教育小品、演唱历史歌曲等教学方法，使学生间接了解社会实践或相关历史，有利于学生从感性认识上升到理性认识，了解国情和相关历史，理论联系实际，深入领会所学思想政治理论等教学方法。

学生直接参加社会实践教学效果显然比通过音像等技术手段间接了解社会实践好得多。

离开了学生直接参加社会实践，离开了通过音像技术、参观历史遗迹、反映历史和现实的文艺形式等方式间接了解社会实践，不能使学生直接感知或间接感知所学思想政治理论，即上述广义实践教学提到的阅读文献、校内外专家讲座、主题演讲、案例教学等教学方法都不属于实践教学，而属于传统思想政治理论教学方法。这就是实践教学与理论教学的界限。持广义实践教学概念的学者没有划清这个界限，导致实践教学混乱。

第三轮实践教学试点的收获：一是搞清楚思想政治理论实践教学的含义；二是发现学生参观爱国主义教育基地（参观展览馆、博物馆）的收获要大于观看红色影视。在我校评选"2010年思想政治理论课优秀实践报告"中，每位指导老师挑选一份本班级最优秀实践报告参加评选和交流。有一个参选实践报告打动了笔者。某学生参观北京"新文化运动纪念馆"，在北大红楼，有"五四运动"的历史场景、实物、照片与文字介绍，展示当年北大学生为了维护国家主权，勇敢向黑暗势力抗争的不屈不挠的精神，使参观的学生受到生动、震撼心灵的爱国主义教育。报告的学生表示，他要像当年北大学生那样，为国效力。在以后的实践教学个人项目中，笔者倡导学生参观"新文化运动纪念馆"，参观国家博物馆"复兴之路"展览，了解中国共产党领导中华民族走向复兴的历史，不提倡看历史文献、相关影视和主题演讲。

笔者指导学生社会实践，以校外志愿服务为主，也兼顾学生个性发展。有4名学生看到我校某些学生学习懈怠，他们愿意在实践教学中调查我校健翔桥校区学风，笔者批准了他们的集体项目。他们的调查报告有深度，结合马克思主义哲学原理和中国特色社会主义理论分析问题，提出解决问题的对策，有创新，获学校思想政治理论课优秀实践报告二等奖。

## 五、第四轮志愿服务实践教学试点

在学生校外志愿服务之前，笔者为学生举办《实践教学方法与要求》讲座和答疑，并且向学生公布教师手机号。学生在联系实践教学单位和实践教学过程中，有什么问题随时可以得到教师的指导。完善的实践教学应该是教师参加参观实践教学全过程，体现教师为指导，并且监控教学过程，以保证教学质量。校外志愿服务的时间为 5 天，教师应该至少到每个实践教学单位指导、检查一次。第四轮实践教学的班级是英语 0903 班。2011 年初，笔者为学生联系到学校附近的农民工子弟校义务支教，并且响应北京市政府"北京市民学外语"的号召，安排学生到学校附近社区教居民日常英语口语。学生们的志愿服务与专业对口，并且得到专业实习的机会，学生们很高兴从事这种志愿服务。农民工子弟校和社区缺英语师资，欢迎学生义务教学，双方互利双赢。

2010 年 5 月，北京市教育工委发布《关于开展 2010 年北京高校思想政治理论课学生社会实践优秀论文评选工作的通知》[7]。笔者认真领会教育工委对学生社会实践优秀论文的评选要求：一是"在社会实践中深化对思想政治理论课教学知识的认识"；二是"创造性地运用思想政治理论课的观点、方法认识社会，分析当前现实问题，并提出针对性建议，具有较强的现实价值。"这是继承传统思想政治理论课实践教学的教学目的。强调社会实践报告要分析、解决现实问题，建议要有创新性，这是北京市教育工委对思想政治理论课教学目的和指导方针的创新。改革开放以来，我国高等教育教学指导思想越来越强调培养学生创新能力，分析、解决问题能力。北京市教育工委把这一指导思想创造性地贯彻到实践教学目的和指导方针中。这是教育工委在实践教学指导方针上取得的新成果。笔者把教育工委这两条要求布置给学生，作为学生实践教学和撰写社会实践报告的指导方针，逐步使实践教学规范化。

## 六、第五轮志愿服务实践教学试点

教育部高等教育司近几年号召各高校举行"全国大学生节能减排社会实践与科技竞赛"。2011 年 10 月，我校举办"第二届北京信息科技大学大学生节能减排社会实践与科技竞赛"，部分获奖的作品将代表我校参加"第五届全国大学生节能减排社会实践与科技竞赛"。在这轮实践教学中，笔者指导网络工程专业 7 名学生组成小组参赛，调查包括我校在内的北京 6 所高校节约用电情况，指出存在问题，提出解决问题的合理化建议。我校某教学楼门前有 5 盏"长明灯"，连着几个星期都亮着。笔者想关闭这些灯，但是，找不到开关。后来笔者想到，指导这 7 名学生为学校志愿服务，关闭"长明灯"，亲身实践科学发展观，建设"资源节约型、环境保护型"社会，亲身实践"热爱祖国、艰苦奋斗为荣"的社会主义荣辱观。这7名学生找到后勤部门，又找到保安部门，几经周折，终于找到"长明灯"开关，把它关闭了。笔者还指导另一小组志愿者，关闭了学校食堂的一组"长明灯"，指导11名学生在三个教学楼做三天"节约用电"志愿者，每天四次检查教学楼有无"长明灯"，如果遇到"长明灯"就及时关闭。笔者也以身作则，找后勤电工，修好、关闭了3处"长明灯"。这轮志愿服务实践教学，23名学生实践"节能减排"，为我校节约电费1000元以上，取得教育教学和办学效益双丰收。这7名学生参赛获我校"节能减排社会实践与科技竞赛"三等奖。笔者体会到，结合社会热点的实践教学对学生有更深刻的现实教育教学意义。

这轮实践教学笔者发现一个问题，学生校外志愿服务，仍有少数学生造假。老师要求学生校外志愿服务5天，但是，少数学生不够诚信，服务3-4天就不去了，也交给老师学生实践现场照片和实践单位的盖章评语。老师指导两个班级60多人实践，约20个实践地点，地点太分散，老师不可能一一检查。怎样解决这最后一个问题？教研室主任给教师安排实践课程，要有相当稳定性。如果近几年始终安排笔者指导英语专业学生实践，笔者完全可以在学校附近农民工子弟校、附近社区建立英语专业学生义务支教实践基地，便于笔者去指导和检查，也可以请实践基地的工作人员协助笔者考勤学生，杜绝学生社会实践造假。

志愿服务实践教学改革试点经历五轮、两年半时间，每一轮试点都有新的进展，逐步走向规范化，不断提高教学质量。志愿服务实践教学可用于思想政治理论课综合实践教学，也可以单独用于《毛泽东思想和中国特色社会主义理论体系概论》或《思想道德修养与法律基础》实践教学。总结其基本经验，一是要认真学习贯彻中共中央、教育部等上级实践教学指导文件，这是实践教学规范化、长效化、不断完善的前提；二是要把实践教学纳入本科生教学计划，这是实践教学的根本保障机制；三是要尽可能就近找准与学生专业基本吻合、基本上经常需求学生志愿服务的单位作为实践教学基地，相对稳定地安排实践教学指导教师，这是保障实践教学质量的关键。

## 参考文献:

［1］教育部思政司. 关于深入推进学生志愿服务活动的意见［EB/OL］. http：//www. moe. gov. cn，2009-06-23.

［2］教育部思想政治工作司组编. 加强和改进对学生思想政治理论教育重要文献选编［M］. 北京：中国人民大学出版社，2008.

［3］胡锦涛. 胡锦涛希望广大青年勤于学习善于创造甘于奉献［EB/OL］. http：// www. youth. cn，2006-07-07.

［4］陈占安，程美东.《毛泽东思想和中国特色社会主义理论体系概论》实践教学指导手册［M］. 北京：北京出版社，2011.

［5］马克思主义基本原理概论［M］. 北京：高等教育出版社，2009.

［6］辞海编辑委员会. 辞海［M］. 上海：上海世纪出版股份有限公司，2009.

［7］北京市委教育工委. 关于开展2010年北京高校思想政治理论课学生社会实践优秀论文评选工作的通知［EB/OL］. http：// xjc. bjedu. gov. cn，2010-05-14.

# 新时期北京高校思政课实践教学改革成果述评[❶]

## 董 术

（北京信息科技大学政治理论教育学院 中国特色社会主义理论教研室）

**摘 要** 总结改革开放以来北京高校思想政治理论课实践教学改革的主要成果，探索实践教学规范和规律，以提高实践教学质量。北京高校实践教学创新的主要成果是：北京市教育工委组织北京高校在全国首创"广义"实践教学系列教学参考书；清华大学学生假期返乡社会调查；北京信息科技大学建立实践教学保障机制，把实践教学纳入教学计划，创立"大学生做社会主义建设志愿者"实践教学法；北京化工大学建立多种、大量实践教学基地；北京工业大学"搭便车"实践教学法等。

**关键词** 北京 高等学校 思想政治理论课 实践教学改革

建国 60 多年来，高校思想政治理论课实践教学（以下简称"实践教学"）一直是教学难点。笔者自 1993 年以来，几乎每年参加北京高教学会中国化马克思主义教学研讨会，与同行交流实践教学经验。回顾和总结改革开放以来，北京高校在教育部、北京市教育工委和北京市教委的领导下，积极实施思想政治理论课实践教学改革的历史经验和主要成果，便于深入探索实践教学规范和规律，提高实践教学质量。

改革开放以来北京高校实践教学改革分两个阶段：1988 年—2003 年，是各校独立探索实践教学改革的阶段；2004 年至今，是各校以中共中央、国务

---

❶ ［基金项目］本文系首都大学生思想政治教育重点课题《思想政治理论课实践教学体系的构建与实效性研究》（BJSZ2001ZD16）研究成果之一。

院《关于进一步加强和改进大学生思想政治教育的意见》[1]（以下简称"16号文件"）和2005年中宣部、教育部《关于进一步改进和加强高等学校思想政治理论课的意见》[2]（简称"5号文件"）为指导，比较普遍地加大实践教学改革力度，不断加深对实践教学规律的认识，实践教学走向规范化、普遍化的阶段。

## 一、1988 年—2003 年，北京各高校独立探索实践教学

改革开放前，传统的实践教学的主要方法是教师组织学生参加生产劳动和社会政治活动。例如，20 世纪 50 年代，中国人民大学把学生生产实习作为这种理论课的必有教学环节。60 年代，教育部要求文科学生参加农村社会主义教育运动。

北京高校思想政治理论课改革 1988 年启动。1988 年成立了北京高等学校"两课"（即马克思主义理论和思想政治教育课）教学改革领导小组，确立了市委教育工委统一领导、高教局负责教学工作的管理体制，高校确定了一位党委副书记或副校长分管"两课"，建立党委统一领导、党政齐抓共管的体制。1989 年把马克思主义理论课作为重点学科来建设，把思想政治教育课作为新兴学科来扶持。中共中央、国务院 1993 年印发《中国教育改革和发展纲要》，其中指出高等教育要"加强实践环节的教学和训练",[3]大力拉动了思想政治理论课实践教学。

这一阶段的思想政治理论课教学改革以理论教学为主，实践教学为辅，实践教学创新主要有以下几方面：

（1）组织学生参观改革开放先进单位、展览馆和爱国主义基地。1990 年起，北京机械工业学院社科系主任张玲莉、刘建华等围绕思想政治理论教学内容，组织学生参观改革开放先进单位、工厂、农村、（有关政治教育的）展览馆、博物馆（爱国主义教育基地）。在《马克思主义哲学》教学中组织学生参观科技馆；在《中国革命史》教学中组织学生参观中国历史博物馆、抗日战争纪念馆；在《中国社会主义建设》教学中，组织学生参观国有企业改革先进单位燕京啤酒厂、参观对外开放前沿北京亦庄经济技术开发区。这项实践教学改革获得了 1997 年"北京市普通高校教学成果二等奖"。

（2）建立实践教学基地。中国女子学院在北京农村首富房山区韩村河镇建立实践基地，在学生学习《邓小平理论概论》期间，学校安排学生参观韩村河，考察改革开放给农村带来的巨大变化。

组织学生参观改革开放先进单位，使学生了解改革开放和社会主义现代化建设的实践，深入了解思想政治理论，这是一种好的实践教学方法。每年组织少量学生参观还可以，但是，一方面，学校派车把成千上万的学生送去参观，要耗费巨额办学经费，很多学校不愿意拿出巨额经费，导致参观不能普遍实施；另一方面，工厂、农村等单位接待学生一次参观还可以，多次参观、成千上万学生参观，工厂、农村等单位就招架不住，不再愿意接待。学生实践教学无处可去，实践教学资源匮乏，成为实践教学的瓶颈。

（3）安排学生假期返乡社会调查。1997 年清华大学胡天赐、孔祥云教授等在全国首创这种实践教学法。教师在学生放假前布置社会调查任务，学生假期返乡社会调查，写出调查报告，开学后教师联系学生的社会调查，理论联系实际讲授《邓小平理论概论》，使学生在感性认识基础上达到理性认识。学生在其熟悉的家乡搞社会调查，有亲友帮助，容易实施。这种成功的实践教学法在清华大学延续至今。

（4）安排学生课余时间社会调查。首都体育学院安排学生在学习《邓小平理论概论》时，以小组为单位，课余时间在本市搞社会调查，写出调查报告，为调查对象单位提出解决存在问题的建议，使社会实践双向受益。这种实践教学在一定程度上受到实践单位欢迎。

2004 年起，中共中央、教育部等总结全国高校思想政治理论课理论教学与实践教学先进经验，先后发布"16 号文件"、"5 号文件"，对实践教学提出比较具体的指导方针，北京高校以这两个文件为指导，在北京市教育工委的领导下，加大实践教学改革力度，取得诸多实践教学创新成果。

## 二、2004 年以来，北京高校自觉加强实践教学改革，取得诸多成果

1. 创立"大学生做社会主义建设志愿者"实践教学法

这是笔者 2005 年初在国内首次提出并且试点的实践教学方法。为什么做这种尝试？2004 年 6 月末，教育部社科司主办、江南大学承办"全国首届思

想政治理论课实践教学研讨会",大会主题是"如何突破实践教学资源匮乏的瓶颈"。93 所高校代表到会热烈研讨。研讨会闭幕式上,教育部社科司徐维凡副司长概括大会研究成果,提出克服实践教学资源短缺的新思路:一是"返乡实践",即假期安排学生返乡社会实践,结合各校"科技、文化、卫生三下乡"等活动,这样就使学生很容易找到社会实践单位,突破了实践教学资源匮乏的瓶颈;二是"综合实践",即学生综合运用各门思想政治理论,指导社会实践。学生通过社会实践,深入领会各门思想政治理论。

"返乡实践"、"综合实践"的思路具体是怎样操作的呢?2005 年初,笔者以"16 号文件"、"5 号文件"为指导,按照徐副司长的思路,尝试"大学生假期返乡做社会主义建设志愿者"实践教学改革试点,试点得到我校人文社科系领导的支持。"16 号文件"指出:加强和改进大学生思想政治教育的基本原则之一是坚持政治理论教育与社会实践相结合。要积极探索和建立社会实践与专业学习相结合、与服务社会相结合、与勤工助学相结合、与择业就业相结合、与创新创业相结合的管理体制。"5 号文件"指出:"高等学校思想政治理论课所有的课程都要加强实践环节。……把实践教学与社会调查、志愿服务、公益活动、专业课实习等结合起来,引导大学生走出校门,到基层去,到工农群众中去。要通过创新多样的实践教学活动,提高学生思想政治素质和观察分析社会现象的能力,深化教育教学效果。"

怎样使社会诸多单位愿意接收学生实践,笔者设计的社会实践方法是:学生用专业技能或义务劳动、公益活动为社会实践单位志愿服务,社会实践单位自然就愿意接收学生社会实践,愿意为学生提供社会实践岗位,这种互利双赢机制,突破了困扰我们多年的实践教学资源匮乏的瓶颈。并且实践教学的成本低,不需要学校提供校外实践经费,有很好的办学效益。实践证明,这种教学法切实可行。此教学法在经济管理学院信息系统与信息管理专业 3 个班级试点。试点效果如下:

(1)使大学生了解国情,深入领会思想政治理论,受到震撼身心、较为全面的思想政治教育。

某学生到北京市和平里敬老院义务服务,她擦玻璃和墙围、拖地、缝补被褥、陪老人聊天等,不怕脏和累,受到工作人员和老人们的好评。她在实践报告中谈到:"老人们诸多行动不便,更需要有人悉心照料。敬老院是一个公益场所，很多有爱心的人来到这里提供无偿服务或赠送日用品。我真正体会到社会主义大家庭的温暖和社会主义的优越性！我以后还要常来敬老院。"学生在志愿服务社会实践中，亲身体验和培养为中国特色社会主义"甘于奉献"的高尚精神，把大学生思想政治教育落实到学生心灵深处。

某学生在家乡（鹤岗市）某街道居委会举办宣传栏。她为宣传栏撰写文章《邓小平理论在基层》、《邓小平理论在我心中》，她还运用本专业理论，为宣传栏撰写了《信息时代的生活》、《和电脑做朋友》等文章，引来许多社区居民观看，起到很好的宣传和深入领会邓小平理论、普及信息化知识的作用。居委会在《学生社会实践情况介绍》中，对学生的义务奉献和学校安排社会实践活动表示衷心感谢。

某学生在西部地区湘西土家族苗族自治州一家外贸公司社会实践，他针对矿物冶炼给环境带来严重污染的问题，运用邓小平理论可持续发展战略，建议公司领导不能走先污染、后治理的道路。经过他的宣传和积极建议，公司领导人表示愿意出钱治理污染，增加回收和处置污染物的设施，配合政府保护环境。

（2）深化学生智育工作，锻炼了学生的专业实践能力和社会活动能力，发展学生个性，增强学生就业能力，增长才干。

在信息管理与信息系统专业的101名学生中，有53名同学选择的社会实践形式是用自己所学专业技能为家乡社会主义建设奉献。其中有7名学生独立为基层单位架设了局域网；有15名学生为基层单位维护或优化局域网（将局域网与因特网连接）；31名学生为基层单位维修、组装电脑，开发软件、软件升级、传授计算机使用技能和技巧等，提高了基层单位工作效率。学生走出校门，在基层单位独立锻炼了专业实践能力，积累了专业实践经验，增长了就业能力和才干。有的同学在基层单位实践，还得到该单位技术骨干的技术辅导，增长了专业技能。

某学生在二十二冶金建设公司培训中心社会实践，该单位没有局域网。该生建议组建局域网，但该单位资金紧张。他在实践报告中写到："怎么办？于是，我几次修改局域网方案，力求花最少的钱达到最好的效果。买4块网卡花156元，网线8根自己制作，材料费16元。我第一次组建局域网的实践终于成功了！我很兴奋，因为别人对我的期望没有落空。"学生们自己选择实践单位和实践岗位，做自己喜欢的工作，有利于发展学生个性。

（3）激发了学生的学习积极性和主动性。

在宣传、贯彻中国化马克思主义实践中，为了完成好实践任务（布置宣传栏、撰写稿件、理论联系实际等），学生重新深入学习中国化马克思主义，加深了对这门课程基本理论的领会。某学生为某建筑公司将员工信息输入人事数据库，他在实践报告中写到："通过这次实践，我运用学到的知识和技能为社会服务，我发现我知识的不足。这对我是个刺激，让我发奋读书，争取为社会做更大的贡献，以后我要亲手制作更好、更实用的数据库。"

（4）大学生为社会主义建设做出积极贡献。

①为家乡社会主义物质文明建设做出贡献。51%的学生用所学信息管理与信息系统专业理论和技能为家乡的信息化建设做出贡献，提高了工作效率。有些学生在实践中积极为企业发展提出合理化建议，受到实践单位表扬。

②为家乡社会主义精神文明建设做出贡献。学生在基层宣传、贯彻中国化马克思主义，普及信息化知识，用专业技能和义务劳动为家乡志愿服务，体现了大学生高尚的思想境界，有利于社会的精神文明建设。

（5）这种社会实践得到诸多基层单位和学生的赞同。

在91个社会实践单位中，64%的单位支持这种社会实践。有12个单位明确赞同这种社会实践。北京佑安医院人事科给我校来函："该学生来我单位社会实践，为我们提供了一些计算机技术支持和操作技巧，与职工关系友好融洽，充分展现了大学生的知识水平和精神风貌，此种社会实践值得提倡。"有46个单位感谢学校安排这种社会实践，表扬学生的奉献。唐山开平医院来函："该学生为医院布置宣传栏、打扫环境卫生、搀扶老弱患者就医。我们很感激学校领导的安排，也希望学校对该同学的突出表现给予表扬。我们欢迎这样的大学生！"

2010年至今，笔者又组织了4轮"大学生做社会主义建设者"实践教学试点。每学期在教学计划内都有思想政治理论课实践教学周，学生以小组为单位，可以通过亲友协助联系实践单位，学生以专业技能或义务劳动、义务工作为实践单位志愿服务5天。4轮实践教学反复证明，这种教学法切实可行，并深化了德育、智育教育教学效果。

在这几轮实践教学试点中发现的问题是，少数学生校外志愿服务有造假现象。老师要求学生校外志愿服务 5 天，但是，少数学生不诚信，服务 3-4 天就不去了，也交给老师学生实践现场照片和实践单位的盖章评语。老师指导两个班级 60 多人实践，约 20 个实践地点太分散，老师不能一一检查。怎样解决这个问题？教研室主任给教师安排实践课程，要有相对稳定性。我曾经指导英语专业学生实践，安排学生在学校附近农民工子弟校、附近社区搞义务支教。如果教研室连续几年给我安排英语专业学生实践教学任务，我可以在附近农民工子弟校、附近社区建立英语支教实践基地，便于教师考勤学生，也可以请实践基地相关人员协助教师考勤，杜绝学生造假。

学生以小组为单位到校外志愿服务，有的老师担心学生安全问题，不敢安排学生校外实践。我在《学生校外实践指导讲座》中首先指导学生重新认真学习《大学生安全知识手册》，在社会实践过程中注意交通安全、注意社会实践工作环境和工作岗位的安全，学生 3-5 人一组，选出组长做领导，集体行动，互相关照。4 轮学生校外志愿服务试点，学生都安全返校。

2. 探索出实践教学的保障机制

实践教学的保障机制是什么？有人说是实践经费、实践基地、师资等。笔者认为，实践教学保障机制的关键是将实践教学纳入教学计划。目前，全国绝大多数高校没有将实践教学纳入教学计划，缺乏保障机制。实践教学具有随机性，教师可做可不做。为什么诸多高校不将实践教学纳入教学计划？其原因之一是教学部门和教学管理部门对实践教学没有高度重视；二是教学部门没有通过大量深入的调研和试点，搞不清楚实践教学如何操作，无法制定实践教学计划，导致实践教学基本处于空白状态。

2006 年，北京信息科技大学政治理论教育学院常务副院长郭春燕组织本学院 4 门思想政治理论课教研室主任，研制出《"点、线、面"相结合的思想政治理论课社会实践教学方案》，把实践教学纳入学校 2008 级本科生教学计划，建立了实践教学保障机制。

所谓"点"，指把北京周边爱国主义教育基地作为实践教学点。例如，把西柏坡、天津"平津战役纪念馆"等作为实践教学点。每年组织全校各班级思想政治理论课考试成绩第一名的学生，到这类实践教学点参观考察两天，写出心得。

所谓"线"，指为了发展学生个性，实践教学搞暑期社会调查和政治理论热点征文两条线。暑期社会调查小组活动，以课题形式面向全校学生招标，学生结合自己的专业和兴趣，开展暑期社会调查，政治理论教育学院审查课题后拨付一定经费，学生完成社会实践，可在评优中加分；每年面向全校学生搞一次政治理论热点征文，学生自愿参加。例如，2009 年年度征文题目"共和国在我心中"——纪念建国 60 周年。最后对优秀征文评奖，出校内专辑，发到各班级交流。

所谓"面"，指面向全校学生，4 门思想政治理论课均安排不同课时的实践教学，实施共性与个性统一实践教学。在《思想道德修养与法律基础》教学中，安排 6 学时实践教学，学生旁听法庭、参观专题教育展览、主题演讲、辩论等。《中国近现代史纲》教学中，安排 6 学时实践教学，参观爱国主义教育基地，观看红色影视、原著阅读等。《马克思主义基本原理》教学中，安排 6 学时实践教学，有社会调查、参观、原著阅读等。实践教学成绩均占总成绩的 20%。《毛泽东思想和中国特色社会主义理论体系概论》理论教学与"公共思想政治理论课综合实践教学"（32 学时，2 学分）结合，学生个人实践项目：学生在原著阅读、观看红色影视、主题演讲、参观爱国主义教育基地四项活动中任选一项，并且写心得。学生集体实践项目：学生在校内外志愿服务、社会调查、演出思想政治教育小品等活动中任选一项。

这套实践教学创新取得的主要成果有：①在北京市、在全国较早地突破了实践教学保障机制。中央"16 号文件"、教育部"5 号文件"在 2004 年、2005 年先后强调将实践教学纳入本科教学计划。北京信息科技大学 2006 年就将实践教学纳入本科教学计划，2008 年在全校实施，这在北京市、在全国都是较早突破实践教学保障机制难点的学校之一。②形成完整的共性与个性相结合多种形式实践教学方案。这套实践教学改革成果获 2008—2009 年"北京市高校党的建设和思想政治工作优秀成果"三等奖。

3. 北京高校在全国首创"广义"实践教学系列教学参考书

笔者在此简要概括"狭义"实践教学概念的内涵：在教师指导下，以深入理解思想政治理论为目的，学生参加生产劳动、社会活动、社会调查和参观等形式的实践教学。2009 年 7 月，北京市教育工委在井冈山召开北京高校思想政治理论课实践教学研讨会。北京高教学会四门思想政治理论课程研究会负责人、有关专家和教师代表等 25 人参加会议，决定组织编写《北京高校思想政治理论课实践教学指导手册》（以下简称《指导手册》），为一线教师提供参考。后来，市教育工委召开四门思想政治理论课程研究会负责人专题会，确定对《指导手册》的编写要采用"实践教学"的广义内涵，即理论教学之外的所有与实践相关、能调动学生广泛参与和加深学生理解思想政治理论问题的教学环节、教学手段、教学方式都视为实践教学。[4]

2010 年 7 月，在北京高校中国化马克思主义教学研讨会暑期备课会上，教育部社科司徐维凡副司长讲话：思想政治理论课实践教学概念的内涵可以"广泛"一些，不要太狭窄。

2011 年 3 月，思想政治理论课四门课程的《指导手册》出版。笔者阅读了北京市教育工委宣教处和北京市高教学会毛泽东思想和中国特色社会主义理论体系概论教学研究会组编，北京大学马克思主义学院陈占安教授等主编，北京 7 所高校有关教师参编的《<毛泽东思想和中国特色社会主义理论体系概论>实践教学指导手册》，还阅读了《<中国近现代史纲要>实践教学指导手册》。笔者归纳出这两种指导手册的基本模式：

《指导手册》对相对应的理论教材每一章理论教学都设计了 2-3 套实践教学参考方案，供教师们选择。

第一步：教师向学生布置思考题。

第二步：教师让学生通过社会调查直接感知、了解社会实践；或者通过观看政治教育类影视、录像、照片、图片、视频，编演历史剧、政治思想教育小品，观看政治教育类展览馆、博物馆（爱国主义教育基地）间接感知社会实践或历史过程；或者通过阅读历史资料、历史文献、案例教学间接了解社会实践或历史过程。

《指导手册》认为，上述直接感知、了解社会实践、间接感知社会实践或历史过程、间接了解社会实践或历史过程三类教学环节都属于"广义"实践教学。

广义实践教学的内涵应该扩大到什么程度？笔者认为："实践活动是以改造客观世界为目的、主体与客体通过一定中介发生相互作用的过程。主体是指具有思维能力、从事社会实践和认识活动的人；客体是指实践和认识活动所指的对象。"[5]实践还是认识的基础和动力。实践的基本形式是生产劳动，此外还有社会活动、科技实验、教育、艺术等。还有一种观点认为：

"实践是人类有目的地改造世界的感性物质活动。"[6]所谓"感性物质活动"是指人们在改造世界中获得对客观世界的感性认识，随着实践的发展，人们的感性认识有可能上升到理性认识。

什么是思想政治理论课实践教学？笔者总结自己 1993 年以来实践教学及其改革的经验，概括出"中义"实践教学的含义：它是教师指导下，以了解有关思想政治理论的历史、国情和世界动态，参加、感受和了解改革开放、社会主义现代化建设实践，深入领会思想政治理论为主要目的，使学生直接参加实践，或者通过音像、文艺表演、参观展览馆和博物馆等手段间接感知历史和实践的教学。

上述广义实践教学论提到，把阅读文献和史料、校内外专家讲座、主题演讲、案例教学等间接了解社会实践或历史过程的教学方法都纳入实践教学范畴，这就混淆了实践教学与传统理论教学的界限，把实践教学庸俗化，导致实践教学混乱。换一个角度看，《指导手册》是一套很好的理论教学与实践教学相结合的教学参考资料，在全国首创，是全国思政课教师案头必备书。

第三步：方案选择一，教师组织学生结合上述第二步，讨论、辩论或主题演讲；方案选择二，学生围绕思考题结合第二步，写论文或读后感交给教师。

第四步：教师点评、总结、评定学生成绩。

《指导手册》采用的认知、感知、了解社会实践的教学法有社会调查、录像教学、校外专家讲座、案例教学、阅读史料与文献五种。学生认知、感知、了解社会实践基础上，理论联系社会实践，深入学习领会思想政治理论的教学法有讨论或辩论、主题演讲、写论文或读后感三种。

上述实践教学创新的主要成果是：①填补国内四门政治课实践教学参考书空白，对教师的实践教学有直接指导和参考作用。这是建国 60 多年以来我国高校思想政治理论课实践教学第一套各门课程逐章设计的完整的教学指导书，属国内首创，对全国高校实践教学起到示范和引导作用，能有效提高全国实践教学质量。②创造出规范的实践教学步骤：首先，给学生提出问题；其次，让学生带着问题直接感知、间接感知、间接了解社会实践或历史过程；再次，教师组织学生讨论或写论文；最后老师点评、总结、评定成绩。这符合教育部要求的启发式、讨论式、研究式、理论联系实际的教学方法。

4．"搭便车"实践教学法

2010 年，北京工业大学钱伟量教授在北京市中国化马克思主义暑期备课会上介绍了他首创的实践教学与学生专业实习结合的实践教学法，他又称这种教学法是"搭便车"。他把实践教学与学生专业实习（时间一周以上至三个月）结合。在学生到校外专业实习前，思想政治理论课教师给学生布置思想政治理论课社会实践教学任务，学生在专业实习中，结合社会调查，了解国情，理解改革开放和社会主义现代化建设的实际，写出调查报告，加深领会思想政治理论。这种实践教学成本低，办学效益好，也是突破实践教学资源匮乏的途径之一。

5．建立多种、大量实践教学基地

近年来，北京化工大学着力构建大学生思想政治教育长效机制，大力开展德育基地建设，取得明显成效。

（1）建立指导教师选聘制度。面向全校公开招聘基地指导教师，将其工作业绩计入年度工作量，纳入教师职务职称晋级考核体系，确保师资质量。申报过程采用项目申报、公开答辩的形式。实施过程建立活动影响力量表，对活动效果及时开展调查反馈，确保活动取得实效。

（2）综合评价基地活动实施情况，给予不同额度的经费支持。

（3）在基地成立党团组织，为基地建设提供组织保障。

（4）整合学校德育资源。调动各职能部门和院系的积极性，鼓励各部门和院系发挥自身优势牵头成立德育基地，改变学生工作部门单一作战的模式，形成强大的育人合力。如国际交流中心牵头建立"跨文化交流实践基地"，在基地中成立国际交流协会，定期举办国际文化节、中外学生周末沙龙等活动，促进中外文化的交流与融合，开拓学生国际视野，受到学生欢迎。

（5）建立多种、大量实践教学基地。充分发挥德育基地的专业性、实践性和长效性优势，围绕大学生思想政治教育中的重点、难点和薄弱环节，结合大学生成长需求和自身特点，有针对性地开展多种、大量德育基地建设。目前学校已经建立 18 个德育基地，涵盖党员引领、爱国教育、励志教育、社会公益、朋辈辅导、职业发展、课外科技、文化交流、网络引导等十几个类别，基地骨干学生数达 3500 余人。

（6）品牌带动，效应凸显。学校坚持以学生成长受益为本，注重特色化、专业化发展的原则，建设形成一批优势突出、特色鲜明的品牌德育基地。来自"国旗护卫队爱国主义教育基地"的学生说："在这里我深深感受到，爱国不是一句口号，而是根植内心并身体力行。"来自"水上明珠国家大剧院志愿服务基地"的学生说："在为他人服务的同时，我体会到了奉献的快乐。"

（7）开阔了学生视野，锻炼了综合素质。来自"'博言论坛'创新人才培养基地"的学生说："在参与论坛的过程中我找到了自己的学术兴趣，提升了科研能力。"

（8）强化了学生的自我认知，促进了就业创业教育。来自"网络思政教育和实践创新基地"的学生说："在这里我学会了网站建设与管理，我毕业后决定投身网络创业。"来自"环保公益实践基地"的学生说："在这里我不仅学到了环保知识，提升环保意识，更认识到环保事业大有作为。"[7]

建立多种、大量实践教学基地，是北京化工大学实践教学的创新点、特色和亮点，这项工作走在北京市和全国的前面。如果全国高校都建立容纳数千名学生的实践教学基地，学生实践教学何愁无处可去？

总结北京市1988年以来实践教学改革的历史经验和主要成果，便于我们从中概括实践教学基本规范与规律。

## 三、总结、探索实践教学基本规范与规律

（1）什么是思想政治理论课实践教学？它是教师指导下，以了解有关思想政治理论的历史、国情和世界动态，参加、感受和了解改革开放、社会主义现代化建设实践，深入领会思想政治理论为主要目的，使学生直接参加实践，或者通过音像，文艺表演，参观展览馆、博物馆等手段间接感知历史和实践的教学。

（2）为什么要实施思想政治理论课实践教学？实践是认识的基础和动力，学生直接参加实践或者通过相关手段间接了解历史和实践，有利于学生从感性认识上升到理性认识，深入领会思想政治理论，增长实践经验，全面提高学生能力和素质。

（3）怎样实施思想政治理论课实践教学？

①理论教学与实践教学相结合。在课堂教学中，对理论教学重点要尽可

能使用实践教学法，使学生间接感知思想政治理论课的历史与实践，便于学生理论联系实际，透彻理解理论。

②校内实践教学与校外实践教学相结合。要因地制宜，组织学生到本地区爱国主义基地、改革热点展览馆（如反腐败展览馆）或先进单位（先进国有企业或社会主义新农村典型）参观，到校外实践基地志愿服务。校外实践教学要精选，适当多样化，提高教学效率和效益。

③建立实践教学保障机制。一是纳入教学计划；二是建立多种、大量实践教学基地；三是提供必要的实践经费；四是实践基地建设、实践教学质量与教师业绩、晋级挂钩，有激励机制，才能调动教师实践教学积极性和创造力；五是实践基地建设需要校领导重视，统一组织，各部门协作。

④深入研究实践教学规范和规律。目前，全国积累了大量实践教学经验，各省市自治区，国内同行，每年应该搞一次研讨会，全国制定统一的教学大纲，将实践教学都纳入教学计划，广泛交流经验，深入研究实践教学规范和规律。全国高校都按照实践教学规范和规律教学，就会突破困扰我们多年的实践教学难点，实践教学质量必然会产生飞跃。

## 参考文献

[1] 教育部思想政治工作司组. 加强和改进对学生思想政治理论教育重要文献选编 [M]. 北京：中国人民大学出版社，2008.

[2] 教育部思想政治工作司组. 加强和改进对学生思想政治理论教育重要文献选编 [M]. 北京：中国人民大学出版社，2008.

[3] 中共中央，国务院. 中国教育改革和发展纲要. http：//www. eol. cn，2001-01-01.

[4] 陈占安，程美东.《毛泽东思想和中国特色社会主义理论体系概论》实践教学指导手册 [M]. 北京：北京出版社，2011.

[5] 本书编书组. 马克思主义基本原理概论 [M]. 北京：高等教育出版社，2009.

[6] 辞海编辑委员会. 辞海 [M]. 上海：上海世纪出版股份有限公司，2009.

[7] 北京化工大学. 北京化工大学大力加强德育基地建设 [EB/OL]. http：// xjc. bjedu. gov. cn（宣教之窗），2011-12-21.

# 第三部分

## 人文专业教育教学课程研究与实践

# 基于项目驱动法的《公共绩效管理》教学尝试

刘建兰

（北京信息科技大学　人文社科系）

**摘　要**　项目驱动教学法不仅适用于理工类课程的教学，亦同样适用于《公共绩效管理》等文科类课程的教学。从公共绩效管理课程应用项目驱动法的实践来看，项目驱动法教学有助于教学更加贴近实际，有助于理论与实践的紧密结合，有利于师生互动、提高学生的学习积极性和主动性，有助于提高学生分析问题和解决问题的能力以及学习能力。将项目驱动法应用于公共管理绩效课程，其教学应紧紧围绕项目计划、项目教学、项目实践、项目引导、项目考核等五个基本环节展开；教学策略应注重设计、强化引导、转换角色。

**关键词**　教学改革　教学方法　项目驱动法　公共管理绩效教学

近年来，许多教育工作者积极投身教学改革，提出了不少值得学习和推广的新教学方法。各位同仁的努力，令笔者深受鼓舞，故而不揣浅陋，就"项目驱动法"在《公共绩效管理》课程中的应用作了一些尝试。现将本人的尝试和体会简要总结，并以此向各位同仁请教。

## 一、项目驱动法在《公共绩效管理》教学中的适用性

《公共绩效管理》是行政管理本科的专业选修课。学习这门课程，对学生熟悉和掌握公共部门绩效管理的基本理论、基础知识和基本技能具有重要作用。但该门课程是一门新课程，具有较强的理论性、高度的综合性、应用方法的独特性等特点，在教和学上存在着教师难教、学生难学的实际困难。

究其原因主要是现行的教学方法和模式多是传统的"填鸭式"的教学方法。而传统的"填鸭式"教学方法是以教师为中心,以教师"教"为主导,教师采用"讲概念——分析概念——例题讲解"的方式,利用"粉笔+黑板+书本"进行"教",学生主要依赖于书本上的记载和老师的讲解,利用"书本+耳朵+笔记"进行"学"。这样的教学方法使得学生在学习上基本处于被动的接受状态,学习目标不明确,学习主动性不强,以致在实际上造成了学生普遍感到《公共绩效管理》课程难学难懂,更不用说学会运用该门课程所含的理论与方法进行实际操作了。显然,要扭转这种状况,真正实现《公共绩效管理》课程的教学目标,必须进行教学方法的变革。在教学过程中,笔者曾尝试着采用了一些新的教学方法,如案例教学法等,但收效都不大。其后,笔者在教学过程中发现,如果让学生带着一定的目标或任务去学习,让学生在自我探索中去实践,通过交流、互动和协作去完成一定的项目,则会收到较为理想的效果。正是在这个发现的基础上,笔者经过学习和比较,开始尝试应用项目驱动法于公共绩效管理课程的教学。实践证明,项目驱动法适用于公共绩效管理课程教学。

项目驱动教学法是起源于美国,盛行于德国,近几年亦为处在改革浪潮中的中国教育界所注目的新型教学方法,被誉为近年来国内外教育领域最引人注目的革新。项目驱动教学法是以建构主义学习理论为理论基础的新型教学方法。建构主义学习理论认为:知识特别是技能不是通过教师传授得到的,而是学习者在一定的情境下,借助他人的帮助,利用必要的学习资料,通过意义建构方式获得的。故而,项目驱动法强调,学生的学习过程必须与具体的项目或问题相结合。以建构主义学习理论为基础的项目驱动教学法适用于《公共绩效管理》课程教学的主要原因就在于,项目驱动法在教学中具有的优势和积极作用。与传统的填鸭式教学法比较,其优势和积极作用主要表现在以下五个方面:①教学更加贴近实际。在应用项目驱动教学法的教学过程中,不论是教师还是学生都是围绕完成一个个具体的子项目开展教学和学习活动的。而教师和学生所围绕的每一个子项目又都是围绕实际工作流程中的每一个步骤设计和展开的。正因为基于项目驱动法开展的教学实际上是围绕实际工作流程展开的,所以教学更加贴近实际,更易于使教学过程从知识体系的传授转化为技能体系的学习,教学内容也更易于为学生所把握。②教学更有利于师生互动。在基于项目驱动法的教学活动中，教师不再是单方面的知识传授，而是与学生一起围绕每一个项目开展教与学的活动，与学生一起关注项目进行中遇到的问题并寻求解决方法。学生则由被动接受知识改为主动学习知识和探寻解决问题的方法。显然，这样的教学活动能够更好地形成教师与学生、课内与课外的互动，从而提高教学效果。③易于提高学生学习的自觉性和主动性。运用项目驱动法开展教学，每一个学生都要按照项目驱动法的要求，参加到一个项目学习组织中并且按照组织的要求从事具体的项目来进行学习，为完成一个个具体项目而竭尽所能。而每一个项目都有一定的要求，限定的时间。故而，学生在思想上就有较为强烈的责任感和紧迫感。这就使得他们不易产生传统教学法开展教学时学生通常产生的单纯依赖教师讲授进行学习的心理，而是采取积极主动的方式进行学习，不仅在课上而且在课下也会积极主动学习，争取完成预定的项目。而学生在实施项目的过程中所取得的进步也会使之产生成就感，激发新的求知欲望，逐步养成独立探索、勇于开拓进取的自学能力。④有助于理论与实践的紧密结合。项目驱动教学法是以项目为中心展开的教学方法。该方法要求教师在实施项目过程中逐步展开教学。在教学中围绕项目的计划、实施、完成开展教学。而要做到这一点，就必须改变过去将知识切块学习的方式，实现理论知识与实践技能的紧密结合乃至融合，在教学中实行边讲授理论、边开展实验，引导项目逐步向纵深发展。因此，基于项目驱动法的教学，更易于实现理论和实践的有机结合，更能令学生体会知识和技能相互融合、运用的完整性。⑤有助于提高学生分析问题和解决问题的能力以及学习能力。项目教学法是围绕项目组促使学生进行教学和学习的。学生完成项目的过程，既是学习的过程，也是应用的过程，是将知识的学习和知识的应用结合在一起的过程。这就使得应用项目驱动教学法的教学对提高学生能力的作用，要高于那些只是传授知识的教学。由于项目驱动法是通过模拟的或真实的项目情境组织学生围绕项目进行学习和应用的，所以学生可以通过项目活动发现问题，并通过实践摸索分析和解决问题的方法，从而锻炼分析和解决问题的能力；教师可以引导学生根据自己的实际需要，提出合理化的功能要求，培养学生分析和解决问题的能力。而在这个过程中，学生的问题意识以及自主学习的能力，都可以得到较大的提高。

项目驱动法适用于《公共绩效管理》课程教学的另一个重要原因，在于应用项目驱动法对《公共绩效管理》课程教学的可行性。与传统的教学方法相比，项目驱动教学法适用于操作性较强的课程。正因为如此，项目驱动法首先在计算机课等理工科类课程中得到了广泛的应用，而在文科和社会科学类的课程中的应用不多。但这绝不是说，文科和社会科学类课程不适合使用项目驱动法。凡具有较强的操作性的课程都可以运用项目驱动法。《公共绩效管理》课程虽然是一门新课，但其具有很强的实用性和操作性。近几年，在公共绩效管理实践中，尤其是公共绩效评估方面，国内外的公共管理部门开展了一系列相关工作，收获了许多较为成熟的成果，积累了许多经验。所有这些都为应用项目驱动法准备了重要的技术基础。

## 二、应用项目驱动法于《公共绩效管理》教学的基本步骤

项目驱动法在《公共绩效管理》课程教学中的应用主要体现在开展公共绩效管理教学的教学过程中。从我个人的尝试看，该过程应至少包括以下五大教学环节：

（1）项目计划。制定项目计划是实施项目驱动教学法的第一步。计划制定的如何，关系到整个项目驱动教学法的成败。就公共绩效管理课程来说，项目计划的制订至少包括三个方面的内容。一是确定项目计划的重心。项目绩效管理包含众多方面的内容，如公共绩效预算、公共绩效计划、公共绩效评估等。这些内容涉及绩效管理的方方面面。如果完全同等看待，势必在有限的时间内"蜻蜓点水，一带而过"，根本不可能实施项目驱动。而且这些内容也不见得都拥有同样多的可操作性。只有科学地确定重心，抓住重心，才能带动全局。鉴于此，笔者在权衡之后，决定以绩效评估为中心。之所以如此，是因为绩效评估既是绩效管理的核心环节，也是绩效管理各项环节的基础和前提，同时还是绩效管理的归宿。抓住了绩效考核的环节，就等于抓住了"牛鼻子"。二是项目计划的基本目标。确定项目计划的重心后，需要进一步围绕项目重心确定基本目标。而基本目标的确定，以及围绕基本目标开展的教学和学习，则是对重心的落实，对重心的保证。在这方面，笔者将公共绩效评估进一步分解为两大部分，即绩效评估指标体系设计和绩效评估

的组织和实施。笔者以为，从这两个基本目标出发，就可以实现对整个绩效考核的了解和把握，掌握绩效考核的全过程。三是依照已经确定的项目基本目标，从工作流程出发，细化项目，使之围绕重心形成一个比较完整和系统的项目体系。其中，绩效评估指标体系设计分解为绩效评估模式、绩效评估模式维度、绩效评估指标体系一级指标的设计、二级指标的设计、三级指标的设计、指标要素的设计等子项目；绩效评估组织实施分解为绩效评估实施的组织准备、绩效评估的实施程序、绩效评估实施的环境建设、绩效评估过程中的方法等子项目。通过制订项目计划，使整个项目计划在实质上形成了一个环节与另一个环节紧密联系、环环相扣的技能教学体系，其中每个子项目都不是孤立的，都是整个项目体系的一个组成部分，并穿插在教学内容的相关知识点中。通过以上三个方面对项目的计划，为项目教学的开展奠定了重要的基础。

（2）项目教学。项目教学是应用项目驱动教学法于《公共绩效管理》课程的第二步。有些人认为项目驱动法就是学生直接动手做项目，教师在旁边进行辅导。笔者从自己的实践中发现，上述认识乃是对项目驱动教学法的误解。项目驱动法不是不要教师的教学，而是要求教师对课程内容进行认真分析，从中抽出最基本的内容，即学生只有在教师的引导下掌握了这些内容才能对所学课程有一个基本的了解，才能以此为基础，由教师带领学生按照项目驱动法的要求进行实践的基本理论和基本技能，至于其他的学习内容，即学生在开展项目实践及实际操作中可能碰到的问题和需要解决的问题，则应放到学生进行项目实践时在教师的指导下由学生通过自主学习加以解决。从某种意义来讲，按照项目驱动法开展教学实际上是对教学内容的再造。它要求教师熟悉实际工作（如本文所指的公共绩效评估）的整个流程，按照流程的需要把本课程的主要知识点提取出来，并融入到每个具体的子项目之中，然后按照少而精的原则围绕做什么和怎么做以及工作中需要注意哪些问题开展每个子项目的教学。为达到上述目的，教师在各子项目教学中不仅要精心筛选教学内容，还要尽力采用案例教学方法，以精彩的案例介绍与各子项目教学内容密切关联的事例。通过精彩的示例，使学生了解完成这一类项目的基本流程和具体技能，并引发学生自己动手解决问题的欲望。例如，在绩效指标体系设计中，笔者就曾首先将事先准备的优秀的评估指标体系以课件的形式在大屏幕上播放出来，学生通过对上述案例的系统学习，认为自己通过学习也可以设计出相应的公共管理绩效评估指标体系，对设计公共绩效评估指标体系产生了比较浓厚的兴趣，并开始围绕指标体系的设计展开讨论。正是通过类似的项目教学，收到了较好的效果。

（3）项目实践。理论与实践的紧密融合是教学的理想状态。项目驱动法的最大特点就在于为实践与理论的融合提供了现实的途径。项目实践是应用项目驱动法实施理论与实践融合的核心环节。从逻辑上看，项目实践应在项目教学之后开展。但在实际上，项目实践应与项目教学同时进行。项目实践的开展大体上包括三个环节：一是设计和选择实践课题。教师在进行项目设计时就应当根据课程要求和学生实际，设计一批供学生在教学实践时使用的实践课题。在讲授课程绪论时，就应当明确告诉学生本课教学与传统教学的不同之处就在于要求学生在上课的同时选择实践课题，完成相应的实践任务，通过"干中学"实现预定的教学目标。然后在学生对绩效管理有一个初步认识的时候，向学生公布教师设计的与公共管理绩效评估有关的实践课题，由学生进行选择。为提高学生的学习兴趣，也允许学生自行设计与绩效评估有关的实践课题。当然，为防止学生的设计题目与教学目的和教学要求不符，规定学生设计的题目须经过教师的审查和批准。二是组建学生实践团队。在学生思考和选择实践课题的同时，教师要求学生自行组织实践团队（小组），并对组建团队的人数、任务、组织等做出相应的规定，要求每个团队选择一个实践课题，围绕课题开展实践学习。三是以小组为单位开展课题实践。每个小组的组长与小组成员一起分析本组选定的实践课题，确定小组每个成员的工作任务，然后在教师按照工作流程的顺序开展每个子项目的教学时，依据每个子项目教师讲授的知识和技能，采用分组讨论的方法，就本小组选定的实践课题来开展课题实践，依次完成各个子项目。

（4）项目引导。依照项目计划开展项目实践工作后，加强对学生项目实践工作的指导随之提上工作日程。此时，教师除按照教学计划继续进行各子项目的教学外，应把相当一部分精力投入到指导学生开展并完成实践课题的工作中去。具体指导方法大体可以分为集中指导和分散指导。分散指导主要是教师利用上课之余分别了解各个学生小组在实践课题上的工作进展、遇到的问题，并针对具体问题分别给予指导或辅导。集中指导主要是教师在课堂上根据自己平时检查学生实践课题进展中了解到的带有普遍性的问题或比较重要的问题，教师予以集中辅导，帮助其解决问题。教师在指导和辅导时，应特别注意学生在完成实践课题的进程中遇到的许多新问题，引导学生查找相关书籍和文献资料，通过自学加以解决。对学生自学后依然未能解决的问题，教师应指导学生开展讨论，并依据情况加以辅导。在集中指导中，笔者使用较多的一个方法是定期组织全体学生进行各小组实践课题工作进展汇报会，由各小组组长或小组成员汇报本小组工作进展情况、已经取得的成果、存在的问题、今后的计划和打算采取的措施。与此同时，由各小组学生相互提问、质疑并且评论各自的优缺点。教师也适时进行点评。笔者发现，该方法运用得当对学生的学习具有多方面的益处。由于各小组选择的实践课题不同，所以他们各自的汇报和教师的点评有利于学生全方位、多侧面了解和学习各类绩效评估的知识和技能；各小组之间的汇报评比亦有助于各小组之间相互学习，进一步激发学生的学习积极性；由于定期的检查和评比要按照预定的目标来进行自我和相互的检查并判断达到的效果如何，对于提高学生的责任心、质量意识等也有一定的帮助和促进。

（5）项目考核。考核是教学进程的最终环节。如何考核，对应用项目驱动法教学十分重要。从传统的教学法改为项目驱动法，就必须全面改革考核方法，否则必将事倍功半。笔者在应用项目驱动法于教学进程时，对考核内容与考核方法均作了一些改变。在内容上，实行了以项目实践课题结果和个人能力为导向的考核。具体做法是，整个考核分为两个部分：一部分为各项目小组完成实践课题的成果。为准确把握小组成员的情况，要求小组在汇报小组成果时注明小组各成员所承担的工作和贡献。该部分的成绩占总成绩的50%，评定方法为：按照小组取得的成果在所有小组取得的成果中的排名、小组各成员对小组的贡献、小组各成员所做工作的数量和质量确定各成员的成绩。另一部分为笔试，要求每个学生根据自己的认识，结合小组从事绩效评估实践课题的实际，论述公共绩效评估的程序、方法。这一部分主要考核学生对公共绩效评估的理论认识和实际技能的领悟及把握尺度，也就是学生在公共绩效评估方面具备的实际能力。这一部分的成绩也占总成绩的50%。对这两部分内容的考核，基本上可以衡量学生学习绩效评估的实际能力和水平。在考核主体上，也做了一些改变。在某些环节吸收学生参加。主要是在考核学生所做的课题成果时，由小组组长或其中一名或两名成员运用多媒体展示小组成果，汇报小组的工作，并回答教师或其他小组的同学的质疑，由各小组分别根据每个小组成果汇报从成果的立意、技术以及答辩的水准等多个方面进行打分。上述各小组之间的相互打分与教师的评分各占一定比例。从某种意义上来说，各小组成员之间的相互打分所占比例虽然不高，但对各小组学生的激励，尤其是促使小组成员的深入学习有很大的作用。

## 三、应用项目驱动法于《公共绩效管理》教学的主要策略

应用项目驱动法进行课程教学，需要通过多方面的努力，克服许多困难，解决一系列相关问题。其中最主要解决的关键问题和具备的重要条件有以下三个方面：

（1）注重设计。在应用项目驱动教学法教学中，项目设计成功与否是能否运用该方法的关键前提。它将决定课堂教学是流于形式，还是真实有效的；决定学生的学习是主动的，还是被动的。因此"项目"的设计要尽可能注意以下几点：①项目来源的真实性。项目是相对完整和相对独立的事件。项目最好来源于真实的工作需求，最好是有一定社会需求的具体项目，与公共管理领域某一方面的评估有直接的关系，具有应用性。②项目的可操作性。项目任务必须能够通过具体的实践操作来完成，要尽量避免抽象的理论化任务。设计时要考虑项目的大小、知识点的含量、前后知识的联系等因素，如果项目较大，应分为若干个子项目。每一个子项目涉及的知识点不宜过多，规模不宜过大，项目之间应有一定的联系，最好能形成一个循序渐进的过程。项目难度要适中，保证大部分同学能够在思考和尝试之后能完成。③项目的综合性。在教学中所选择的项目能将理论知识和实践技能结合在一起，能把学过的知识和即将要学的知识综合起来，这样学生既学习了新知识，又复习了旧知识，同时还学会了综合运用知识。在设计一些比较大型的项目时，应充分考虑整个课程的难点、重点，力争一个项目能覆盖整个课程大部分的知识点。与此同时，还应注意与横向学科的相关内容进行整合，如社会调查、信息检索、统计分析等。④项目设计的趣味性。俗话说，"兴趣是最好的老师"。抓住学生爱玩、好奇心强的特点，以学生的本能为驱使出发点，从学

生喜欢的环节入手，效果会更好。如果项目的设计不能引起学生的兴趣，不能调动学生的学习积极性，不能保证教学任务的顺利完成，那设计就是失败的。项目在设计时尤其要保证项目完成后学生能看到具体的效果，使学生有成就感。⑤项目设计目标要明确。教师布置任务要在总目标的基础上，把总目标细分成一个个的小目标，并把每一部分内容细化为一个个容易掌握的"子项目"，通过完成这"子项目"来完成总的学习目标。⑥项目设计要有构建性，要给学生提供发挥自身潜力的空间，让学生在经历中亲身体验知识的产生，并建构自身的知识；要让学生运用已有知识，在一定范围内学习新知识、新技能，解决过去从未遇到过的实际问题，使学生逐步形成发现问题、解决问题的能力，并锻炼综合的思维能力。

（2）强化引导。与传统教学不一样，实行项目驱动法教学，组织引导的程度在很大程度上关系到项目驱动法教学的成败。在组织引导上，必须十分关注两个方面的问题：一是组织学习小组即实践团队开展活动；二是引导和激励小组完成课题实践。教学工作一开始，就要着手组织学生小组，引导学生设计实践课题并围绕实践课题开展学习、讨论、研究，并完成课题。一般说来，学生小组最好在自愿结合的基础上组建。因为它有利于小组内的团结和协作，有利于小组成员的共同学习探讨和研究。但这绝不意味着可以放任自流。教师要引导学生，尽可能构建具有比较合理结构的学习小组。要尽可能通过恰当的方式使学生选择具有较高的威信、较强的学习能力、较好的协调和组织能力的学生担任各学习小组的组长；要尽可能在学生的学习小组内实现男女生的合理搭配。这是因为，在我们这样的学校内，女生比较重视理论学习，对理论知识的掌握普遍较男生强，但操作能力较男生弱，男生一般比较胆大，善于动手，操作能力较女生强，故小组成员男女搭配有利于互相学习，取长补短。各学习小组成立后，要及时根据项目的进展阶段，有针对性地进行引导和激励。选择课题，进行分工，设计时注意把握方法；评估时注意调查方法，包括实地调查以及统计调查的寻找。同时要予以激励，鼓励前进。在这方面，要在引导各小组相互竞争上下工夫，通过每个阶段各小组的汇报、讲评，促成小组之间的合理竞争。同时要注意引导小组内成员之间的竞争与合作，促使小组注意调整组内成员的分工，搞好组内的协调，通过讨论和相互帮助，完成项目课题实践。

（3）转换角色。传统的教学活动中，教师是主角，学生是观众。教师的角色就是想尽一切办法使知识易于被理解和接受；学生的角色就是认真听讲，努力接受知识，学生只能处在被动的地位。以项目驱动的教学活动的基本特征是以任务为主线、教师为主导、学生为主体。学生不是在教室里被动地接受教师传递的知识，而是着重于实践，在完成任务的过程中获得知识、技能。因此，教师必须转换角色。转换角色有两重含义：第一是由传统的讲授灌输转变为组织、引导；第二是由单独在讲台上讲解转变为与学生交流、讨论，共同合作学习。项目驱动教学要求教师必须明确自己的角色，认识到学生的知识不是填鸭式灌输的，而是在教师指导下由学生自己构建起来的。但在整个教学过程中，教师不是可有可无的，而是比传统教学中的作用更加重要、更不可缺少。在项目驱动教学中，教师要充分了解学生，及时与学生沟通，在学生学习遇到困难时及时指导学生；在学生学习不够主动时充分地鼓励学生；在学生完成项目后，调动学生创作积极性从而进一步完善项目；在完成任务后要做好评价工作。实现角色转换，教师不仅必须了解和熟悉所从事的专业的理论教学工作，而且要了解和熟悉所从事的专业的实际工作，具有实际的公共管理工作经历和工作经验；要求教师不仅要熟悉本学科的专业知识与技能，还要充分了解相邻学科、相关学科及跨学科的知识与技能；要求教师不仅是知识的传授者，而且应当成为教学的组织者、引导者、咨询者、评价者。教师应认清形势，更新教育思想和教育观念，不断提高自己的思想道德素质和文化素质，广泛积累专业知识和综合知识，努力实现角色转换。

## 四、增强项目驱动教学法的教学效果的几个问题

笔者在《公共绩效管理》课程中应用项目驱动法教学取得了一定的效果，但也存在一些问题。笔者认为，如果能解决好以下几个问题，教学效果还可以得到提高。

（1）教学管理制度创新。基于项目驱动法开展的《公共绩效管理》教学的特征，与以往的教学有很大的不同。最重要的就是，基于项目驱动法的课程的教学目标关注的是让学生学会做什么，而不是知道什么；教学内容是以项目以及任务为中心，学生的知识、技能学习必须结合项目以及任务的完成过程来进行，围绕项目和任务的完成来组织学习，而不是以知识的系统传授

为中心。故而在教学形态上，带有上述特征的教学，既不是纯粹的理论课，也不是完全的实验课或者实训和实习。有时似乎是理论课，有时如同实验课，有时类似于实训或实习。其教学活动也不能仅仅限制在课堂内、教室里。所有这些，必然要求教学管理制度的创新。

（2）实行小班教学。应用项目驱动法开展教学，需要教师引导学生开展项目实践活动，实质是教师引领学生的学习活动，在某种形式上是一种师傅带徒弟的方法，当然不是一个师傅带一个徒弟，而是一个师傅带许多徒弟。但即使如此，师傅的关注面还是有一定的限度，不可能超过限度。如果超过限度，教师就难以关注到每一个学生的学习，不可能对每个小组的实践学习活动给予足够的辅导和帮助。鉴于此，笔者以为，应用项目驱动法开展教学应实行小班制教学，班级规模以不超过30人为宜，而且该班学生组成的项目活动小组大体以4到6个为宜。太多，教师难以进行有效的指导；当然也不能太少，太少，不利于学生之间的竞争。

（3）改善教学条件。应用项目驱动法开展《公共绩效管理》教学，离不开相应的教学设施。至少需要一些可以上网的计算机。如果可能的话，应当安排在计算机房上课，每个学生应有一台计算机，且每台计算机都可以上网。与此同时，应当购置最新的全国统计年鉴以及一些省市自治区的统计年鉴，统计年鉴不仅应有综合性的，而且也可以购置一些专门性的，如农村统计年鉴、文化统计年鉴等。至少学校的图书馆应当购置一些年鉴，供学生在设计公共管理绩效评估指标体系和尝试着开展评估时使用。

## 参考文献

[1] 祝丽娣，王云庆等. 项目驱动教学法设计及结果评价 [J]. 中国科教创新导刊. 2010 (29).

[2] 胡必波. 项目驱动教学法应用研究 [J]. 合作经济与科技，2008 (7).

[3] 刘洋，屈虹. 项目驱动教学法在 PLC 课程中的应用 [J]. 武汉电力职业技术学院学报，2011, 9 (1).

[4] 陈艳辉. 项目驱动教学法在课程单元设计中的运用 [J]. 新课程研究，2009 (4).

[5] 盖颖. 项目驱动教学法在现代汉语教学中的应用 [J]. 鉴于探索，2009 (8).

[6] 石嵩麟，李江云等. 项目驱动教学法在高职院校思想政治理论课教学中的思考 [J].

昆明冶金高等专科学校学报，2011（11）.

［7］李秀英. 项目驱动教学法在思想政治课教学中的操作［J］. 中国科教创新导刊，2010
（10）.

［8］周妮. 项目驱动教学法在《秘书写作》课程中的应用研究［J］. 文史博览（理论）.
2011（3）.

# 浅谈文化自觉与文化自信

王 媛

(北京信息科技大学人文社科系 传播学教研部)

**摘 要** 党的十七届六中全会提出建设社会主义文化强国的理念，确立了未来十年文化改革发展的六大奋斗目标。全会特别强调："培养高度的文化自觉和文化自信，提高全民族文明素质，增强国家文化软实力，弘扬中华文化，努力建设社会主义文化强国。"首次以决定的形式，将文化自觉、文化自信与建设文化强国联系在了一起。新形势下，探讨文化自觉、文化自信的内涵，研究其关系，探索实现文化自觉与文化自信的途径，对推进我国文化改革、建设社会主义文化强国具有重要意义。

**关键词** 文化 自觉 自信

党的十七届六中全会提出建设社会主义文化强国的理念，确立了未来十年文化改革发展的六大奋斗目标。这表明，在今后很长一段时间内，培养高度的文化自觉和文化自信，努力建设社会主义文化强国，既是我们追求的目标，也是时代赋予我们的重要任务，充分体现了我们党对文化建设重要地位和作用的认识达到了一个新的高度。那么，新形势下，应如何界定文化自觉与文化自信的内涵，如何认识文化自觉与文化自信的关系以及实现文化自觉与文化自信的途径等，都需要我们认真研究。本文拟对这些问题进行探讨。

## 一、培养文化自觉与文化自信的意义

首先，培养文化自觉与文化自信是建设社会主义文化强国的需要。

文化是人类在社会历史进程中所创造的一切物质和精神财富的总和。历史和现实表明，文化的作用除了满足人类的精神生活需要之外，本身也能创造巨大的经济价值。文化离不开经济，经济也离不开文化。文化对政治、经济的渗透力越强，影响力越大，文化的社会价值也就越突出。但要促进文化经济的发展很大程度上还依赖于一个民族文化自觉与文化自信的程度。一个民族的觉醒，首先是文化上的觉醒；一个国家的发展，从一定意义上说取决于文化自觉的程度。可以说，是否具有清醒的文化自觉，是否具有高度的文化自信，不仅关系到文化自身的繁荣兴盛，而且决定着一个民族、一个国家的前途命运，是直接关系到社会主义文化强国建设的大问题。当今世界正处在大发展、大变革、大调整时期，文化越来越成为综合国力竞争的重要因素，成为经济社会发展的重要支撑。因此，我们强调文化自觉与自信，其最根本的原因就是要不断提升中华民族的文化凝聚力，增强国家的文化软实力，增强国际竞争力，既要把我们国家建设成一个经济强国，更要建设成一个文化强国。

其次，提高文化自觉与文化自信是推进文化体制改革的需要。

从 21 世纪初开始，我国文化体制的改革就已经起步，经过近十年的实践，已经积累了许多宝贵的经验。2011 年召开的十七届六中全会更是突出强调了文化建设的地位和作用，将文化体制改革作为会议的核心议题，这充分说明了文化体制改革的急迫性与重要性。30 年来，随着改革开放的不断深入，许多问题已经到了非解决不可的地步。变则通，通则久，这是历史规律，也是自然规律。文化体制的改革，从理论意义上讲，必将极大地丰富、深化中国特色社会主义文化的理论体系，深化人们对于文化也是生产力的认识；从实践意义上讲，是解放和发展文化生产力的根本途径，是促进社会主义文化大发展大繁荣的强大动力，是推动经济社会发展的新引擎。总之，文化体制改革，对营造良好的文化发展环境，理顺政府与文化企事业单位的关系，满足人民群众日益增长的精神文化需求，最终实现文化兴国的宏伟目标，都有重要意义。因此，全面推进文化体制改革，就成了我们当务之急的一项战略任务。而文化体制的改革又必须以文化自觉为先导。没有对这种改革必然性的认识以及人们对这种改革认知上的自觉性，文化体制的改革就不可能真正落到实处。

第三，加强文化自觉与文化自信是提高全民族文明素质的需要。

众所周知，文化只有转变为国民的整体文明素质，才能有效地发挥作用，成为真正的国家软实力。但全民族文明素质的提高应该以全民族的文化自觉与文化自信为前提。如果一个民族不热爱自己本民族的文化，对本民族的文化采取弱化甚至虚无的态度，那么增强民族的文化活力，推动文化的繁荣发展，乃至提高民族的文化素质都将会成为一句空话。因此，以更加自觉和自信的文化精神促进国民整体文明素质的提高就显得尤为重要。

1997年，党的十五大报告首次提出国民素质概念，指出"我国现代化建设的进程，在很大程度上取决于国民素质的提高和人才资源的开发"。党的十七大把提高全民族文明素质作为全面建设小康社会奋斗目标之一加以强调。国民的文明素质是一个综合概念，它包括很多方面，近年来，各行各业论述的也颇多。要建设中国特色的社会主义，其文明素质的本质内涵是什么呢？这就是社会主义核心价值体系。社会主义核心价值观是党的十六大首次明确提出的一个科学命题。它包括四个方面的基本内容，即马克思主义指导思想、中国特色社会主义共同理想、以爱国主义为核心的民族精神和以改革创新为核心的时代精神、社会主义荣辱观。说它是核心价值体系是因为它在中国整体社会价值体系中居于核心地位，发挥着主导作用，决定着整个价值体系的基本特征和基本方向。因此，要提高国民整体素质，首先要牢牢抓住社会主义核心价值观，并自觉地把社会主义核心价值体系融入国民教育、精神文明建设的全过程，尤其是融入到国民文明素质的教育中，只有这样才能真正建立起符合社会主义特色的文化强国。

## 二、文化自觉与文化自信的关系

所谓文化自觉，指我们在文化上的觉悟、觉醒、创建和反思，是人的主观能动性和创造性在文化上的体现。"文化自觉"的观点，最初由费孝通先生于1997年在北大社会学人类学研究所开办的第二届社会文化人类学高级研讨班上首次提出。他说："文化自觉是一个艰巨的过程，只有在认识自己的文化，理解并接触到多种文化的基础上，才有条件在这个正在形成的多元文化的世界里，确立自己的位置，然后经过自主的适应，和其他文化一起，取长补短，共同建立一个有共同认可的基本秩序和一套多种文化都能和平共处、各抒所长、联手发展的共处原则。"[1]回看历史,中国人民对本民族的文化从来就有着强烈的感情和割舍不断的联系,而中国共产党从成立之日起,就既是中华优秀传统文化自觉的传承者和弘扬者,又是中国先进文化的积极倡导者和发展者。长期以来,中国共产党带领中华民族不断以高度的文化自觉精神推动社会主义文化不断向前发展。古人云"衣食足而礼仪兴",在国家经济发展繁荣的今天,提高文化自觉,充分认识文化在建设现代化国家中的重要作用,就显得比以往任何时候都更为重要。

其次,所谓"文化自信",是指我们对自身文化价值的充分肯定和对中华文化生命力的坚定信念。这种自信既源于对五千年文明的自豪,也源于对外来文化的包容,源于"有容乃大"的气度与胸怀。

树立文化自信精神,有两点需牢牢把握,一是要有对中华文化的自信心和自豪感。中华文化,博大精深,源远流长,不仅是一代代中国人的精神支柱,同时,也为世界文明做出了贡献。罗素在 20 世纪 30 年代就说过:"中国至高无上的伦理品质中的一些东西,现代世界极为需要,……若能够被全世界采纳,地球上肯定比现在有更多的欢乐祥和。"[2]二是不能盲目自信,要有文化反思的精神。在这里,既不能妄自尊大,更不能盲目排外。面对当今信息化社会带来的各种文化的交融,更需要我们以一种开放的、包容的胸怀吸纳、借鉴不同的文化,更加需要我们以理性、科学的态度在对不同文化的比较、反思中,不断推进、创新自己的民族文化。而这,恰恰是建立在中国传统的"和而不同"观念基础上的一种开放心态的表现。

那么,文化自觉与文化自信是一种什么关系呢?其实,文化发展问题也有一个从文化自觉到文化自信、再到文化自强的过程,其关系是密不可分的,是辩证统一的。其中,文化自觉是实行文化自信与文化自强的重要前提与基础保证。只有充分的文化自觉,我们才能知道我们需要什么样的文化,怎样建设我们的文化;只有客观的文化自觉,我们才知道我们在什么意义上需要文化,用什么方式、朝着什么方向建设我们的文化。只有充分、客观地文化自觉,我们才不会走错方向,更不会夜郎自大或怨天尤人。[3]总之,有了"文化自觉",才能有"文化自信";同时,有了"文化自信",就更能激发文化上的自觉意识,从而达到文化上的自强。反之,没有文化的自觉与自信,文化的发展进步就会缺乏动力,就会成为无源之水、无本之木。

## 三、提高文化自觉与文化自信的途径

（1）提高思想认识是加强文化自觉与自信的精神保障。

主观能动性是实施文化自觉与文化自信的精神动力。因此，从思想上发自内心地热爱中华文化，要有做一个炎黄子孙的自豪感，充分认识到中华文化是我们民族的凝聚力和创造力的重要源泉，是综合国力竞争的重要因素，是经济社会发展的重要支撑，是广大群众丰富精神文化生活的迫切需要。只有这样才能把文化自觉与文化自信落到实处。因此，自觉自信，首先是源于对中国文化的热爱。中国文化既是中华民族的宝贵财富，也是中华民族对人类文明和世界文化的伟大贡献。千百年来，中华传统文化所倡导的"自强不息"的民族精神，"以德立身"的做人原则，"先忧后乐"的人生哲学，"洁身自爱"的自律意识等，无不成为激励和引导人们积极向上、奋发图强的精神源泉。自觉传承中华优秀文化，并不断创造新文化，是我们每一个炎黄子孙的神圣职责，也是时代的客观要求。我们只有坚持文化自觉，才能更好地整合和利用丰富的文化资源，继承和发扬传统文化精华，积极主动地进行文化创新，从而才能带来文化的大繁荣、大发展。

（2）广泛吸收借鉴一切优秀文化是加强文化自觉与自信的核心保障。

"文化"从来都处在一个动态的发展中。纵观历史，我们就会发现，没有任何一个民族是在没有接受任何外来文化的情况下而独立发展的。所有的民族文化都是在与不同民族文化的交流及融合中发展起来的。罗素曾说："不同文化之间的交流过去已经多次证明是人类文明的里程碑。希腊学习埃及，罗马借鉴希腊，阿拉伯参照罗马帝国，中世纪的欧洲又模仿希腊，而文艺复兴式的欧洲又模仿拜占庭帝国。"[4]中国文化更是如此。中国早期的"夷夏有别"论早已被不断吐纳百家、兼容并包的中国文化现实所否定。从"胡服骑射"到佛教的传入，再到"西学东渐"，尤其是"五四"运动以后，马克思主义理论学说在中国的广泛传播并与中国国情相结合，更使古老悠久的中国文化走上人类文化发展的康庄大道，开始焕发出勃勃生机，这也是中国文化生命之树常青的原因之所在。历史的经验值得借鉴。在新的历史时期，"以什么样的态度对待外来文化，考验着一个国家的文化自信。越是自信，就越能够以积极的态度对待外来文化，越能够在同外来文化的互动交流中得到丰富发展。"[5]

强调文化自觉、建立文化自信，其核心是要有文化反思的胸怀与气度。因为有了比较、反思与学习，才可能产生文化上的进步。正如费孝通所言："各美其美，美人之美，美美与共，天下大同。"[1]就是说，不仅要欣赏自己的美，还要"美人之美"，才能达到"美美与共"。在这里，反思意识就显得尤为重要。因为，没有对自己文化的反思，就不会有接纳其他文化的广阔胸怀。反思的勇气正是建立在自觉与自信的基础之上的。今天在改革开放的新形势下，我们更应该正确面对不同国家的文化，正如十七届六中全会报告所指出的"积极吸收借鉴国外优秀文化成果。坚持以我为主、为我所用，学习借鉴一切有利于加强我国社会主义文化建设的有益经验、一切有利于丰富我国人民文化生活的积极成果、一切有利于发展我国文化事业和文化产业的经营管理理念和机制。"[1]我们只有自觉地、有选择地吸取先进文化的精华，中华文化才能永不衰退，永葆青春。

（3）深化文化体制改革，加快文化产业发展，是加强文化自觉与自信的机制保障。

早在2002年党的十六大召开时，就确定了我国改革发展的新战略，明确提出"积极发展文化事业和文化产业"，"深化文化体制改革"。此后关于文化体制改革的脚步就一直没有停息。尤其是2011年党的十七届六中全会的召开，更是把文化体制改革提高到国家战略层面的意义。全会通过的两个文件都与文化及文化体制有关，一个是《中共中央关于深化文化体制改革的决定》，一个是《中共中央关于推动社会主义文化大发展大繁荣若干重大问题的决定》。可以说这两个文件从国家层面，从制度层面将有力地推动中国文化朝着更加繁荣的目标发展，也为我们自觉发展文化事业，为积极主动进行文化体制的改革做了制度上的保障。

关于文化体制改革的内容，《中共中央关于深化文化体制改革的决定》里谈了9点，而其中涉及具体的体制、机制问题的，主要是第7点——"进一步深化改革开放，加快构建有利于文化繁荣发展的体制机制"，共列出了六项内容：①深化国有文化单位改革；②健全现代文化市场体系；③创新文化管理体制；④完善政策保障机制；⑤推动中华文化走向世界；⑥积极吸收借鉴国外优秀文化成果。

　　要实现上述目标，从文化自觉与自信的角度讲，首先应该对文化体制的改革有清醒的认识，以积极主动的精神投入到文化体制改革的浪潮中。其次就是要抓住机遇，以六中全会为动力，推动文化大发展。再次，积极推动文化创新，以高度的文化自觉和自信深化文化体制改革。

　　改革开放 30 年来，我们已从一个发展起来的经济强国，开始向文化强国迈进，让我们以高度的文化自觉和文化自信精神，积极投身于文化改革和发展的大潮中，坚定不移地弘扬中国优秀文化传统，为建设和发展社会主义先进文化做出更大的贡献。

## 参考文献

[1] 费孝通. 反思 对话 文化自觉 [J]. 北京大学学报（哲学社会科学版），1997（3）.

[2] 罗素. 中国问题 [M]. 北京：学林出版社.

[3] 杨生平. 只有充分客观文化自觉，才能真正文化自信、文化自强 [EB/OL]. http：//www. people. com. cn/，2011-11-17.

[4] 罗素. 中西文明比较 [M]. 罗素自选文集. 北京：商务印书馆，2006.

[5] 云杉. 文化自觉 文化自信 文化自强 [J]. 红旗文稿，2010（15）.

# 行政管理专业毕业论文写作方法论初探

杨成虎

（北京信息科技大学人文社科系　公共管理教学部）

**摘　要**　以个案调查为基本手段、以"现状→问题→对策"三部曲来组织材料，已成为目前行政管理专业毕业论文写作的通例，无论是指导教师还是论文的撰写者都对此习以为常、心安理得，而对这一通例背后所隐藏的方法论问题却熟视无睹、习焉不察。事实上，"通则化难题"始终像一团乌云永久地盘旋于每一个案研究之上，而寻求"创新性对策"为枈归的做法在真实世界中可能并不具有可行性和可操作性，自然无法避免被束之高阁、无人问津的命运。只有明确个案调查的目的，将论文定位为帮助行政管理实践者理解身处其中的现实，才有可能真正提升行政管理专业毕业论文的品质。

**关键词**　毕业论文　行政管理专业　个案研究　通则化　解释　解读

## 一、问题的提出

对于任何一名行政管理专业的大学生而言，掌握如何进行初步的研究以及如何进行专业写作，都是顺利获取学士学位的必要能力。然而，绝大多数学生在大学四年中几乎没有独立撰写过较为严格的学术论文，也不知道如何进行研究性思考，并将结果清楚地用文字表述出来，因此，毕业论文的撰写和修改对他们而言几乎就是一种折磨。此外，撰写毕业论文与学生考研、考证、实习、求职等在时间上的冲突决定了用传统方法，即通过阅读大量的相关文献揣摩论文写作的语言和技巧，变得不具有可行性，因而需要教师提供指导，这些指导通常包括：提供论文选题（当然也允许和鼓励学生自己选题）、开题答辩、定期的论文写作指导、回答学生的疑问、初稿和二稿的修改等。考虑到学生的就业压力、知识储备以及资料和数据的可获得性，指导教师通常也会提供一些对理论水平要求较低同时能够理论联系实际的个案调查类题目，比如"某某村新型农村合作医疗的现状、问题与对策"、"居民对社区公共服务满意度的调查分析——以某某社区为例"。多数情况下，如果学生能够按照要求认真地进行社会调查，并按照指导教师的要求撰写论文，定稿的结构一般表现为"现状→问题→对策"三个部分，鲜有例外。很多指导教师甚至强调，论文的重点在于构建对策，在他们看来，如果一篇论文没有针对问题提出相应的对策和建议，"那论文的创新之处何在？"因此，所提对策和建议是否具体可行并具有一定的可操作性，成为研判毕业论文质量的一个最重要的指标。

毕业论文指导和写作的上述流程和惯常做法是如此自然，以至于大家都习以为常并心安理得，而对论文指导和写作通例背后的方法论问题却熟视无睹、习焉不察。事实上，即使我们假定学生所做的都是标准的"个案（案例）研究"（case study research），且每篇论文都能够针对调查出来的问题提出相应的对策和建议，我们仍然无法回避以下两个根本性诘问：个案研究的目的究竟是什么？凭什么说论文所提对策和建议不是堂吉诃德式的？

## 二、个案研究：解读还是通则化

行政管理专业的教师和学生对个案研究应当并不陌生，因为多数高校都开设有"行政（公共）管理案例分析"这门课程，授课教师通常会对个案研究的概念、特征、类型、实施程序和研究策略等基本问题进行概论式介绍，美国著名案例研究专家——罗伯特·殷（Robert K. Yin）的理论则是介绍的重点[1]、[2]。不过，作为教学方法的个案研究与作为研究方法的个案研究并不完全相同[3]，前者是教师将自己掌握和理解的知识体系传授给学生的一种方法，其材料是经过精心处理的，以便更有效地突出其有用之处，不必过多地考虑研究过程的严谨性以及忠实的数据呈现；后者是研究者使用的一种研究方法，是治学活动中探索未知世界、创造新知识体系的一种工具。

在社会科学研究领域，个案研究与统计法和实验法（准实验法）并称为三种基本的研究方法，也是行政管理学（公共管理学、公共行政学）学位论文和学术研究论文普遍采取的一种定性的或质化的研究方法。然而，个案研究也常常遭受到各种质疑和批评，比如概念建构（construct）的有效性问题、内部效度问题、结论的可靠性问题、不具有预测功能等。在这些批评和质疑中，最致命的攻击大概要算"通则性难题"或曰"外部效度难题"，即从单一的个案无法推导出普遍化的通则（generalizability）来，亦即个案研究缺乏科学归纳的基础故而不易得出具有普遍意义的结论，有学者甚至断言"通则性难题"就像一团乌云永久地盘旋于每一个案研究之上。

面对这样一个持久困扰个案研究的方法论难题，西方学术界形成了三种有代表性的看法[4](1~21)：第一种看法认为，个案研究根本不需要考虑通则性问题，因为个案研究关注的是个案本身的独特性、情境性和复杂性。斯特克（Stake）认为，个案研究在性质上既非抽样研究，亦非一般化研究（提炼通则），而是一种特定化研究，即"对单一案例的特定性和复杂性的研究，并理解在重要的案例情境下其自身的活动"。因此，个案研究的主要目的不是为了理解其他案例，而是为了理解所研究的案例本身。西蒙斯（Simons）认为，个案研究是以多种视角深度探索真实生活情境中特定项目、政策、制度、方案或系统的复杂性和独特性。它以研究为基础，可采用多种方法并以证据为导向。个案研究的首要目的是通过深度理解某个具体的论题（如论文的论题）、方案、政策、制度或系统以生成知识并/或指导政策制定、专业实践及公民或社区活动。第二种看法认为，个案研究者的任务是通过对案例情境和结果的详细描述，特别是通过叙事、故事、事件发生的先后顺序及个性化描述等方式展示案例，使读者能够产生身临其境的感受，而读者通过对案例的反思及与自身所处情境和自身体验的比较来判断个案研究结果的通则性。因此，个案研究结论的通则化主要是读者而非研究者的任务。第三种看法认为，通则化是个案研究者必须正视的一个重要问题，研究者应通过案例选择等研究设计上的周详考虑来拓展研究结论的通则化。

实际上，上述前两种看法的依据是社会科学研究中的解读传统（interpretation tradition），第三种看法的依据则是解释传统（explanation tradition）。解读传统的目的不在于寻找事物内在的逻辑联系，而在于通过"全景式解读"，即通过讲述一个故事或者对故事背景进行注解，理解和厘清特定人类活动在特定文化条件下的内在意义；解释传统的目的在于寻找具体事物或事件的内在机制以及与之相应的因果联系（普遍化通则）。由于解释的起点是将"部分"从"整体"中割裂开来进行分析，因而是非自然的；相形之下，解读传统更贴近人们对事物的自然认知方法。解读传统受到的批评主要是，从个案研究中得出的结论无法证实或证伪，所谓"全景式解读"也不过是罗列了一堆在作者的道德观指导下的经过筛选的故事而已；解释传统受到的诘难是，运用自然科学方法来研究人类社会是荒谬的，因为自然科学描述的是没有主体意识的事物，社会科学研究的是人类社会，社会现象的意义是由参与社会活动的人赋予的，其意义只能通过解读来理解，而不能通过解释来知会[5](6-17)。

我们很难说这两种传统孰优孰劣，究竟采取哪一种方法可能更多地取决于研究的议题、作者的学术素养与知识积累以及研究的意趣和目标等因素。由于解读方法和解释方法各有其优长和不足，人们自然会想到，"理论指导下的解读"应当是一种行之有效的办法[6](107-112)。然而这种方法也并非没有问题，最受诟病的大概是，由于在解读之前就已存在一个理论预设或框架，解读结论不过是对预设观念或"先入之见"的论证，解读过程自然不可避免地陷入削足适履的困境。

既然方法的选择主要取决于我们的研究目标，既然根本不存在一种完美无缺的研究方法，那么教师在指导学生从事个案研究时首先必须明确研究的目标。也就是说，我们进行个案研究的目标是产生新的理论（也就是罗伯特·殷所说的"探索性研究"，但这对大学生而言几乎没有可能），还是复证（replication）已有的理论，抑或仅描述个案本身？如果目标是复证已有的理论，那么在研究开始之前应当将理论本身描述清楚，包括该理论是怎样提出来的，针对的是哪一类现象或问题，后来者对原生态的理论做了哪些修正或发展，理论的解释能力如何等，然后才能通过个案对理论本身进行证实或证伪；如果目标是描述个案本身（的独特性），那么就必须对选择该个案的理由做出充足和自洽的说明❶，对该个案进行描述应当是真实的、全面的和系统的，包括个案产生的背景、发展和演变的主要过程，其间应当有时间、地点、人物三大要素，最好还要在附录中有完整的图示和数据，使读者在阅读

---

❶　许多人凭直觉认为，个案的选择必须具有代表性，这其实是一种误解。在经验性社会研究中，"代表性"是指样本能够代表研究对象的全部特征，样本的代表性来自科学的随机抽样，只要样本是随机产生的，我们从样本本身获得的结论就足以"套用"到整个研究对象上，这种可靠性是由数学的统计原理来保障的。然而在个案研究中，根本就不存在抽样框并因而不存在抽样的问题，何来"代表性"问题？此外，要求个案的选择具有典型性似乎有一定的道理，但其实并没有什么科学依据，因为是否"典型"更多地取决于判断者的经验，正如直觉可能欺骗我们，经验也可能会捉弄人。

完案例后，起码能够掌握所述事件的基本事实以及充分的数据和资料，从而为展开进一步的研究、分析和讨论奠定基础。

## 三、对策研究还是经验解读

如前所述，在行政管理专业毕业论文中充斥着大量的对策研究。这不奇怪，无论是作为一门学科的行政管理还是作为一个专业的行政管理都非常强调自己的应用特色，并试图以此将自己与其他学科和专业区别开来，而这种应用性体现在它在多大程度上能够帮助公共部门改进其管理实践。这种潜意识的影响是如此之大，以至于它在很大程度上已左右了我们思考问题的方式和方向。比如，一篇论文如果没有发现问题或者针对问题提出相应的对策和建议，那很有可能被认为是"缺乏问题意识"或"理论没有联系实际"，从而不具有实践价值；而一篇论文如果缺乏创新性的对策和建议，通常也会被扣上"研究不够深入"的帽子。

令人欣喜的是，近年来已有一些学者意识到公共行政学所面临的"身份危机"，并对其中的原因进行了较为系统的反思。刘亚平认为，公共行政学无力反映或指导行政实践并不完全是其方法论基础出现了问题，而很可能是我们错误地界定了行政管理学领域知识的用途。在她看来，对策和建议应当建立在对现实有了正确认识和把握的基础之上。遗憾的是，研究者在了解行政管理的"真实世界"方面并不比实践者拥有更多的优势；即使研究者怀着良好意图进行了深入的调查研究，并在此基础上提出了相应的对策和建议，也很难说其具有多少现实可行性，反倒容易成为政客们"转嫁责任的替罪羊"[7]，因为现代民主政治的逻辑是"将收益集中在组织良好、信息完备、获取最多利益的少数人手中，而将成本分散到没有组织、信息缺乏、得不到什么利益的个人身上"，这种"集中收益、分散成本"[8](285-286)的政治原理决定了好的对策和建议未必符合行政管理实践者的认知取向和利益。

尽管上述学者关心的问题与我们有所不同，但对我们讨论当下的问题还是有着相当重要的启发价值。第一，任何对策和建议都必然是特殊主义取向的，它只适用于特定的情境，这是行政管理学中的权变理论的核心所在。如果该理论可以成立的话，那就意味着学生毕业论文中所提对策与建议绝不能泛泛而谈，而只能针对特定的调查对象且最好是针对特定的个案，但这样一来，似乎又与前述的解读方法相矛盾，因为解读强调的是"述而不作"；如果论文的目标是"复证已有的理论"，对策和建议似乎又是不必要的。第二，任何对策和建议都是针对特定问题的，而对问题的把握无疑不能脱离其赖以产生的环境，同时又有赖于研究者的知识积淀和洞察力，甚至悟性和灵感。在校大学生是否掌握了解读事物或现象的方法，是否有能力在解读中产生问题意识，是否有能力提出解决问题的有效对策，是大可怀疑的。因此，对学生而言，一个便捷的办法是将从其他地方获得的所谓对策和建议生搬硬套到自己的研究对象上来。果真如此，这些建议和对策如果不是堂吉诃德式的，那又是什么？第三，指导教师在通常情况下并不与学生一道从事调查，而主要发挥指导和督促的作用。既然指导教师不可能身临其境，他对学生论文中所提的问题及其对策自然不具有评判的权威性，但在论文指导乃至论文答辩实践中，评判权却只能赋予教师，这其实非常类似于中国司法实践中饱受诟病的"审者不判、判者不审"的现象，评判的权威性理所当然地大打折扣。第四，即使这些对策和建议无论在学生还是在教师看来都具有可操作性和可行性，在行政管理的现实世界中是否真的可行，仍然是值得怀疑的，特别是当论文答辩队伍中有来自行政管理实践者时。因此，我们有理由怀疑以"现状→问题→对策"三部曲来组织材料的合理性。

如果上述质疑能够站得住脚的话，那就意味着我们必须转换思维方式，将理论与实践关联的方式由目前侧重于构建对策和建议转向解释。尽管社会科学研究的最高理想是"改造世界"（卡尔·马克思语），但这只有在研究者同时是柏拉图笔下的"哲学王"时才有可能，否则，行政管理学论文写作的使命就只能是具有"解释"性质的解读。也就是说，学生通过调查研究并在此基础上形成的毕业论文，其目的不在于为实践者提供对策和建议（况且毕业论文根本就不是针对行政管理实践者面对的真实问题而言的），而是用"我们"的眼光对特定事物或现象进行解读，尽管这种解读与"他者"的解读可能完全不同。"横看成岭侧成峰，远近高低各不同"，所有的"现实"都是社会构建的，如果研究者能够发现行政管理实践者不曾发现或不曾注意到的"现实"，从而为他们打开思路、提供一个"不同的窗口"（尼采语），论文的价值就可能得以彰显。

## 四、结论和讨论

四年一次的毕业论文写作无论是对教师还是对学生而言都是一件令人头痛的事情：学生缺乏调查和写作的积极性，因为他不曾从其中获得发现的乐趣；教师抱怨花费了很大力气，结果却是"不尽如人意"，一些教师甚至慨叹"一届不如一届"。形成这种现象的原因无疑是多方面的，仅仅从体制、制度等方面进行检讨是不够的。如果我们能够从方法论的角度来看待这一问题，特别是打破以往形成的惯习，对论文写作目标重新进行定位，允许学生对自己熟悉的事物或现象进行较为纯粹的"解读"，指导教师和学生也许都能够从毕业论文写作的重负中解脱出来，而论文的品质也可能会得以提升。

如果这种转换是必要的，那么能否完成这种转换就更多地取决于我们看待知识生产的方式。如果视自然科学方法或准自然科学方法为社会科学研究的圭臬，视实证主义方法为唯一的、标准的知识生产范式，那么解读传统不是被斥为非科学的，就是被说成是犯了盲目的经验主义的错误。如果我们承认人类认识世界的方式是多元的，那么解读方法就仍有其存在的合法性和合理性。在此意义上说，脱离"实际"的纯知识追求未必不是走出行政管理专业毕业论文写作困境的一条可能出路。

## 参考文献

[1]［美］罗伯特·殷. 案例研究. 设计与方法（第3版）［M］. 重庆：重庆大学出版社，2004.

[2]［美］罗伯特·殷. 案例研究：方法的应用（第2版）［M］. 重庆：重庆大学出版社，2004.

[3] H. Stein. Case Method and the Analysis of Public Administration ［M］//H. Stein（ed）. Public Administration and Policy Development. NY：Harcourt Brace Jovanovich，1952.

[4] 张建民，何宾. 案例研究概推性的理论逻辑与评价体系——基于公共管理案例研究样本论文的实证分析［J］. 公共管理学报，2011（1）.

［5］赵鼎新. 社会与政治运动讲义［M］. 北京：社会科学文献出版社，2006.

［6］孙海法，刘运国，方琳. 案例研究的方法论［J］. 科研管理，2004（2）.

［7］马骏，张成福，何艳玲. 反思中国公共行政学：危机与重建［M］. 北京：中央编译出版社，2009.

［8］［美］保罗·海恩等. 经济学的思维方式［M］. 北京：世界图书出版公司，2008.

# 关于《行政法与行政诉讼法》课程考核方式的思考

伊 强

(北京信息科技大学人文社科系 公共管理教研部)

**摘 要** 行政法与行政诉讼法是我校行政管理专业的基础课,其教学效果对该专业的人才培养目标实现状况有着重要影响。而考核方式是否科学,是保障和检验教学效果的重要手段。本文结合该课程在教学过程中的要求和特点,探讨如何完善传统的终结性考核方式,重视形成性考核方法的尝试和应用,合理发挥形成性考核方式在该课程教育教学中的指导性作用。

**关键词** 高等教育 行政法与行政诉讼法 形成性考核

自从 1999 年我校行政管理本科专业招生以来,笔者就一直《担任行政法与行政诉讼法》课程的教学工作。在十余年的教育教学过程中,始终都会有一个问题萦绕在心头,那就是如何更有效地实现该课程的教育教学效果。众所周知,制约教学效果的因素是多元的,其中考核方式是关键因素之一。在本文中笔者结合教学实践的体会,探讨怎样合理地组合、应用形成性考核与终结性考核方式。

## 一、终结性考核方式的使用及其存在的问题

所谓终结性考核方式,就是主要凭借期末一次性考试的形式和内容来决定学生的学科学习成绩。这是一种非常传统的考核方式,至今在绝大部分课程考核中仍然扮演主要角色。就《行政法与行政诉讼法》这门课程而言,按照学校的统一规定,终结性考核成绩仍然占到课程结业总成绩的 80%。人们常用"高分低能"、"死记硬背"等词汇来形容终结性考核方式,然而其合理

性倒是更值得我们挖掘和思考。

首先，在教学过程中明确考核要求。《行政法与行政诉讼法》是一门应用性很强的学科，学习该课程必须贯彻与坚持理论联系实际的原则。要求学生了解并掌握认识和处理行政法律关系最必需的学科基础知识、基本理论和基本技能，借以提高分析问题、解决问题的能力。因此，该课程的考试既重视知识、理论的考核，又重视应用能力的考核。在平时教学与考核辅导中把考核划分为三个认知能力层次，即从了解、理解、掌握三个层次进行命题。了解是指学习本课程后，对于基本知识、基本概念必须有透彻的了解，并且能够准确地表述。理解是要求达到的水平在了解的基础上，系统、全面地把握本课程的基本理论，能对有关问题进行正确的阐释。掌握则是指能够掌握分析问题的技能，能够运用学到的基本知识、基本理论分析和解决有关的理论问题和实际问题。在《行政法与行政诉讼法》的教学过程中，对每一章节在讲授结束时向学生阐明该部分的不同层次考核要求。

其次，结合课程自身特点科学组卷。《行政法与行政诉讼法》课程的基本概念、基本理论较多，为让学生真正掌握这些内容必须给学生足够的压力，因此本课程一直采用闭卷方式考试。在课程的考试命题中严格掌握该课程教学大纲规定的教学要求和教学内容，争取考试命题覆盖各章，既要全面又要重点突出。试卷要反映认知能力各个层次的题目，也要考查简单应用能力。简单应用能力是指在理解的基础上，能够利用基本概念、基本理论分析和解决有关的理论问题和实际问题。

在《行政法与行政诉讼法》的每一份期末试卷中，各层次题目所占分数比例大体是：了解占 20%；理解占 30%；简单应用占 30%；掌握占 20%。试卷题目难易程度的安排分为四个等级，即容易、一般、较难、难。在一份试卷中四个等级所占的分数比例大体是：容易占 20%；一般占 30%；较难占 30%；难占 20%。试题认知能力层次和难易程度是两个不同概念，在各个认知能力层次中都可以含有难易程度不同的题目。在命题过程中二者兼顾，统筹安排。每次考试试卷的难易程度基本一致。

另外在命制每一份试卷中，还必须保证各个试题彼此独立，某试题不可替其他试题作答或暗示其他题答案线索。在试题类型及结构上至少选择五种类型的试题，几年来基本采用选择题、名词解释、简答题、论述题、案例分析题等题型。力争通过丰富考试题型，塑造学生不同的思考问题的维度。

与此同时，我们也不得不承认，这种以终结性考核方式为主的评价方式的确存在严重的弊端。一些同学通过突出重点内容、死记硬背等方法来对付学习和考核，漠视学习过程中的各种练习和训练，这不利于学生综合素质、综合能力的培养和提高，从而不利于激发学生的积极性；同时，也不利于平时学习与日常教学的管理。正因为如此，近几年关于形成性考核方式的呼唤和探讨成为热门话题，在《行政法与行政诉讼法》课程的教学过程中也思考如何把过程考核融入具体的教学环节之中。

## 二、形成性考核的实践与效果分析

形成性考核是指依据一定的标准，按照一定的程序和方法，定期或不定期对学生学习过程的状况进行考核和评价。课程形成性考核是教育、教学过程中加强平时教学管理、确保教学质量的重要环节。教育的实质在于对学生的正确引导与各种能力的培养，最终获得一定的知识技能和发展能力。

《行政法与行政诉讼法》课程的教学要求是，学生应当掌握我国行政法学与行政诉讼法学的基本理论和基本知识，掌握我国行政法与行政诉讼法规范的基本精神和各种具体制度与规则的主要内容，学会运用行政法与行政诉讼法学科的理论并根据行政实体法、行政程序法及行政诉讼法的规定，分析和解决实际问题。通过形成性考核的运用，考查学生在课程学习期间的学习表现，对学习过程及效果进行全面测评，记录学生阶段性学习成果。它关注学生在整个行政法学习过程中的综合表现，促使学生关注学习总体目标，积极参与学习过程，从而对学生自觉学习、提高综合素质及能力起到主导作用。就《行政法与行政诉讼法》这门课程而言，主要通过以下方法来实现：

（1）课堂提问。好的课堂提问能燃起学生的思维火花，激发学生说话的兴趣，调动学生思维的积极性，使学生畅所欲言，言而不尽，言而有意。反之，学生或者启而不发，或者言不达意。提问是课堂教学机智的一种表现，课堂提问要讲求技巧，做到知识性与趣味性相结合，可以采用多变式提问方法，或正反事例做比较，引导学生发现问题，还可以采取问题教学法，把学生置身于问题情境中，让学生自主探索，发现问题。例如问学生，你身边哪些人是公务员？学生们的思维马上就加速运转，使之对该问题的学习变得特别深入。

（2）课堂讨论。课堂讨论是教学的一种有效方式，是一种多项信息交流的活动。行政法内容涉及政府管理的方方面面，一般是选择那些现实性强、易于激发学生兴趣的主题来作为讨论题目。多采用诱导式来进行，即在教师的引导或参与下，学生以集体议论的形式，围绕选定的中心论题，各抒己见，互相启发，通过信息的多项交流巩固和获取知识。

（3）方案设计。方案设计是指针对行政执法的相关内容，结合现实社会中的复杂问题，拟定具体的行政管理方案，它考量到学生的知识水平、经验、灵感和想象力等。方案设计包括要素分析、功能评估、原理选择等过程。该项考核主要是要求学生从实际出发，确定具体的执法行为与方案，并对之进行评价和优化，从而促使学生理论联系实际，巩固和掌握所学的知识。

（4）文书撰写。在《行政法与行政诉讼法》这门课程中，涉及许多法律文书。尽管这些文书不是课程的教学内容，但是如果不让学生掌握这些法律文书的书写，就很难真正消化和掌握这些理论知识。因此，在授课的过程中布置学生去练习相关的文书写作，既锻炼、提高了学生的文笔能力，同时也达到了考核的目的。

（5）案例分析。解答好案例分析，知识是基础。通过案例分析的练习，让学生分析、掌握该案例分析题所涉及的知识点。《行政法与行政诉讼法》这门课程涉及的案例众多，通过安排学生分析研读案例，考查学生对于所学法律制度的掌握状况，也能够实现"议案学法"，培养学生"举一反三"的能力，从而使每一堂课的教学内容落到实处，提高教学效果。另一方面，可以有效地补充课堂教学和教材的不足，及时掌握学生的学习状态和学习效果，激发学生学习的积极性和自主性，达到情趣促学的目的。

应当说，每一个学生的生活环境、心理特征、兴趣爱好、知识基础等各个方面的个体差异是广泛存在的，这使得每一个学生的基本特点、接受能力和发展潜力各不相同。就《行政法与行政诉讼法》这门课程而言，通过上面的形成性考核方法有助于正确地评价每个学生的学习效果及能力水平，充分发挥学生学习的主动性、积极性，促使学生将所学知识与技能进行及时测试以便及时消化，通过对考核情况的分析也能及时调整教师的教学内容和方式。

尽管形成性考核能够抓住过程来考查学生的学习情况和阶段性学习效果，

充分挖掘学生的潜能，是一个越来越受重视的考核与评估方式。但是真正发挥它的价值，还有以下几个方面问题值得我们在实践过程中思考。

首先，必须针对课程特点加强对形成性考核内容的设计。形成性考核的内容应该与课程教学任务、教学目标相匹配，紧扣课程标准的要求。形成性考核的出发点与归宿就是对学习过程的质量控制，其考核方式与方法的选择与实施应有利于学生进入自主学习状态，使学生便于将所学内容融会贯通，取得良好的学习效果。这就要求任课教师在全面、系统地驾驭教学内容的基础上，钻研不同章节与内容的特点，寻找适合该章节内容的考核方法，既要考虑学生的状况，又要做到切实可行。

其次，要增强对课程的使命感和责任感，将形成性考核落到实处。由于形成性考核方式具有开放性和灵活性特点，设计形成性考核内容以及考核的实施是一个难点。教师的责任感是保障考核方式落到实处的关键，教师的职责不仅是课堂上讲好课程，更重要的是从实践的角度多维度思考，能够根据学生学习的具体情况帮助他们设计课程学习计划与目标，认真评定形成性考核成绩，强调过程的真实性与结果的可靠性。尤其在当下学风浮躁、信息泛滥的社会背景下，某些形成性考核的结果评估是复杂和困难的。如果教师责任意识不高，形成性考核就会流于形式了。

另外，也要加强对形成性考核工作的管理。任何一项工作都是一样，没有有效的管理就难以产生好的效果。形成性考核是加强平时教学管理、确保教学质量的一项重要措施，而考核成绩的评定就是实现这一目的的有力手段之一。所以，教师要加强对形成性考核工作的管理，不仅要及时提供并修订形成性考核成绩的管理细则和考核办法，还要对形成性考核过程进行检查、指导和监督。比如部署学生开展社会调查，要想有效地保证学生真正去调查，就必须在评估标准中体现出相关的考量要素（如原始记录、录音、问卷、相片等），而不仅仅是看一份调查报告。也就是说，切忌把形成性考核在实践中异化为"终结性考核"。

应当说，每一个教师在教育教学过程中都会认真思考"考核方式"这一命题，而考核方式改革恰恰又是教学改革的关键所在。质量是教育教学的灵魂与生命，合理的考核方式的选择制约着教育教学质量的实现程度。终结性考核方式与形成性考核方式并无优劣之分，更不是"一山容不得二虎"，只要我们在教育教学实践中认真钻研课程规律，恰当地结合与使用这两种考核方式，就能够助推我们的教育教学质量的提高。

## 参考文献

［1］陈京丽. 高职英语教学考核评价方式探讨与实践［J］. 北京工业职业技术学院学报，2011（3）.

［2］郑颖楠. 关于实践教学方式与考核方法探讨［J］. 教学研究，2002（1）.

［3］黄霞. 大学语文课程考核方式改革研究［J］. 内蒙古大学学报，2009（2）.

# 法律课堂教学中理论联系实际教学法浅析

庞淑萍

（北京信息科技大学政治理论教育学院）

## 一、法学课堂教学的目的和难点

（1）法学课堂教学的目的。

法律，即人类在社会层次的规则，是社会上人与人之间关系的规范，以正义为其存在的基础，以国家的强制力为其实施的手段。法一般限于宪法、法律。法属于上层建筑范畴，决定于经济基础，并为经济基础服务。法的目的在于维护有利于统治阶级的社会关系和社会秩序，是统治阶级实现其统治的一项重要工具。但实际上，法律是与生活息息相关的，作为非法律专业的学生要把法律学好，除了认真研习法律条文外，更重要的是在学习过程中，教师能够在把握法律正确含义的基础上，强调法律的理论联系社会实际，帮助学生很好地去理解。所以，法律课堂教学中，教师不仅变化课堂上讲授法律的理论体系，解释各种法律条文的含义，更重要的是要培养学生理论联系实际、举一反三的能力。

综合来说，法学课堂教学既要通过讲授法学内容、法律规则及相关术语，又要教学生学习利用法律的技能，即如何找出相关法律规则，将其应用于实际，解决法律问题。具体来说法律课堂教学达到以下目标：通过法学课堂学习，使学生了解法律术语、规则、原则和概念等。这是进一步培养学生分析和综合能力的基础；通过课堂教学帮助学生加深对所学法学知识的理解，拓展其比较和对照法律概念、观点和原则的能力，培养其确定法律问题的能力；在课堂上训练学生运用已学的法律规则来解决法律问题的能力；帮助学生理解和分析法律推理方式，使其明白不同的法律规则或原则之间彼此联系、共同作用道理；培养学生对法律进行批判性的评价，分析法律原则和程序的实用性、有效性及其社会影响的能力。

（2）法学课题教学的难点。

①法学具有高度的概括性，具有较强的理论性。

法律法规，指我国现行有效的法律、行政法规、司法解释、地方性法规、地方性规章、部门规章及其他规范性文件以及对于该类法律法规的不时修改和补充。广义来说法律泛指上述规范性文件，狭义的理解仅指全国人大及其常委会制定的规范性文件。法是由国家制定或认可的、体现国家意志的、以权利和义务为主要内容的、由国家以其强制力保证实施的社会行为规范。既体现不同的价值观，也体现不同的认识论，并随着社会的发展而发展。虽然我国初步形成了具有中国特色的社会主义法律体系，但法律的实效不尽如人意。因为法律规范的四个构成要素——适用主体、适用条件、行为和行为后果中，规定在什么条件下能做什么和不能做什么，可以做什么和不可以做什么，也规定了从事法律准许或禁止的行为的后果。但由于不同的法律规范调整的社会关系存在差异，法律、行政法规、地方性法规等各自有不同的调整范围，相互之间不能错位。而法律以条文形式来规范，但并不是每个条文都是完整的规范，而且存在四个要素可以分别规定在多个法律条文中，甚至规定在不同的法律之中。这给初学者在掌握和理解上造成极大的困难。有的在法律规范的条件，行为和后果笼统规定为"由有关法律规定"，若法律规范是残缺的并且尚未制定，则会使学生学习陷入极大困惑当中，在掌握和理解上造成极大的困难。总体来说，法学是相对比较抽象、枯燥和难以记忆的，课堂教学方法不当很容易造成学生的厌烦情绪，从而影响学生的学习。

②法律涉及的实际问题的复杂性。

改革开放以来，我国社会经济的快速发展，国家在复兴的同时社会也发生了巨大变迁，而且变迁的规模大、速度快、波及面广，具有很深的影响，并带来众多的社会问题。如经济发展与社会发展不相协调，社会资源和机会分配不够公平，消极腐败现象仍在滋生蔓延。于是，出现了许多新的社会矛盾，如土地征收问题、房屋拆迁问题、劳资冲突和医患纠纷事件频发，城乡之间的矛盾和贫富差距矛盾越来越严重，还有黄赌毒以及互联网风险等问题。

这些社会问题频现，但人们仍然习惯于用道德、精神调节一切的思维和解决方式，而对运用法律的调节功能方面还很不够。甚至社会上的法律工作人员在实际工作中也出错，如山东省人大代表潘耀民委员三次议案要求降低"馒头税"一事，济南市国家税务局曾以济国税函〔2007〕89 号、〔2009〕61号、〔2010〕25 号文件进行了答复。2011 年年初山东省国家税务局又当面听取了潘耀民委员的意见，并针对社会公众和广大网友普遍关心的"馒头税"问题作出解释，但是那个解释明显存在错误的说法，山东国税局从四个方面做出解释，但是最为重要的第三点的解释有两个致命的错误，颠覆了增值税的本质。所以，连山东国税局这个专业的国家税务机关对税种都不能做出正确的解释，当学生面对这样的社会矛盾和问题时，只能感到社会问题更加复杂。

③传统文化与社会现实的习惯阻力。

与法律类似，道德也是对人行为的一种规范。但道德是合于天理的行为规范，是一种社会意识形态，是人们共同生活及其行为的准则和规范。道德行为规范是人们用善与恶、光荣与耻辱、正当与不正当等标准来评价行为的观念，依靠社会舆论和内心的信念来维持。对学生学习法律来说，弄清哪些行为属于道德调整范畴，哪些行为属于法律调整范畴非常重要。而且容易使学生混淆的是，往往在某些行为方面，法律和道德互相渗透，法律中也会包含一些道德要求，因此更加使初学者失去标准。当前一些网站上披露的社会反映强烈的事件，要求立法的事情恰好不属于法律调整范围。而认为是道德方面的事件，却是法律规范的范畴之中。这样的例子很多。

讲公司法的时候，必然要讲到公司是一个独立的民事主体，具有法人资格，股东以其认缴的出资额为限对公司承担责任，公司对债权人负责。言外之意，股东不对公司的债权人承担责任，除非公司的法人人格被否认。讲课的时候学生似乎很明白，可一旦涉及具体的案例，涉及股东、公司、债权人等众多法律主体的时候，学生就分不清楚公司、股东与公司债权人等主体之间相互的法律关系，当公司负债且不能清偿到期债务而公司股东已经实际交付出资额并无不正当行为的时候，债权人要求该公司的股东清偿债务，很多同学居然表示支持。实际上公司的债公司还，跟股东无关，这是公司作为独立法人的基本。笔者突然醒悟到，其实原本看似很简单的"独立"一词，并非所有的学生都很清楚。其原因之一就是大学生走入大学的时候恰好是 18 岁，是法律上规定的完全行为能力的界限，自己能做主了，没有法定监护人了，但是大学生果真独立了吗？我们的大学生鲜有经济上能独立的，绝大部分的家长不仅在大学期间负担大学生的学费和生活费，甚至出现了很多成年的"啃老族"。正是大学生在大学期间这种法律独立而经济不独立的尴尬状态，导致他们对"独立"一词理解得不透彻，也导致他们在理解股东和公司彼此之间是独立的民事主体出现了偏差。

## 二、目前法学课堂教学方法存在的问题

（1）教学方式比较单一。

课堂教学是教师、学生、知识和手段等基本要素的有机结合，在实际教学过程中就形成了各不相同的教学方法。法律具有一体两面特性，即理论性与实践性。相应地，法学课堂教学也应该具有理论教育和实践操作性。然而，我国法律课程的开设主要以部门法学或已经颁布的主要法律为题材，而没有开设以培养学生实际能力为目的的课程，传授知识和训练能力无法并重。教师在课堂上主要是解释法律条文，论述法律课程的基本理论，使学生掌握系统的法律知识。我国现行的法学教育模式注重向学生传授必要的法学原理和基于现行规范的法律知识，忽视了对学生的实践能力和操作能力的培养。

（2）教学与社会实际脱节。

我国传统法学教育以及大陆法系重视理论体系和原理的影响，法律院系的课程设置历来以传授系统和科学的知识为目的，没有给学生实践的机会；法学教育的基本定位不够合理，起点较低，难以保障质量，并且与职业结合度较低，与社会需求有一定的距离。

在教学内容上缺乏对社会出现的法律问题和现象的涉及与分析，对实际操作能力和对社会的实际需求考虑较少，缺乏社会实践课程，不利于学生实际能力的培养，造成学生的法律实务水平普遍不高。如馒头税问题、个税起征点问题等，学生在应用所学的法律知识，分析和解决社会关注的法律问题方面，缺乏相应的锻炼，使学生感觉课堂学习无法获得相应的能力，使学生没有自信，并影响学生自身的学习动力。

## 三、法学课堂教学方法改革的思路

（1）提高法学理论实践能力与分析能力。

法学的理论教学和法学实践教学是法学教学的两个重要方面，如何对自己的课程设置和讲授内容及方法做一些改革或者新方法的尝试，帮助学生了解和理解法律原理、概念，进一步促进对法律的理解，使学生学会如何去学习和使用法律，而不是单纯地灌输某种既定的、凝固的知识。笔者采取课本理论教学与具体法律事件相结合的教学方法，引导学生去思考抽象的法学词语中的差异，准确理解相关词语的表达。如有关"增值税"的解释方面，在课堂教学中引入了山东省人大代表潘耀民委员三次议案要求降低"馒头税"事件，让学生利用所学的理论来解释其中的原理。其实所谓的"馒头税"实则为增值税。在我国，所有销售商品和提供劳务的企业都要依法缴纳流转税，销售或进口商品（销售房产和无形资产要缴纳营业税）的企业征增值税，提供劳务服务（加工、修理修配劳务要缴纳增值税）的企业依法缴纳营业税。济南市国家税务局曾利用三次文件进行了答复，2011 年年初山东省国家税务局又当面听取了潘耀民委员的意见，并针对社会公众和广大网友普遍关心的"馒头税"问题做出解释。但是那个解释明显存在错误的说法。山东国税局一共从四个方面做出解释，其中第一、第二、第四点都没有问题，但是最为重要的第三点的解释有两个致命的错误，颠覆了增值税的本质，如果山东国税局这个专业的国家税务机关对税种都不能做出正确的解释，我们的学生又情何以堪？山东省国税局解释里的第三点是关于消费者购买馒头承担增值税的计算问题。新闻报道中所称："购买一元钱的馒头就要缴纳两毛钱的税"，这种说法是不准确的。我国增值税纳税人分为小规模纳税人和一般纳税人。目前小规模纳税人按照 3% 的征收率计算应纳税额，一般纳税人按照适用税率计算应纳税额。由于增值税是价外税，应换算为不含税价之后再计算。对小规模纳税人来讲，消费者最终承担的增值税为 3%；对一般纳税人来讲，由于国家对初级农产品实行免税政策，同时生产企业可以按照 13% 抵扣，消费者最终承担的增值税为 4% 左右。这个解释有个致命的错误就是国税局的专业人员没有理解增值税是间接税，混淆了作为增值税实际负担者的消费者和作为增值税纳税人的企业的关系。间接税的最大特点是法律上的纳税人和经济上的纳税人不一致。企业是法律上的纳税人，而消费者是经济上的纳税人，是税负的实际负担者。严格来说，如果一个一般纳税人生产的馒头零售一元钱的话，消费者为此负担的增值税是 0.145 元 ［（1/1.17）×17%］。消费者是增值税的最终负担者，商品无论流转多少环节，产生多少增值额，最终经营者都会转嫁到消费者的身上。既作为法律上的纳税人的企业所缴纳的税款都来源于消费者。但是企业在具体缴纳税款的时候，各个经营环节的经营者根据本环节的增值额来确定税额，为了方便计算，采取销项税抵扣进项税的方式进行计算。解释上所说的对一般纳税人来讲，由于国家对初级农产品实行免税政策，同时生产企业可以按照 13% 抵扣，消费者最终承担的增值税为 4% 左右的说法是错误的，实际上最终承担 4% 左右的增值税的是企业，消费者负担的增值税依然是 17%，换句话说，消费者按 17% 的税率向企业支付了增值税，但是企业根据增值税法暂行条例的规定，尽管企业购进的初级农产品属于免税产品，但是国家还是允许企业对购进的初级农产品按 13% 的扣除率进行抵扣，只能说减轻了企业的纳税负担，而非减轻消费者的纳税负担。尽管笔者看到国税局出现如此不专业的解释甚感无奈，但是同学们根据学到的增值税的原理进行剖析之后对增值税的理解更深刻了。引入这种事件性教材，促进了学生对增值税对这一抽象法学理论的理解。

（2）关注社会法律问题，提高学生解决法律问题的能力。

法学课堂上让学生感到所学的法律知识能应用于社会，使自己能应对社会上出现的法律问题，可以很好地促进学生的课堂教学效率。现在信息渠道多样，网上的信息良莠不齐，甚至一些所谓的专家在一些专业问题上也是似是而非，有的人更是以讹传讹，还有的人为了吸引人的注意而对一些问题进行误导性的传播。学生在求学的过程中经常受到这样的纷扰，有时学生也会提出质疑，认为老师课堂上讲的和他在现实中感受到的不一样，常常陷于"是非不清"的状态。这就要求我们教师在授课的时候要引导学生对自己看到的、听到的观点进行有效的剖析，而不是人云亦云，用自己学到的知识对现实中的观点进行深入分析，做到去伪存真。

如近年来社会上的"个税起征点问题"，是关系到广大人民群众切身利益的法律实践，笔者在教学过程中，抓住机遇把这一社会上热议的社会问题的法律效应和法律问题介绍给学生，让学生通过网络了解社会上对"个税起征点问题"的认识状况。拿个人所得税起征点这一说法来看，原本就是一种错误的表达方式，但是这种错误的说法不仅来自民间，也来自专家、权威的报道，甚至一些税务工作者也如此说，这种以讹传讹的说法基本到了混淆视听的地步。在百度上对"个人所得税起征点"进行搜索能找到相关结果约2 640 000个，而对"个人所得税税前扣除额"搜索找到相关结果约261 000个，对"个人所得税免征额"找到相关结果约817 000个。事实上"个人所得税起征点"是错误的说法，正确的说法是"个人所得税税前扣除额"或者"个人所得税免征额"。按照税法的相关规定，起征点和免征额（税前扣除额）都是减免税的范畴，但是起征点主要用在流转税（增值税和营业税），针对经营规模比较小的个人在当期销售额没有达到当地规定的起征点的数额，则免征相应的流转税，当期销售额达到起征点，则按当期的全部销售额缴纳相应的流转税。免征额主要用在所得税，一般应纳税所得未超过税前扣除额（免征额）的不纳税，超过税前扣除额（免征额）仅仅就超过的部分缴纳个人所得税。起征点和税前扣除额（或者免征额）在法律上的规定大相径庭，但是长期以来却被以讹传讹，不仅使人迷惑，也让法律的刚性大打折扣。这样联系当时社会热点法律问题的分析和讨论，有利于加深学生对理论知识的理解。

（3）加强学生自身的法律意识，提高学生对法学兴趣。

前面提到讲公司法的时候讲到公司是一个独立的民事主体，讲课的时候学生似乎很明白，可一旦涉及具体的案例，涉及股东、公司、债权人等众多法律主体的时候，学生就分不清楚公司、股东与公司债权人等主体之间相互的法律关系，当公司负债且不能清偿到期债务而公司股东已经实际交付出资额并无不正当行为的时候，债权人要求该公司的股东清偿债务，很多同学居然表示支持，这是个错误的认识。第一次测试是觉得学生对这个问题还没有掌握，但是反复测试了几个年级的学生，发现每个年级的学生都会出现类似的问题。笔者突然发现原本一个简单的独立承担责任的问题，学生的理解却很混沌。主要是与目前他们这种法律上的独立和经济上的不独立的尴尬身份有关。按照法律规定大学生独立了，他们也觉得自己是完全行为能力人了，但是自己的生活费用以及自己行为的经济后果依然全部由父母来承担。因此当回答"当公司负债且不能清偿到期债务而公司股东已经实际交付出资额并无不正当行为的时候，债权人要求该公司的股东清偿债务"，这一问题时很多同学表示支持也就不难理解了。近几年笔者有意识地在课堂上问了学生几个简单的问题，一边剖析学生自身的传统意识与法律差异，帮着学生从法律上认识自己。这几个问题分别是：其一，他们独立了吗？其二，父母给他们的钱的性质？其三，他们定期向家长汇报自己的大学生活情况吗？通过问答，学生明白了财产独立、责任独立、行为独立的关系，不再把父母给自己的钱当成是无偿的赠予，而是当成父母的投资，如同股东对公司的投资，也明白了他们定期向父母汇报在学校的学习生活情况是他们的义务。当学生对自己的地位认识明确了，对公司的独立性的认识就很到位了。

　　总之，课堂教学与学生的实际生活息息相关，讲课的时候绝对不能脱离实际，同时也要让学生明白现实中的"法"与"情"的关系。不然学生会把现实中的合情但不一定合法的行为当作是法律的基本要求，这必然影响他们对法律的理解。学生如果能尝试独立地解决实际问题，不再单纯地依赖教师给予的答案，而注重自我培养那么他们的责任感将大大加强，独立性也将大大增强。

## 参考文献

[1] 美国法学教育中的课堂教学目标及教学法体系［EB/OL］. http：//www. chinaret. com/user/article. aspx？pid = 194&cid = 1cc6e2e6 - 950b - 471a - 8cf1 - 6ac9a8b00799，2010-06-24.

[2] 杨莉，王晓阳. 美国法学教育特征分析［J］. 清华大学教育研究，2001（2）.

[3]《常用法律法规选编》编写组，常用法律法规选编［M］. 北京：中国长安出版社，2004.

[4] 李步云. 法理学［M］. 北京：经济科学出版社，2000.

[5] 信春鹰. 十届全国人大常委会法制讲座：法学理论的几个基本问题［EB/OL］. http：//news. xinhuanet. com/zhengfu/content_ 1880606. htm，2004-08-25.

[6] 山东国税局称未征馒头税. http：//www. infzm. com/content/55542.

[7] 陈杰人. 个税起征点调高后的善后问题［N］. 南方日报，2011-03-03.

# 经济法学试题数据库系统建设

庞淑萍

（北京信息科技大学政治理论教育学院）

## 一、经济法学试题数据库系统建设的目的和意义

法学理论包括经济法理论。经济法学教学除了要求学生掌握经济法学的基本理论，还要让学生学会从抽象的经济法学法律条文过渡到具体的案例。这就要求在经济法学教学中，既要以各种大量的市场经济中已经出现的或有可能出现的案件为内容，对学生进行综合的训练；还要让学生多做相关的习题，让学生通过练习来进一步巩固所学的经济法学理论，能从理论到实际，做到真正的掌握，以便能举一反三。目前社会上有一些不同类型的经济法学试题资料，不同试题在质量上良莠不齐。为了让学生有效地得到更多的训练机会，通过更多的试题练习来巩固所学的知识，提高自己的能力，因此很有必要系统地收集社会上有价值的经济法相关试题，建立经济法试题数据库系统。

## 二、经济法学试题数据库系统的总体设计

1. 设计原则与方法

经济法试题数据库系统的设计，既要满足一般数据库系统设计的原则，又要考虑到经济法学学科的特殊性要求。所以经济法试题数据库系统的设计原则包括以下两个方面。

（1）数据库系统设计的一般原则。

系统的设计在功能的完整性基础上，需要最大程度地考虑系统的扩展、

继承以及构架灵活等特性。具体需要遵循以下原则：

全面性：指用户对出题系统的要求要全部在试题系统中存在，要能够按照标准正确地生产一套不同要求的试题。全面性是系统最基本的要求，是试题系统成为完整系统的体现。

扩展性：在项目完成之后，能够一定程度上对系统进行功能的扩展。因为经济法具有不断发展和更新的特点，与其相对应的经济法试题库也要不断的补充扩展和更新内容。所以经济法试题数据库系统需要具有较好的扩展性，以便不断适应社会发展的要求，不断地更新试题数据库，使用户可以得到不断的升级服务。

灵活性：经济法试题数据库系统架构的重点在于描述系统之间的边界及相互关系，保证系统之间的耦合松紧适度。系统的开发是不断推倒重来的过程，在这个过程中不断的完善，因此为了便于经济法试题系统的更新与开发，减少系统局部修改所带来的影响，需要充分考虑系统构架的灵活性，以减少系统开发的工作量与复杂度。

（2）经济法试题数据库系统设计的特殊原则。

数据库操作简易性：由于经济法试题数据库系统的用户是大学学习经济法的文科学生，他们在计算机操作方面的能力相对薄弱，所以数据库系统的使用操作要尽量简单可行。要极大地方便经济法课程教学各种配套练习的出题工作，增加学生平时练习和模拟考试等练习的机会，促进学生很好地掌握所学的经济法专业知识。并使经济法试题数据库系统适合我国大专院校的经济法和税法教师、自学考试的学生以及参加国家会计师和注册会计师考试人员。

经济法学大纲相符原则：数据库试题内容应该严格按照《经济法学》高等教育教学大纲要求，并参考目前社会对经济法学专业人才的要求，在参考目前社会上各种《经济法考试习题集》等众多资料的基础上，经过反复合理而科学地设计，具有很强的科学性、综合性特点。

2. 运行环境

经济法试题数据库系统在单机条件下运行，无需网络支持，运行环境配置要求很低。经济法试题数据库系统只使用 Visual C++开发，不涉及其他数据库的问题，因此仅需要操作系统支持。经济法试题数据库系统具体运行环境见表1。

表1　经济法试题数据库系统具体运行环境

| 运行环境 | 基本配置 |
| --- | --- |
| 操作系统 | Windows 98/2000/WindowsXP 简体中文版 |
| CPU | Pentium II |
| 内存容量 | 最少配置 |
| 硬盘容量 | 无要求 |
| 显示环境 | 无要求 |
| 显示卡 | 无要求 |
| 声卡 | 无要求 |
| 鼠标 | 微软模式兼容鼠标 |
| 其他 | |

3. 总体架构构设计

（1）试题数据库系统数据处理流程。

经济法试题数据库系统针对管理员用户和一般用户，需要设置不同的数据处理流程，一般用户不具备数据库系统的编辑功能，只是应用系统开展各种形式的经济法试题出题和打印等操作，而管理员用户可以操作所有系统具备的功能。所以，经济法试题数据库系统的数据处理设置为如图1所示的两个不同的数据处理流程。

（2）数据存储层。

经济法学试题数据库系统需严格按照《经济法学》高等教育教学大纲和目前社会对经济法学专业人才的要求，参考目前社会上各种《经济法考试习题集》、《税法案例教程》等众多资料，使数据库系统的试题具有很强的科学性、综合性特点。

4. 功能设计

经济法试题数据库系统的主要功能设置有如下内容，即用户权限管理、试题数据的编辑、自动出题、试题浏览和输出功能等。这些功能具体说明见图1。

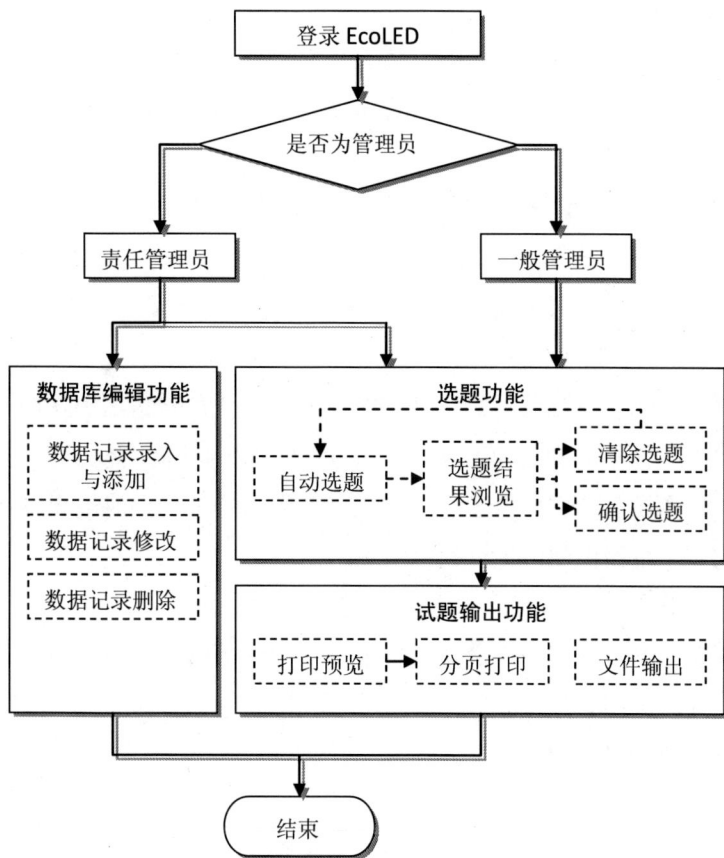

图 1　系统数据处理流程

（1）用户管理功能。

系统设立了系统管理员用户和一般用户，系统管理员用户具有最大的管理权限，而一般用户的管理权限受到了限制；系统通过使用不同用户名和密码，实现不同的用户登录。

系统管理员用户的权限：系统管理员用户可以对数据库所有功能进行操作和管理，具体包括对试题数据的编辑功能、出题功能、浏览编辑、打印和文件输出功能等。

一般用户的权限：一般用户权限比管理员要低一个层次，不能对试题数据库进行任何编辑操作。

（2）编辑功能。

这一功能只有系统管理员用户才有权限操作。具体包括：试题数据的录入、新数据的添加、对原试题数据的修改，以及试题数据的删除功能。

（3）出题功能。

用户可以按各章内容、试题的难易程度、所要求的数量随机进行试题的选取，并选择窗口对所选试题进行浏览，对不满意的选取结果进行反复重选，直到满意后再确认所选试题。

（4）输出功能。

输出功能包括窗口浏览、分页打印输出、文件存储输出等功能。其中结果打印可以选择字体和字号，进行分页输出；文件存储功能具有两种形式：即只输出试题试卷的文件供学生考试之用，教师还可以同时输出试题和标准答案的文件，以便供教师进行判卷使用。

（5）密码修改功能。

这一功能是考虑到用户的安全性为用户设计的密码自我设置功能，从而保证数据库记录的安全可靠。

5. 试题数据库设计

（1）经济法学的章次内容。

按经济法学教学大纲要求和社会职考需求，经济法试题数据库系统制订经济法学练习题和考试题要求与规范，确定了经济法学一共包括二十一章的内容，具体章次名称为：第一章经济法概论、第二章公司法、第三章合伙企业法、第四章个人独资企业法、第五章外商投资企业法、第六章破产法、第七章合同法总论、第八章合同法分论、第九章商标法、第十章专利法、第十一章著作权法、第十二章消费者权益保护法、第十三章反不正当竞争法、第十四章反垄断法、第十五章商业银行法、第十六章中国人民银行法、第十七章保险法、第十八章担保法、第十九章票据法、第二十章证券法和第二十一章支付结算法律制度。

（2）题型规范。

每个章节都含有共同的题型，按经济法学教学大纲要求和社会职考需求，经济法试题数据库系统确定了以下 6 种标准题型：单项选择题、多项选择题、判断题、简答题、案例分析题和论述题。对每种题型有不同的答案形式：

单项选择题：在每一道题目的后面附有 4 个可选答案，但只有唯一的正确答案，经济法试题数据库系统中有标准答案。

多项选择题：在每一道题目的后面附有 4 个可选答案，但有两个或两个以上的正确答案，经济法试题数据库系统中有标准答案。

判断题：判断所出题目的正确或错误，经济法试题数据库系统中有标准答案。

简答题：简答题的主题部分是题目和问题，经济法试题数据库系统有一个可供参考的答案。

案例分析：案例分析的主题部分也是题目和多个问题，但经济法试题数据库系统只提供一个综合的参考答案。

论述题：论述题的主题部分是题目的陈述，经济法试题数据库系统提供一个参考答案。

考虑到不同的试题在难度上的差异，所以在试题库中对不同难度的试题设置了易、中和难三种难度。这样既可使经济法试题数据库系统适合不同层次和水平的用户使用，又符合学习的循序渐进过程。

## 三、系统的实现

经济法试题数据库系统以 MS-Visual C++为开发环境，实现了系统界面简洁、和用户的交互界面友好、操作方便等特点，具体包括以下内容。

（1）用户视窗界面和对话框设计。

程序运行主界面使用传统的上部主菜单方式的界面，可以满屏或缩小显示窗口。在主菜单的下方有两个可视化的工具，分别为编辑和出题系统。具体见如下图 2 所示。

经济法试题数据库系统的下拉菜单由主菜单栏和弹出式子菜单组成。菜单设计使用了淡入淡出效果，通过它对所有程序模块进行调用。用鼠标左键点击主菜单栏上的各项内容，可以弹出一级子菜单，点击一级子菜单中的"数据库编辑"后，弹出一个窗口列表菜单（见图 3）。

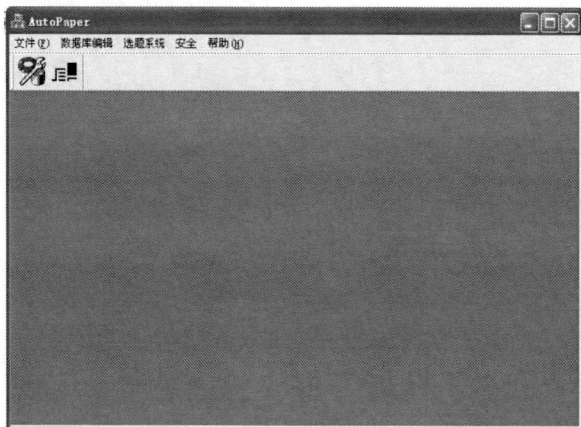

图 2　软件界面

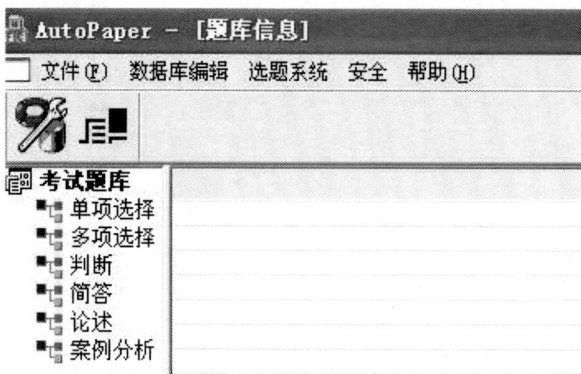

图 3　窗口列表菜单

（2）显示和浏览窗口设计。

经济法试题数据库系统的显示窗口主要用于显示数据库中各种题型的逐条数据记录，每个数据记录就是一道试题，试题以数据记录的形式显示在窗口中，数据库管理人员可以很直观地对数据库各个记录进行编辑修改或删除。图 4 的显示窗口中未显示任何内容，当用鼠标双击考试题库中任何一个选项时，如单项选择题，则会在右边的窗口显示出各项记录的内容。显示窗口具有滚动条，可以方便用户上下、左右查看各项记录和每个记录中的各段内容情况。

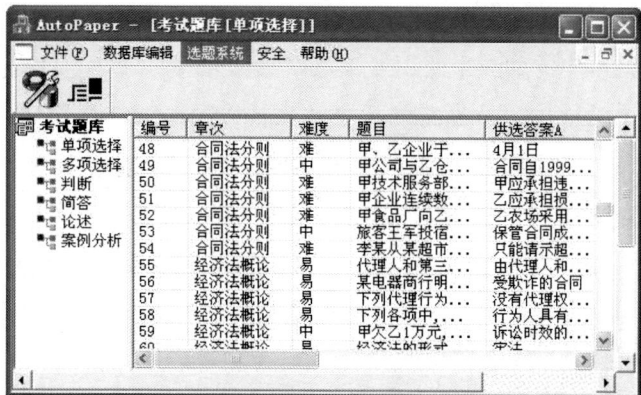

图 4  显示窗口

为了使用户明确地直接按经济法各章名称进行选题，而且又避免每次输入章次的名称，所以经济法试题数据库系统设置了方便用户操作的组合框，为用户提供内容的唯一选择，见图 5。在选题过程中，为了方便用户检查所选试题是否符合要求，经济法试题数据库系统设置了浏览窗口，供用户浏览试题，图 6 的浏览窗口中显示的是被选的 3 道单项选择题和 3 道多项选择题的情况。浏览窗口所显示的试题结果是按照题型规范的秩序显示的。即先后次序为：单项选择题、多项选择题、判断题、简答题、案例分析题、论述题等。

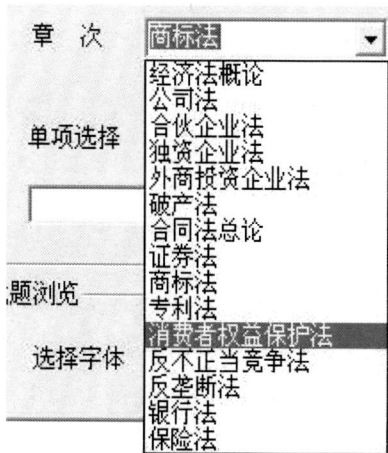

图 5  组合框模式

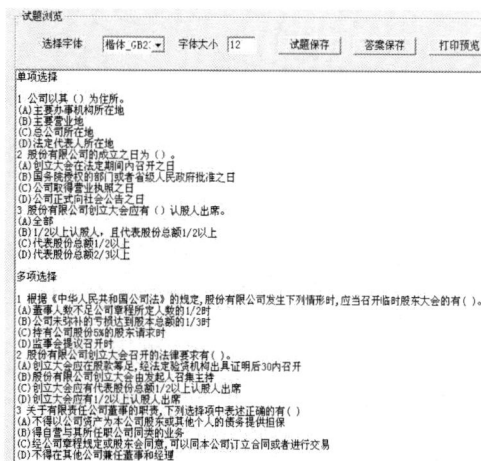

图 6  选题结果的浏览窗口模式

对话框是经济法试题数据库系统软件与用户交互的一种方式。用户可以通过设定对话框中的参数来使用经济法试题数据库系统软件完成用户要求的操作。在编辑功能中，分别有"添加数据记录"、"修改记录"和"删除记录"的对话框。出题和打印功能则全部出现在同一个对话框中，另外文件储存也会出现对话框。经济法试题数据库系统软件设置了两种提示框，以避免用户的错误操作，或提醒用户的操作以避免不必要的损失，如对数据库记录进行删除操作时，在点击了删除功能后，仍给用户一次撤销的机会。

（3）数据库编辑设计。

数据库的编辑设计是经济法试题数据库系统的重要内容，为了方便管理员对数据库的操作，经济法试题数据库系统软件在数据库的编辑功能设计考虑了顺序思维过程，在操作过程中逐步给出下一步可选的操作功能。如对数据库的试题记录编辑时，打开数据库编辑模块，从主菜单中选择"数据库编辑"中设计了弹出的子菜单"数据库编辑"，点击后打开"考试题库"中所有的题型菜单（见图7）。

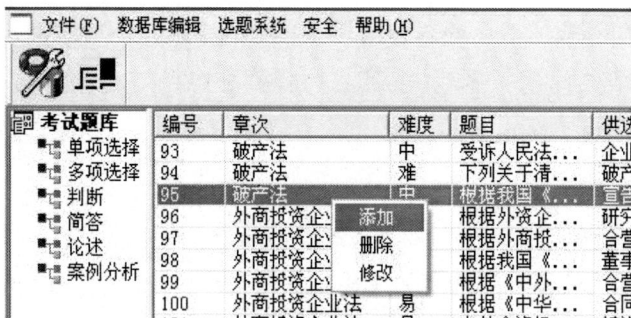

图 7　数据记录编辑功能菜单

此时，就可以根据用户的需求，对数据库记录进行添加、删除或修改等不同的操作。如果需要删除原来数据库中的部分不适合的试题，在进行删除处理时，该数据库系统软件设计对所需要删除的记录，选择弹出的编辑菜单后再单击"删除"项，为了避免操作失误，在最后删除前，软件仍为用户给出"删除询问"提示框，提醒用户进一步确认情况；而对原来的数据库中的部分试题进行修改处理时，经济法试题数据库系统软件设计了在数据库中选择所需要修改的记录后选择修改功能，就给出一个试题记录修改对话框，方便用户的操作（见图8）。

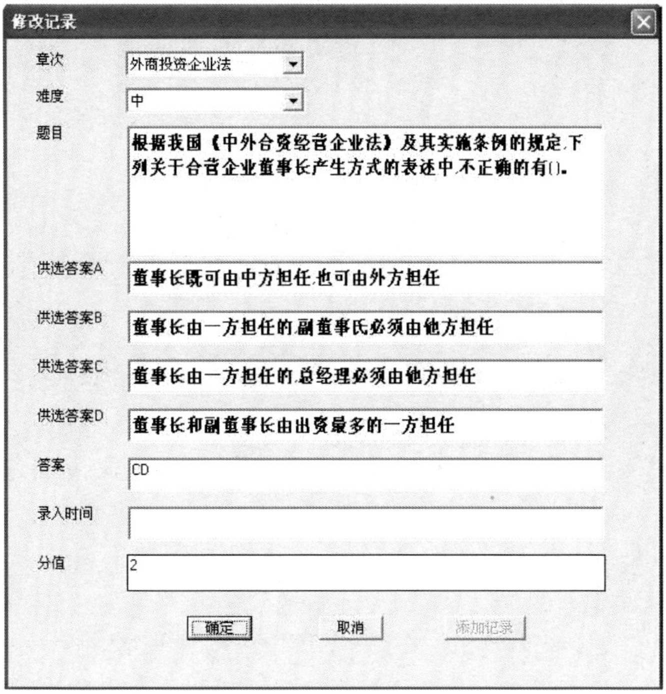

图 8　修改记录对话框

（4）经济法试题选题与输出设计。

选题系统功能模块的实现是该经济法试题数据库系统软件的核心部分，是一般用户能够操作的主要功能部分。为了满足用户的操作意图，系统设计了按经济法的章次内容和难易程度（见图9）从试题数据库中进行试题的自动选取功能，并将各种题型全部列在对话框中供用户浏览。如在"外商投资企业法"一章内容中，选取"容易"的5道"单项选择"和5道"多项选择"的具体选题。选择结果就可以在"浏览窗口"自动显示，而且该窗口的右侧有滚动条，以便上下移动供用户检查这些试题，看看所选试题是否符合用户的意图（见图10）。同时，选题系统所打开的对话框，也是打印输出的操作界面，这里的设计也是为了方便用户操作（见图9）。

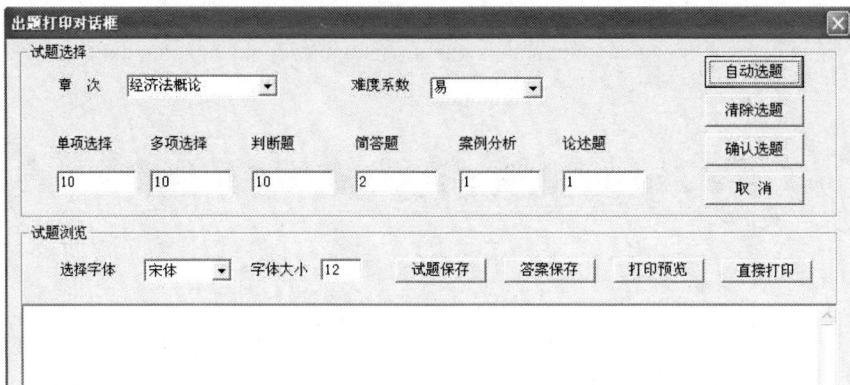

图 9　出题打印对话框

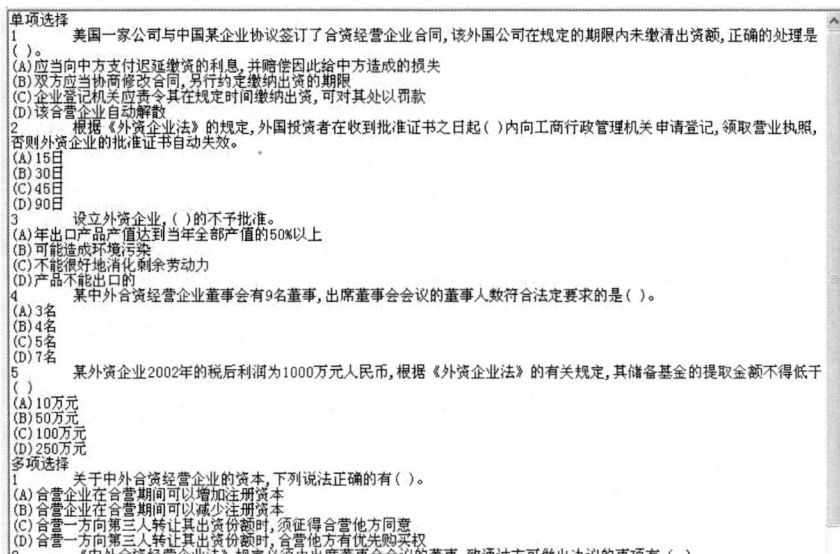

图 10　浏览窗口中显示被选试题结果

　　输出系统功能模块的设计也是该经济法试题数据库系统软件的重要内容。该软件的设计考虑了用户通过选题系统完成试题选取后必须对结果进行输出的需求。考虑到方便用户的操作，经济法试题数据库系统软件的输出系统全部附在"出题打印对话框"中（见图9）。并为用户设计了几个不同的输出方式，如"试题保存"，"答案保存"，"打印预览"和"直接打印"等。其中对保存功能的设计，主要是将所选并且被确认的试题，用文件的形式进行保存。这一功能只保存所选的试题内容，不保存试题的答案。所以，该保存的文件可以直接作为练习题发给学生用，或作为试卷内容。考虑到考试出题的要求，系统在设计上对所选并且被确认的试题，和每一道试题的标准答案，或参考答案，一起随文件进行保存。每一道题的答案内容直接附在每一道试题的后面。这一功能可以免除用户再重新去寻找试题答案之苦。该功能也可为自学者、或学生练习核对练习结果所用。

## 四、结论

经济法试题数据库系统软件以 MS-Visual C++为开发环境，严格按照《经济法学》高等教育教学大纲要求，并参考目前社会对经济法学专业人才的要求，在参考目前社会上各种《经济法考试习题集》等众多资料的基础上，经过反复合理而科学的设计得到，具有很强的科学性、综合性特点。

经济法试题数据库系统主要功能有：用户权限管理、试题数据的编辑、自动出题、所选试题浏览和输出等管理功能。所形成的经济法试题数据库系统是配合教师教学的好帮手，可以极大地方便经济法课程教学各种配套练习的出题工作，并通过增加学生平时练习和模拟考试等练习的机会，促进学生系统地掌握所学的经济法专业知识，也是学生加强自我练习的好工具，是经济法教学和自学的一个优秀平台。经济法试题数据库系统软件还将不断适应社会发展的要求，不断地更新试题数据库，使用户可以得到不断的升级服务。经济法试题数据库系统的建设，促进了经济法学的教学信息化和现代化，也将提高我校经济法教学的教学质量。

# 关于 "终南捷径"
## ——对唐代社会一个重要的文化现象的考察

谢保杰

(北京信息科技大学人文社科系 传播学教研部)

**摘 要** "终南捷径"是唐代社会特殊的历史条件下衍生的文化现象，对这一现象的评价与分析只能采取知人论世的态度。只有把它放在唐代社会特定的历史条件下去考察，才能认清事物的本来面目。

**关键词** "终南捷径" 唐代社会 隐逸 知人论世

在《中国传统文化概论》教学中，"终南捷径"是唐代社会一个重要的文化现象。关于这一文化现象出现的背景，教材语焉不详。今天我们在谈论这一文化现象时，由于不了解相关背景，也经常出现误读甚至误解。因此，在课堂教学中，有必要对这个问题进行考察与探析。

一

"终南捷径"作为中国传统文人入仕便捷途径的代名词，最早来自唐朝武则天、唐中宗时期的卢藏用。据《大唐新语·隐逸》记载："卢藏用始隐于终南山中，中宗朝累居要职。有道士司马承祯者，睿宗迎至京，将还，藏用指终南山谓之曰：'此中大有佳处，何必在远？'承祯徐答曰：'以仆所观，乃仕宦捷径耳。'"唐代士人卢藏用年轻的时候，通过隐居终南山，以进为退，由此获得清高的名声，从而受到皇帝的征召与重用。后来他把自己入仕成功的秘诀告诉了别人，这就是"终南捷径"的故事。

这个故事后来常被人诟病，宋代编写的影响很大的《新唐书》就对这个故事持批判态度。宋代以后，人们普遍认为卢藏用是假隐士，通过隐居来沽名钓誉，实现自己真正的出仕目的。

"终南捷径"虽然出现在唐朝，然而在唐之前，这种现象早已有之，像周代的姜尚、三国时期的诸葛亮、东晋时期的谢安等都走过由隐而仕的道路。然而这种由隐而仕的文化现象，在唐朝相当普遍。对于唐代士人来说，要想入仕，基本上有三种途径。第一条途径也是最理想的途径是通过科举考试。然而唐代社会士人多官职少，使得科举及第非常不易。第二条途径只有极少数人才能做到，那就是投身边塞，"功名只向马上取"，例如岑参、高适等人。第三条途径是通过隐居标榜清高、获取声名，从而得到皇帝的重用。很多唐代读书人走过这条途径，这种由隐而仕的行为在当时也是一种普遍的文化现象，它的出现和唐代特定的社会环境相关。

## 二

有唐以来，道教地位显著提高，崇道成为唐代的"国策"。征召隐逸之士是唐代统治者的一个普遍行为。对于唐代统治者来说，"举逸民，天下之人归心焉"，对隐逸之士的尊崇与礼遇一方面是出于求贤的考虑，另一方面也有彰显天下太平、政治清明的用意。这就刺激了当时社会隐逸风气的盛行。唐太宗曾下诏"若有鸿才异等，留滞末班；哲人奇士，沉沦屠钓，宜精加搜访，进以殊礼。"[1]在此之后的诸位皇帝也秉承了这种风气。唐高宗时期，征辟隐士成为时代盛况。据记载，"高宗天后，访道山林，飞书岩穴，屡造幽人之宅，坚回隐士之车"[2]。到了中宗、睿宗时期，这一风气仍在继续。唐玄宗开元五年曾经下诏："有嘉遁幽栖，养高不仕者，州牧各以名闻。"[3]肃宗乾元元年"犹虑岩穴内尚有沉沦，宜令所在州县更加搜择，其怀才抱器，隐遁丘园，并以礼征送。"[4]唐代帝王不仅下诏收罗各地隐逸之士，而且在科举考试中，设置一系列征召隐逸的制举科目。如唐高宗麟德元年"销声幽薮科"、乾封三年"幽素科"、玄宗开元二年"哲人奇士，隐沦屠钓科"、天宝四年"高韬不仕科"等[5]。由此可见，唐代统治者对隐逸之士的尊崇行为是其他朝代少见的。只是到了晚唐时期，由于战乱，统治者不如初盛唐时期那样重视隐逸之士了。唐代统治者对隐逸之士的重视与征召，刺激了整个社会崇隐的热情，很多读书人纷纷选择归隐山林、然后接受征召的道路。这也成为唐代读书人除了科举、出塞之外另一条获取功名之路。唐代的许多大诗人像王维、孟浩然、储光羲、裴迪、高适、李白、李颀都曾隐居过，这些隐居过的诗人和盛唐时期的许多士子一样，有着强烈的功名心，羡慕富贵繁荣的生活。"男儿立身须自强，十年闭户颍水阳。业就功成见明主，击钟鼎食坐华堂。"（李颀《缓歌行》）正好说明了隐逸的目的——有着强烈的用世之心。正是这些踌躇满志的才子，"身在江湖之上，心游魏阙之下"，构成了初盛唐时期政治文化的一道亮丽风景。在初盛唐时期，隐逸之士大多集聚在唐朝的东西两京附近，即长安城附近的终南山和洛阳城附近的嵩山。这也构成了"两都隐逸群"的兴起。在这样的社会背景下，卢藏用作为隐逸群体的一个代表性人物，他的由隐入仕在当时也是一个普遍的社会现象，很多读书人都曾经有过这样的经历，他通过自身经历概括的成功秘诀在当时仍被社会认同而不具有贬义。

## 三

然而对于"终南捷径"这样一种唐代的仕进行为，在宋代却成为批评的对象。宋代编写的《新唐书·隐逸传序》记载："然放利之徒，假隐自名。以诡禄仕，肩相摩之于道，至号终南、嵩少为仕途捷径，高尚之节丧焉。"宋人对此行为持批判态度，"终南捷径"遂成为一种投机竞进的贬义词。一直到今天我们还在否定的意义上使用它。究其原因，这与《新唐书》的编撰者欧阳修、宋祁等人以宋儒的身份站在宋代隐逸观的角度来看问题有关。

对于唐代社会来说，初盛唐时期，国力强盛，文化多元，三教并立。对于统治者来说，"举逸民"被认为是文化昌明、王朝兴盛的象征。许多读书人在科举之外，高韬不仕，隐而养望，不失为一种入仕的"捷径"。"安史之乱"之后，宦官专权，藩镇割据，统治阶级信佛佞道，唐代社会日益走下坡路。以韩愈为首的知识分子从改革社会弊病的角度出发，企图振兴儒学，贬斥佛、道，恢复儒家政治伦理。这一精神深刻地影响到宋代儒学，成为宋代士大夫集团的共识。作为倡导宋代儒学的历史学家，像欧阳修、宋祁等人秉着"为天地立心，为生民立命，为往圣继绝学，为万世开太平"的为学宗旨，在著书立说时宣扬道统，倡导忠义，讲究气节，这不能不影响到他们对前代历史的记述。

另一方面，和初盛唐不同，唐末五代社会动荡，藩镇割据，皇权式微，士人阶层生存环境日益险恶，他们的生活理想与政治理想都走向穷途末路。随着士人功名思想的消失，他们归隐山林不再像初盛唐那样有着隐而养望的现实目的，而是为了躲避战乱和人世间种种不平的独善其身之举。他们在隐居生活中追求一种闲适、淡泊的生活情趣，借以超脱尘世，摆脱污浊的现实。这种风气一直蔓延到宋初，影响到宋代士大夫的隐逸观，从而促成宋人对由隐而仕的强烈批评。

关于"终南捷径"这一典故，由于唐人、宋人隐逸观的不同，对此典故有不同的理解。我们只要对照唐人刘肃编撰的《大唐新语·隐逸》与宋人欧阳修主持编写的《新唐书·卢藏用传》对于这一典故的记载，就能清楚地看到它们之间的差异。

"卢藏用始隐于终南山中，中宗朝累居要职。有道士司马承祯者，睿宗迎至京，将还，藏用指终南山谓之曰：'此中大有佳处，何必在远？'承祯徐答曰：'以仆所观，乃仕宦捷径耳。'"（《大唐新语·隐逸》）

司马承贞尝召至阙下，将还山，藏用指终南山曰："此中大有嘉处。"承贞徐曰："以仆视之，仕宦之捷径耳。"藏用惭。（《新唐书·卢藏用传》）

通过对比，我们不难发现，二者对这一事件的记述内容基本相同。《大唐新语》的记载基本上是中性的，没有褒贬的意味，而《新唐书》在最后添上"藏用惭"则改变了对这一事件的态度，使之具有贬义，卢藏用的由隐而仕的"终南捷径"在这里一下子成了不光彩的行径。这种态度的转变恰恰来自于《新唐书》的编撰者，他们对待历史现象没有采取知人论世的态度，在著述历史时，"以褒贬为前提，以文章为本位"，将宋代的道统观念直接套用在历史记述当中，从而改变了"终南捷径"这一历史事件的本来面目。

## 参考文献

[1] 宋敏求. 唐大诏令集 [M]. 北京：中华书局，2008.

[2] 刘昫等. 旧唐书 [M]. 北京：中华书局，1975.

[3] 王钦若. 册府元龟 [M]. 北京：中华书局，1960.

[4] 王钦若. 册府元龟 [M]. 北京：中华书局，1960.

[5] 徐松. 登科记考 [M]. 北京：中华书局，1984.

# 网络传播专业"全媒体"培养思路
## ——以《媒体特性专题分析》课程设计为例[❶]

张　笑

（ 北京信息科技大学人文社科系　传播学教研部 ）

**摘　要**　本文在分析网络媒体给传播学人才培养带来了新特点的基础上，提出"全媒体"概念及特点，以具体案例引入网编人才的"全媒体"培养思路。该思路主要包括升级传统媒体新闻编辑培养思路，树立"策划为先"思想；网络编辑专业的人才培养应实现技术手段大融合，更应注重文化底蕴及思想高度的培养。并以《媒体特性专题分析》课程设计为例介绍了"全媒体"培养思路的具体执行。

**关键词**　网络传播　全媒体　培养思路　媒体特性专题分析

传播学是一门新兴学科，它始终伴随着新媒体的出现而产生巨大的活力。从报纸、广播到电视，媒体技术的一次次更迭给人类带来了更便捷更丰富的信息共享方式。这也使得传播学从一门被质疑"无学"的交叉学科成了国家极度重视、高校大力发展的热门学科，并培养了大量从事新闻采编、媒体信息发布、内容策划执行的传播学人才。

但是任何一次媒体形态的变革都不及网络带给我们的震撼强烈。1987年9月20日22时55分，钱天白教授向世界发出我国第一封电子邮件，邮件的内容是："越过长城，通向世界。"这揭开了中国人使用互联网的序幕。[1]互

---

❶　本文系北京信息科技大学2011年度教学改革项目——《媒体特性专题分析》的"全媒体"人才培养方案研究2011JGYB36的阶段性成果。

联网技术从军事、政治领域走入民间从世界范围来看也不足二三十年，但是它巨大的发展速度足以让全世界震惊，以中国为例，1997 年 CNNIC 发布了第一次《中国互联网络发展状况统计报告》，截止到 1997 年 10 月 31 日，我国网民 62 万人。2012 年 1 月 16 日，中国互联网络信息中心（CNNIC）在京发布《第 29 次中国互联网络发展状况统计报告》。截至 2011 年 12 月底，中国网民规模达到 5.13 亿。

如何向近半数的国人以及更多的地球村的村民提供互联网信息成为一个引人关注并亟待解决的问题。于是网络传播专业应运而生。是按照传统媒体培养新闻人才的方式辅之以网络技术，还是以一种全新的思路培养网络编辑，这成为高校人才培养的十字路口。北京信息科技大学于 2007 年招收第一届网络传播专业本科生，笔者在实践、探索、交流、思考的过程中，结合学生就业和业界需要总结了一些网络编辑培养经验，在这里着重谈谈"全媒体培养思路"。

# 一、"全媒体"的概念解读

"全媒体"的概念并没有在学界被正式提出。它来自于传媒界的应用层面。媒体形式的不断出现和变化，媒体内容、渠道、功能层面的融合，使得人们在使用媒体的概念时需要意义涵盖更广阔的词语，至此"全媒体"的概念开始广泛适用。"全媒体"基本含义是媒体机构及运营商将记者采访、编辑的信息采用文字、图形、图像、动画、网页、声音和视频等多种媒体表现手段，通过广播、电视、音像、电影、出版、报纸、杂志、网站等不同媒介形态，通过融合的广电网络、电信网络以及互联网络进行传播，最终为用户提供电视、电脑、手机等多种终端的融合接收，实现任何人、任何时间、任何地点、以任何方式接收任何媒体内容。

全媒体具有以下特点：①"全媒体"是人类现在掌握的信息流手段的最大化的集成者。②"全媒体"并不排斥传统媒体的单一表现形式，而且在整合运用各媒体表现形式的同时仍然很看重传统媒体的单一表现形式，并视单一形式为"全媒体"中"全"的重要组成。③"全媒体"体现的不是"跨媒体"时代的媒体间的简单连接，而是全方位融合——网络媒体与传统媒体乃至通讯的全面互动、网络媒体之间的全面互补、网络媒体自身的全面互溶。

总之"全媒体"的覆盖面最全、技术手段最全、媒介载体最全、受众传播面最全。④"全媒体"在传媒市场领域里的整体表现为大而全,而针对受众个体则表现为超细分服务。通过"全媒体"平台可以有各种纷繁的表现形式,但同时也根据不同个体受众的个性化需求以及信息表现的侧重点来对采用的媒体形式进行取舍和调整。根据需求和其经济性来结合运用各种表现形式和传播渠道,以求投入最小、传播最优、效果最大。

## 二、网编人才的"全媒体"培养思路

在谈网编人才的"全媒体"培养思路之前,我们先来看一个案例:保罗是某国某报业集团的记者。某天刚一上班,他就接到了一个突发事件的采写任务。他迅速带上笔记本电脑、小型录像机、录音笔和照相机就出发了。到达现场仅几分钟后,他就通过手机发布一条快讯,集团的网站很快就发布了;30 分钟后,有关事件报道的详讯也发表了,并配有视频和图片。中午,报业集团旗下的电视台播放了主持人对他的访谈。次日清晨,带着油墨的报纸头条,就是他采写的这一事件的长篇报道。以上是世界各地报业集团倾力建设"全媒体"编辑部过程中的一组具有代表性的小镜头。过去,以编辑、发行报纸为单一业务的报社,正在演变为报刊、网络、电视(网络电视)、手机报、电子阅读器等"全媒体"的媒介融合体。

从上例中我们不难看出,网络时代,"全媒体"是一个大趋势,而"全媒体"到来呼唤着具有"全媒体"素养的网络编辑人才。所以,高校网络编辑专业一定要有前瞻性的办学理念,应将培养适应"全媒体"时代的网编人才作为一种人才培养思路加以探索实践。本文将从三个方面谈一谈"全媒体"培养思路的具体构想。

(1)升级传统媒体新闻编辑培养思路,树立"策划为先"思想。

传统媒体主要指报纸、广播、电视媒体,在过去作为党的耳目喉舌的新闻媒体时代,更注重新闻事件的播报,发生事件、记者采访、媒体发布往往成为新闻生产流水线。但是在今天这个人人都可能成为新闻源的网络时代,很多重要新闻事件都是从网络媒体诞生,然后经过传统媒体引起政府重视。网络的新闻造势功能远远大于传统媒体。我们既要看到网络在反映民声方面的巨大优势,又要预防"网络水军"等不法分子利用网络制造虚假新闻。所以网络编辑不能单纯地等新闻而要具有前瞻性、系统性、深入性地全方位挖掘新闻专题，充分利用网络媒体的"议程设置功能"引导网民的视线和思想，净化网络环境，使网络信息更加健康、更加真实、更具价值。

所以网编人才培养应从传统的注重新闻"采、写、编、评"四大技能培养，升级为注重整合传播能力培养的"策划为先"理念。开设媒体特性分析、新闻调查、选题与策划、媒体整合传播等课程，培养学生能够敏锐地挖掘新闻话题，全面地采集相关新闻材料，充分利用各类媒体的优势形成新闻专题的整合发布。例如中央电视台从 2009 年 7 月 2 日开播的《世界周刊》，其定位就明确提出"全媒地带，信息就是选择"。该栏目负责人认为，对于《世界周刊》来说，新闻只是起点。启动强大的信息搜索及整合能力，打破不同媒体间隔，开辟独具特色的全媒体地带，给观众丰富的信息"选择"可能，展示一周世界重大新闻事件背后的世界和新闻所引发的关注，是《世界周刊》的价值及意义所在。这就将报纸媒体的新闻检索功能和杂志媒体的新闻深度报道功能集合于借助视听一体功能提供感官享受的电视媒体，充分实现了媒体整合特点，体现了编辑"策划为先"理念。

（2）网络编辑专业的人才培养应实现技术手段大融合。

传统媒体编辑往往会分为两大类，俗称文编和美编。比如报纸版面版式插图的设计制作都属于美编的工作，而新闻采访报道的文字部分都属于文编的工作。电视节目片头制作、现场拍摄、后期处理等任务和节目策划、文字稿撰写往往也分两个小组完成。但是在网络媒体时代，作为"全媒体"编辑只注重文编或美编一方面的能力培养是远远不够的。所以"全媒体"编辑至少应该在四大能力板块上下工夫：

①文字处理能力板块：包括新闻标题的制作、新闻专题导语的撰写、新闻正文写作等。不可否认，任何时代的传播都要借助最有力的传播媒介，而任何媒介都不及文字产生的传播效果那么有力那么准确。所以对于语言文字的驾驭能力应该成为网络编辑的首要能力。同时还应注意，网络编辑可以运用流行的时尚的网络语言，但是千万不能因为追求时尚新颖而产生词不达意的结果，更要防备因单纯追求点击率和商业目的而沦为"标题党"。新闻导语的概括性和吸引性原则以及新闻正文流畅的语言表达和缜密的逻辑性都应该是学生历练的要点。

②图片处理能力板块：包括新闻照片拍摄能力、新闻专题的配图能力、图片处理及标识（logo）设计能力。在网络媒体上，图片往往能够成为专题的点睛之笔，所以新闻图片拍摄能否真实准确地反映新闻事件，配合新闻专题出现的图片能否引人关注诱发思考都已成为考量网编能力的标准。同时利用 Photoshop 软件进行图片处理、利用 Coreldraw 和 Illustrator 软件进行标识设计也是"全媒体"编辑应具备的能力。

③影音处理能力板块：包括音频采编能力、视频编辑能力、摄像及非线性编辑能力、片头动画制作能力、AE（后期效果）软件应用能力等。网络媒体优于传统媒体之处就在于它的多媒体表现形式。网络视频音频给网民提供了更多的视听享受及信息含量。网络音频能够兼顾广播媒体的兼做性而网络视频能够具备电视媒体的视听合一特点。所以网络编辑要具有新闻专题片拍摄及后期编辑制作这一系列能力才能胜任网络媒体信息发布的重任。

④平台建构能力板块：包括电子杂志设计、文档版式设计、网站设计、手机报设计、电子书设计等能力。"全媒体"编辑最重要的是能够将各种媒介的优势整合在一起进行信息传播。在不同平台上发布的信息具有不同特点，那么平台的搭建就要符合信息接收者的心理预期和接收风格。当前新媒体异军突起，手机媒体、平面电脑媒体中的网页平台和传统网页平台的不同，手机报新闻和传统网页新闻的不同等都需要网络编辑加以掌控才能达到传播效果最大化。

（3）网络编辑人才培养更应注重文化底蕴及思想高度的培养。

传统媒体把关制度相对严格，而网络媒体人人都能成为信息源，网络信息把关难度很大。同时网络媒体往往代表草根阶层发言，更具通俗性，更易滋生以"星、腥、性"博人眼球的低俗新闻。这就要求网络编辑不但具有广博的知识来辨别网络信息的真伪，更要具有健康高雅的思想境界来提升网络信息质量。所以网络传播专业的人才培养更要注重学生文化底蕴的培养、精神境界的提升。同时，还应看到"全媒体"时代，媒体要向目标受众提供超细分服务。编辑要更加清晰地了解目标受众的需要，要能够帮助他们分析问题并提出建设性意见，这才能保证媒体具有稳定的受众群。以上因素都要求高校在进行网络编辑人才培养的时候更要倾力打造深厚的人文环境，对青年学生进行全方位的熏陶。除了开设新闻传播领域的专业课程外，网络传播专业还应开设社会学、心理学、政治学、经济学、美学、哲学、法学等更多领域的选修课程，并辅以大量的课外阅读及评析鉴赏课时。同时还应注重学生的个性特征，保护学生的兴趣爱好，使他们能够在自己擅长的领域从事信息传播，获得更加广阔的个人发展空间。

## 三、《媒体特性专题分析》课程设计中的"全媒体"培养思路

"全媒体"培养思路就是要培养学生整合运用多种媒体的能力、让学生具备技术手段大融合的专业素养以及深厚的文化底蕴和高雅健康的思想境界，实现信息传播载体与内容的融合、科技与文化的统一。下面就以《媒体特性专题分析》课程设计为例谈谈具体实施过程。

《媒体特性专题分析》是传播学专业（网络传播方向）的专业必修实践课。课时为两周。全班 30 名同学以小组为单位完成指导教师设计的任务即全媒体新闻专题的信息发布。整个任务可分为三个阶段：新闻专题策划、全媒体信息制作、新闻专题发布。

第一阶段：进行新闻专题策划，选择新闻主题，确定要报道的新闻内容，可选择制作事件型新闻、观念型新闻、人物型新闻、娱乐型新闻等专题。"大学生毕业后的出路"、"大学生婚恋观"等可做系列节目的选题，也可选择"微博实名制"、"末日情绪"、"春运如何购买火车票"、"我身边的明星"等具体的新闻选题。设计新闻专题制作小组的名称及标识。

第二阶段：进行媒体特性分析，充分利用媒体组合实现传播效果最大化。在确定新闻主题及内容之后，小组要合理分工确定进行新闻专题发布所利用的媒体，如网络、电子杂志、电视、广播。确定刊载新闻专题的媒体类型，例如，利用微博随时随地发布快讯，利用电子报纸或电子杂志刊登相关新闻报道及深度评论文章，制作访谈节目及新闻播报的视频及谈话类广播节目。在此阶段学生还要分工完成新闻专题策划方案、新闻文字稿的撰写以及视音频文件的后期制作等任务。学生可利用的实验设备包括电脑、相关软件、摄像机、摄影棚器材、提词器、演播系统、录音棚等。

第三阶段：实现新闻专题全媒体发布。此阶段要求学生利用新闻发布会的形式，提出所选定的新闻专题，展示本组的专题内容并针对受众（全班同

学）反馈进行效果分析。新闻专题的评价标准包括新闻主题——具有话题性及深入挖掘的空间，要求新颖、独特，属于目标受众关注热点；微博快讯——报道新闻事件以及小组工作进程，要求时效性强；转载新闻报道——反映新闻专题各方面的观点及态度，要求覆盖面广、信息丰富；新闻评论——体现本组的观点态度，要求有深度、有说服力、原创性强；新闻访谈——语言流畅、问题设计合理、主持人能够掌控全过程、符合拍摄原则、能够体现剪辑效果、片头片尾制作完整。

学生通过参与本次课程设计，不但能够将新闻采访、写作、摄影摄像、视音频后期制作、标识设计等各种专业技能融合运用，而且培养了选题策划意识，提升了分析解决问题的逻辑思考能力。更重要的是学生通过小组分工完成任务的方式取得了互帮互学共同进步的效果，在两周的小组合作过程中体验了团队合作的乐趣。很多同学表示一开始觉得任务艰巨，可当作品一件件呈现在眼前的时候，有了一种前所未有的成就感，小组成员的愉快合作使他们到课设结束时产生不舍之情，希望以后能再次合作完成更加复杂艰巨的任务。总体说来本课设达到了指导教师最初的设计效果，那就是不但锻炼了学生的专业技能而且培养了学生团队合作的精神以及在工作中学会完善自己、思考人生的能力。

## 参考文献

［1］李希光. 新闻教育未来之路［M］. 北京：清华大学出版社，2010.

［2］彭兰. 网络传播概论［M］. 北京：人民大学出版社，2009.

［3］罗鑫. 什么是"全媒体"［EB/OL］. http：//media. people. com. cn/GB/40628/11194266. html，2010–03–22.

［4］新奥特视频. 共赢高清全媒体运营新时代［EB/OL］. http：//www. cdv. com/News-Details. aspx？NewsID＝131&ID＝3，2010–04–15.

# 多维度构建传播学实践创新教学体系

李 晋

(北京信息科技大学人文社科系 传播学教研部)

**摘 要** 传播学专业外延广，在国内办学时间短，但又与时代发展紧密结合。针对目前高校实践教学中存在的教学模式陈旧与社会需求脱节等问题，本文从创新思维角度切入，讨论在实践教学中引入学科竞赛机制，给学生提供创意空间。面向社会需求在实践教学中模拟实战式教学内容的设计，已起到在实践教学中强化锻炼学生创新能力、提高教师实战能力、推进实验室综合建设等方面的作用。

**关键词** 传播学 实践教学 竞赛机制 创新培养

传播学专业在我国是一个新设立的本科专业，从 1997 年传播学在我国成为高等教育中的正式学科到如今十几年的发展过程中，也是信息技术和知识经济快速发展的时代。由于媒介之间的融合、信息产业和传媒业的整合，以及全社会的信息化进程，对传播人才的需求也随时代发展而发生变化，急需能够从宏观的层面掌握传播学理论实际运用于实践的新型复合型传播人才。在产业融合的推动下，传媒产业内部以及传媒产业与相关产业之间的技术边界逐渐消失，不同媒介之间的业务出现更多的交叉互补现象，传媒产业内部各子产业之间以及传媒产业与相关产业之间的市场边界趋于模糊。[1]可以说，我国传播学专业的学科体系建设、人才培养规格、课程设置、教学方式等一系列问题，都是摆在学界面前的新课题。传播学专业的教育就更加迫切地需要打破传统教学中教师以教室和教材为中心的限制，在更广泛的领域内尝试教学内容和教学方法的变化，以促进学生知识的拓展和创造性地运用知识的能力。

## 一、新媒体时代对传播学专业学生实践创新能力的新要求

传播学是一门学科外延广大、而且内涵深入且多层的学科。从传媒业发展的角度看，多媒体新闻平台正成为 21 世纪信息服务行业的支柱与基础。它要求从业人员集采、写、编、评、摄、播以及网络传播制作能力于一体。传播无论是从技术原理的层面，还是信息载体的层面，或者是内容表现的层面，都发生了很大的变化。与此同时，今天的世界正经历着信息革命，数字信息传播技术的广泛运用推动了科技、经济和文化的进步，也引起日常生活、工作与思维模式的深刻变化。因此，现代传播学不仅要研究传播的机理和效果，也要在信息时代传播数据不断市场化和资源化的过程中，探询新的传播规律、新的传播效果和新的信息价值标准。为此，传播学不仅在理论层面上有极其广阔的发展空间，其在应用层面的价值也与日俱增。传统媒体之间，以及传统媒体与新媒体之间不断碰撞，而后走向融合。在这样的背景下，传播学需要各个学科领域相互配合，以培养学生的综合能力。其中尤为重要的是学生的创新思维与能力。

目前国内高校传播学专业创新人才培养中呈现出多样化的趋势，归纳起来主要有三种不同类型的人才培养模式：一是"学校教学与业界实践互动"的人才培养模式；二是凸显"学校特色＋专业"的复合人才培养模式；三是依托"地方特色"建立传播学创新人才培养模式[2]，如青岛农业大学依托农业优势，致力于培养"农业＋传播"的复合实践型专业人才；厦门大学以地理位置为优势，建立了一批实践实习基地，与媒体互动密切，形成"订单"模式。当今媒体融合已经成为必然趋势，在媒体大融合的发展趋势下，传播学培养具备突破传统媒体界限的思维与能力，并适应融合媒体岗位的需要，集多种能力于一身的"全媒传媒人"，成为新的发展趋势。体现在实践教学上，就是以现代传播技术为先导，在课程设计等独立实践环节以模拟实战入手将平面媒体、广告媒体、电视媒体、网络媒体及多媒体融合起来，设计实践教学项目，实现实际操作环境，提升教学多样化和整合性，形成全面的"整合传播"实践教学模式，以适应不同媒体相互渗透、融合发展的需求。

北京信息科技大学传播学专业招生从 2007 年开始，为了重点加强学生实践能力和创新能力，从创办之初就对实践教学等环节进行了创新探索。

## 二、从创新思维角度在实践教学中引入学科竞赛机制

（1）给学生提供丰富的空间进行创意释放。

创新最重要的是思维方式的转变，思路决定出路，思想决定行动，有什么样的创意思维，就会有什么样的创意成品。而创意思维的养成需要真实的创意环境，一些学科竞赛的项目往往来自企业第一线，但又比真正的行业操作少了很多的限制与思想约束，不受外部条件的过多约束。一般高校内的实践活动会受到器材、环境、项目选题的多重制约。设计竞赛虽然也受到一些客观条件的限制，但因其创造性能够很好地激发思维，同时评审也更加注重创新思想的表达、创意的呈现。

以竞赛主题作为实践教学任务课题，以竞赛活动中规定的作品要求作为设计要求，并以竞赛活动中规定的作品提交形式作为设计任务的完成形式，这样每次组织学生参加一次竞赛活动，就能够使学生提早接触到实际设计任务的整个过程。在竞赛过程中，让学生灵活运用所学的专业知识，从设计定位、设计创意、设计草图等诸多方面全面提高专业能力，积累设计实践经验，真正做到学为所用。

学科竞赛不仅是高校实践与创新人才培养的载体，而且也是一种人才培养质量检测的有效手段。传播学的专业竞赛相对比较多，为传播学专业学生提供了大量的实战模拟机会。借助学校大力支持的学科竞赛项目，学生在校内积累了一定的实践操作经验。很多学生因为获奖而增加了专业兴趣，也带动了其周围学生的积极性。有效组织专业竞赛，不仅可以通过获奖的影响力建立起学校的良好形象，更重要的是在参与竞赛的过程中建立了浓厚的专业学习氛围，学生的专业能力得到快速的提升，学生的团队意识与合作精神也得以加强。

以全国大学生广告大赛为例，从 2005 年开始到 2011 年已经举行了四届，设计竞赛作品的要求是形式多样的，对于同一个主题可以多角度诠释，竞赛一般分为策划单元、平面设计、影视、广播、数字媒体等方向。这样，可以让学生了解到许多不一样的表达方式和表现形式，帮助学生开拓专业视野。

大赛牵一发而动全身，作业范围涉及媒体运作的各个方面，是对学生各项专业能力的综合检验，因为选题得到知名企业的支持，有比较高的规范操作要求。因此，围绕竞赛来设计各项专业训练，不仅可以把单项技能的训练落到实处，而且训练了学生综合运用传播学专业技能的能力，进而促进传播学专业技能培养的系统化、规范化，有利于学生创新精神与创新能力的培养。学科竞赛不仅是学生专业能力的比拼，更是学生思维的交锋。

（2）以赛带练，促进教师的实战能力。

学科竞赛对教师的促进作用也是显而易见的。积极参与大赛，有助于教师把握行业标准和行业需求变化，对于专业建设和人才定位都能起到很好的帮助作用。学科竞赛首先是增加了教师接触实际、接触行业的机会。一方面可以使教师更好地了解经济、社会发展对传播专业人才素质的需求及其发展趋势，从而促进教学内容和教学方法的改革，使自己的教学与行业实际紧密结合；另一方面，也使教师参与到实践创作中来，通过指导学生完成参赛作品，其实也是教师自身将所授的知识放到实际赛场中的一次测试和演练。也有助于形成较完整的教师合作团队，进一步将单科课程内容整合成更加有凝聚力和冲击力的实践课程群。例如，创意策划的教师，需要与讲授视觉传达的教师共同完成一个有关品牌策划和推广的专题，并与新媒体制作的相关教师配合才能帮助学生在完成一篇策划文稿后，可以同时运用在网络、报纸、广播上进行发布，在指导创作实践过程中可以充分发挥不同专业背景教师的主观能动性。在参赛和训练过程中彼此切磋、互相交流、取长补短，使得这些教师构成更加强大的智力群体。

（3）面向学科竞赛，完善综合实验室建设与使用。

借助学科竞赛，带动实验室资源的利用。这是从专业技能培训的实施上要求的，包括教学计划、实验设备、组织机构设立。为了更好地培养学生的动手能力，对教学环境和配套设施必然形成一定的要求。教学计划保障是指把学生参加学科竞赛纳入教学计划。在教学计划中，保证有足够的专业、技能培训时间。实验设备，主要是对参加竞赛的场地支持、设备支持、经费支持、技术支持等。高品质的电脑和配套软件，优质的广告摄影器材，丰富的图书资料和资源库，以及良好的环境等都有助于学生学习和研究，更好地激发和实施创意设计。

目前，国内举办的关于传播学类的比赛，已经在我校受到重视，这种通过比赛的方式增强学生专业能力，在设计种类和设计奖项方面均给予了很高的重视，设计竞赛已成为传播学专业检验教学改革与学生综合素质的试金石。在教学的过程中倡导竞争观念、团队合作精神，强调教学与设计竞赛相结合，教学同职场需求相结合，那么学科竞赛必然会促进专业的健康发展。

## 三、面向需求模拟实战式教学进行内容创新

现代大学教育更直接和深刻地受到不断变化的社会及市场需求的影响，这对学生的职业适应性与竞争力也提出了更高的要求。在这样的背景下，只有通过面向社会实际岗位需求对教学形式和内容进行创新，才能加强学生的职业适应性和竞争力，使大学毕业生有能力在激烈的职场竞争中拥有竞争力。为此，教学改革仍然应该继续贯彻以人为本、因材施教的教育理念，通过引入符合教育规律和时代要求的新的教学方法，为培养高素质的人才创造有利条件，实现学习与应用互相促进、理论与实践互相整合、专业知识与能力相互融合，个人发展与社会进步相互一致。与企业建立长期合作，针对不同岗位的职责来模拟实际操作需求，学生通过亲自动手操作，亲身尝试探究，不仅能更好地掌握知识，而且能运用所学知识对自己所生存的环境产生认识。现代学习理论已经揭示，人类学习的最佳状态不是静态、被动地获得知识，而是全身心经历探究世界与人生的过程。[3] 高校应根据经济建设和社会发展的需要，坚持以学生就业和市场需求为导向，主动邀请传媒行业参与到实践教学改革中来，围绕学校人才培养模式、实践教学环节组织、实习基地建设、实习工作开展、特色专业培育、学生就业竞争力培养、校企合作互动模式等方面进行面对面的交流和探讨，充分了解用人单位对毕业生的总体感受和评价，主动获取社会人才需求的第一手信息，进而调整和优化学科专业结构，探索按专业类或岗位群招生，构建"厚基础、宽专业、多方向"的人才培养模式。[4]

在模拟实战教学的过程中，提倡公平、公开、公正的原则，采取一些严格措施制约个别偷懒、敷衍的学生。在任务开始前，由指导教师和企业督导共同下发任务书，对每一组每一个同学的工作任务进行具体划分，向老师申报、备案设计结束后，组长对本小组每一个同学的任务及参与情况给一个任

务系数展示，陈述与答辩时，由教师评价、公司测评、自评三部分组成最后考核分数，能较真实地考核每一位同学在实战模拟中的表现。

## 四、结语

实践教学既是现有理论的源头，又是未来实践的源泉。从培养学生的实践能力和创新意识来看，它比理论教学更迫切，因为创新基于实践，实验教学模块、课程设计、课外实践活动和设计竞赛在内的教学形式多样，课内外教学与活动相结合，覆盖基础课和专业基础课的实验教学体系，让学生的主观能动性和创造性得到了极大发挥，并且鼓励了学生发展个性。这是传播学办学质量的一个重要考核方面，培养高质量的传播人才既包括学生的专业水平与素养，也包括学生的社会意识与责任感，还包括学生在特定领域与岗位上创造性地运用知识、服务社会的能力。

## 参考文献

[1] 陶喜红，王灿发. 产业融合对传媒产业边界的影响 [J]. 新闻界，2010（1）：22.

[2] 胡钦太. 传播学专业实践创新人才培养模式探析 [J]. 新闻教育研究，2010（10）.

[3] 黄雯. 新闻传播学专业"需求导向型"实践教学模式探索 [J]. 中国科技信息，2010（17）.

[4] 高红玲. 传播学专业教育的特殊性和教学方法创新之探讨 [J]. 国际关系学院学报2006（5）.

# 电子政务专业实验教学研究

佟 岩

(北京信息科技大学人文社科系 公共管理教研部)

**摘 要** 电子政务作为行政管理与信息技术交叉且实践性、技术性和应用性非常强的新兴学科，构建电子政务实验教学体系，实现实验教学与理论教学的互动结合是极为必要的。开展电子政务实验教学符合社会发展的潮流、符合培养复合型人才的培养目标。

**关键词** 电子政务 实验教学 建议

实验教学不单纯是理论课程的验证和补充，实验教学在知识建构、技能培训、实践能力培养方面具有不可替代的重要作用，是高等院校非常重要的教学环节之一，已获得广泛的认可和相当的重视。电子政务作为行政管理与信息技术交叉且实践性、技术性和应用性非常强的新兴学科，要求其培养的人才既掌握扎实的专业知识，又能在网络环境下从事电子文档管理、政务信息开发与利用、政务信息咨询与决策等技能操作。北京信息科技大学人文社科学院自2004年起开始在行政管理专业下设置电子政务方向，并开始招收本科生，旨在为各类公务管理领域培养既懂得现代管理理论又掌握先进的信息技术，能够在国家机关、企事业单位和公共服务等公务领域从事电子政务研究、管理、技术操作和系统维护工作的复合型人才。由于政府信息安全与保密的考虑，学生进入政府单位实习的困难加大，政府部门目前已限制学生实习场所和人数。如果电子政务专业的学生在毕业前没有在政府部门实习的经历，对学生的能力培养将是不完善的。为此，合理构建实验教学体系、优化实验教学平台，实现实验教学与理论教学的互动结合是极为必要的。

# 一、电子政务专业开展实验教学的必要性

实验教学是高校教学工作的重要组成部分，是培养学生实践能力和创新能力的重要环节。电子政务作为行政管理与信息技术交叉且实践性、技术性和应用性非常强的新兴学科，合理构建实验教学体系、优化实验教学平台，实现实验教学与理论教学的互动结合是极为必要的。在新形势下探索构建电子政务实验教学体系，改变传统"重理论，轻实践"的教育模式，实现实验教学与理论教学的互动结合，引导学生验证新理论、尝试新方法、掌握新技术，激发学生的抽象思维与形象思维，巩固和升华已掌握的知识和技能，加强学生实践和创新能力的培养，是培养复合型、高素质电子政务专业人才的必由之路。

（1）公共管理类专业学科建设的需要。

大多数高校在确定公共管理类相关专业培养目标时会有类似表述："通过实际操作和情景式教学方式，使学生了解公共管理及电子政务的整体形态。本专业学生主要学习现代管理科学等方面的基本理论和基本知识，受到一般管理方法、管理人员基本素质和基本能力的培养和训练，掌握现代管理理论、技术与方法，能从事公共事业单位的管理工作，具有规划、协调、组织和决策方面的基本能力。"高校公共管理学科中的"电子政务"是最热、最新、最具综合性和创新性的学科和专业，同时又是最重实践的学科和专业，必须加强实验教学环节，才能达到本学科对学生的培养需求。为此，只有通过开设相关实践课程，才能使学生更好地对电子政务形成感性认识，通过实际操作来体验电子政务的基本功能，从而切实地感受到实施电子政务的重要性，并能够初步掌握实施电子政务的基本方法和策略。根据调查，开设实践课程对于电子政务专业学科建设与发展将起到至关重要的作用，甚至会影响到将来电子政务专业的发展前途。

（2）培养复合型人才的需要。

根据教育部高教司有关文件的精神，要求各高校必须开设相当数量的综合性、创新性和设计性实验，来逐步替代原来的单一型验证性实验，达到提高学生创新能力和动手能力的目的，培养高素质的管理科学与工程人才。与此同时，学生对知识学习的要求也更高，越来越多的学生更注重实践内容，

学生要求接触实际工作、进行实践操作的意愿是非常强烈的。开设电子政务实验课程是培养学生创新能力的重要手段，通过实验课程使学生成为实验室和实验的主人，使学生在学习过程中将书本理论与实际操作联系在一起，激发学生在实验中的想象力和创造力，培养学生分析问题和解决问题的能力及动手创新意识，使他们走上工作岗位后能够很快地进入角色，为解决今后工作中可能遇到的各种问题奠定坚实的理论基础与动手操作能力。

## 二、完善电子政务专业实验教学的相关建议

我校人文社科学院行政管理及电子政务专业在开设专业基础理论课《电子政府与电子政务》的基础上，为学生开设了专业任选课《电子政务实训》，整体实行"交互式实验教学"法，将课堂迁移到实验室中，使学生在听课的同时，能够动手实践，做到即学即用。采用调查研究、案例分析、分组讨论、现场演示、公开答辩等多种教学方式。《电子政务实训》课程利用互联网及电子政务教学模式平台，使学生在模拟电子政务环境中从事实验活动，获得比在政府部门实习更好的效果，因为这种情境化的教学方式，能够使学生直接深入电子政务实践，不仅接触虚拟的政府核心机密网，了解政务信息化运作程序，还能参加政府业务活动，研究政府业务流程，提高网上办事能力，为将来毕业后适应信息时代政府管理和决策工作准备信息素质和实践能力。结合教学具体实际，特从以下几个方面提出进一步完善电子政务专业实验教学的相关建议。

（1）构建合理的实验教学体系。

构建实验教学体系，必须以人才培养目标为依托，把对学生的知识传授、能力培养和素质提高融为一体，将实验教学与理论教学、实验教学与科学研究、实验教学与校外实践结合起来，最终构建一个贯穿学生学习过程，依托于理论教学体系，有明确教学目标的实验教学体系。

电子政务实验教学体系的建立应该遵守两条基本原则：第一是要有明确的专业培养目标，合理系统的实验教学计划，有利于促进学生对整个电子政务学科体系建立全面、深入的理解；第二是要有利于激发学生对电子政务的学习热情，提高学生的知识迁移能力，将理论与实践相结合。

在实验课程设置上，应该实现基本实验项目仅占所有实验项目的50%左

右，并从电子政务的基础应用、综合操作、研究与创新三个层面设计实验课程。在基础实验课程中主要安排以验证性实验为主的实验，达到加深学生对于课程的感性认识和实践理解的目的；主要开设电子政务实验、电子政务案例分析、计算机语言程序设计实验、Internet 及其在政府管理中的应用实验、办公信息系统实验等课程。在综合操作实验课程中，主要是以综合性实验为主，学生分别扮演不同的角色，在电子政务模拟软件系统中开展各种政务活动，体验政府部门与各相关单位之间的业务联系和工作流程，达到融会贯通各门课程的目的；主要开设网络安装与设置实验、网络入侵与安全防护实验、基于 WEB 的应用程序开发实验、政府上网专题问题研究、数据结构、管理信息系统、政府网站建设与管理、政府信息管理等课程。研究与创新层次的实验则主要以培养学生的科研能力、创新能力、分析与解决问题的能力为主要目的，实验课程的设置以设计型实验、研究型实验为主，可根据师生的研究方向和承担的科研项目，灵活设置课程，以满足高层次科研和教学活动的需要。

（2）构建整体优化的实验教学平台。

①加大电子政务实验室硬件投入和建设。

开展电子政务实验教学需要多种资源的支持，其中最为基础的就是实验室的硬件设施。由于电子政务实验室建设产生的经济效益相对较少，这使得高校在利用有限的资金进行实验室建设的时候，往往对电子政务实验室建设的有效投入不足。一些高校要么只是对原有的计算机机房进行改造，要么直接利用计算机网络机房开设电子政务实验课程，很难满足电子政务对计算机硬件和网络环境的特殊要求。为此，必须要加快、加大对电子政务专业实验室的硬件投入和建设速度，学校应划拨实验室建设的专项经费，加大计算机硬件的投入，切实改善实验教学条件，同时在资金有限的条件下，更应该集中资源，提高实验室硬件配置的质量，而不是仅仅追求实验室的规模。

②加强电子政务实验软件建设。

建设良好的实验室硬件平台只是迈出了电子政务实验教学的第一步，实验室的中枢系统应该是运行在硬件之上的软件，如果没有软件的支持，那么电子政务实验室势必会变成"花架子"，中看不中用。与此同时，电子政务实验教学效果的好与坏，也将直接取决于实验软件的选择和开发。长期以来，一些高校在实验室投资上往往重视硬件投入而忽视软件管理，教学实验所需的教学软件大多由任课教师自行解决，这就导致了许多实验根本无法进行。同时，一些通过非正常渠道采购来的软件存在着不便统一管理问题，使得这些软件得不到及时的更新，在一定程度上影响了教学质量。为此，在选择电子政务教学模拟软件时，主要应该考虑选择那些功能较全、集成度较高、教学内容针对性强、系统先进、易扩充、易维护、易操作、价格适中、软件后继技术支持服务优良的专业实验教学软件。同时还应该结合学科的发展，坚持软件建设与科研同步，通过实验室建设和实验软件的使用增强科研能力和提升科研水平。

③加强师资队伍建设。

培养电子政务人才的关键在于拥有一支年龄、学历、职称、专业结构合理、文理交叉的教师队伍。由于电子政务是一门新兴学科，系统学习过相关理论和具有实践经验的教师非常缺乏，这一问题直接制约着实验教学的开展和实验教学目标的实现。为了保证实验室建设的各项工作正常运行，保证实验教学的顺利开展，必须大力加强师资队伍建设。实验室应该配备专业的实验指导教师，并根据软件的使用和实验项目的设置定期开展培训。同时，还要不断加强高校与政府机构、公共组织和企事业单位的联系，并在有条件的情况下，聘请兼职教师，派遣相关的教师到电子政务开展比较好的单位参观学习和挂职实践，以此来优化师资队伍结构。

# 网络传播专业实践教学立体模式的构建[1]

张 笑

(北京信息科技大学人文社科系 传播学教研部)

**摘 要** 中国迈入网络时代，网络编辑的人才培养问题已受到学界和业界的极度关注。传播学专业下设的网络传播方向就是专门培养网络编辑人才的对口专业，也是一个实践性极强的专业。网络传播专业实践教学体系的构建是当前亟待解决的问题。受到英国 BTEC 教学模式的启发以及国内知名高校办学经验的影响，网络传播专业的实践教学立体模式可包括：第一阶段专业素养训练，培养学生深厚的人文底蕴及广阔的专业视角；第二阶段专业基础训练，重点开发学生采写编评及多媒体表现能力；第三阶段综合项目实训，利用独立完整的仿真项目锻炼学生的实战能力；第四阶段毕业实习，理论与实践高度结合完成高质量的具有实习案例支持的毕业论文。

**关键词** 网络传播专业 实践教学 立体模式 BTEC

21 世纪，中国迈入网络时代，中国互联网络信息中心（CNNIC）发布的《第 28 次中国互联网络发展状况统计报告》显示，截至 2011 年 6 月底，我国网民规模达到 4.85 亿，可以说"全民皆网"的时代已经不远了，网络已成为最便捷、最有效的反映我国社会现状和民众思想状态的信息交流平台。同时我们也要看到，网络信息鱼龙混杂，网络把关缺失，网络监管亟待加强。网络编辑的人才培养已成为学界和业界都极为关注的问题。前段时间关于

---

❶ 本文系北京信息科技大学 2009 年度教学改革项目"传播学专业实践教学体系建设研究"（2009JG33）的阶段性成果。

"拉手网大华东区核心骨干几百人集体跳槽窝窝团"的新闻炒得沸沸扬扬。这充分说明，网络传播时代"信息为王"的宗旨必然对网络编辑人才实践能力提出高要求。

## 一、网络传播专业的实践教学特性

传播学专业下设的网络传播方向就是专门培养网络编辑人才的对口专业，也是一个实践性极强的专业。由于网络发展速度惊人，网络传播专业的人才培养与实践教学更应与时俱进。而且只有站在网络传播未来发展趋势的高度进行实践教学，才能保证学生学成就业后在自己的工作领域得心应手、具有可持续的发展空间。

北京信息科技大学人文社科学院自 2007 年开始招收网络传播专业学生，至今已拥有五届学生，专业课程以及实践、课设都已相继展开。而实践教学中存在的某些问题也逐渐浮现出来，例如基础课程之间实践教学内容的协调问题，课程设计环节与专业技能培养的紧密性问题，专业实习、毕业实习与业界发展状况的结合问题等。顺畅解决这些问题以及合理设置专业实践教学体系是培养学生良好专业素质的必备要素，只有将理论与实践、专业技能与市场需求密切结合，学生未来就业以及继续深造才会获得更多的机会。

## 二、来自 BTEC 教学模式的启发

英国 BTEC 教学模式给我们很多启发。BTEC 是英国 Edexcel（爱德思）国家学历即职业资格考试委员会面向 21 世纪推出的创新人才培养模式。Edexcel 是目前英国最大的职业和学历资格授予机构，由英国商业教育委员会、技术教育委员会和伦敦大学考试与评估委员会合并而成，它同时也是国际性权威教育机构，目前在全世界范围内，有 130 多个国家采用这种人才培养模式。全球接受过 BTEC 职业教育的学生全球已超过四十万并且普遍受到雇主的欢迎和推崇。[1]

究其原因，BTEC 的"以能力为本位"人才培养模式使学生在知识、技能和信心等方面都能符合全球化新市场经济中所提出的要求和挑战，适应现代社会的需求。它把学生掌握通用能力和专业能力作为人才培养的目标，在教学过程中重视学生的学习能力、实践能力和外语能力的培养，以课业代替

传统的考试方法。BTEC重视能力的培养,它要求学生掌握七种通用能力。通用能力是指学生在课堂学习、完成课业和社会调研等活动过程中,表现出的协调人际关系、解决问题等方面的能力。具体来说是管理和发展自我的能力,与人共事相处的能力,交流通讯的能力,用数字技术的能力,完成任务和解决问题的能力,运用设备和软件的能力,创新与设计的能力。[2] BTEC认为这些能力是一切从业者或将要从业者面向社会挑战、产业结构调整、个人成功生涯的必备基本技能。

BTEC课程将通用能力和专业能力一起列入教学目标,强调"通用能力的培养是BTEC课程模式的重要特色,专业能力成果是BTEC课程的灵魂"。BTEC采用的是模块化的课程结构。BTEC把职业岗位要求作为课程开发的基础和逻辑起点。课程管理采取学分制和弹性选课方式。"以学生为中心"是BTEC课程实施的指导思想,BTEC课程模式主要通过课业评价来考查学生的能力,[3]即任课教师要通过教学小组的形式开展课业设计工作,学生在完成课业过程中建立自己的学习资料档案。

虽然BTEC教学模式主要针对高等职业技术教育,但是对于注重实践能力培养的网络传播专业,该教学模式也极具指导意义。

## 三、来自国内相关院校的经验总结

我们对中国人民大学、厦门大学、清华大学、青岛农业大学等相关院校的传播学实践教学体系进行了深入考察,并参加了中国传媒大学主办的传播学实践教学研讨会以及清华大学主办的新媒体传播年会。在此过程中,我们不但了解了相关高校实践教学思路,而且认真研究了业界的人才需求状况。因此提出网络传播专业实践教学立体模式,希望进一步提升现有实践教学体系,吸取各校优点、结合业界需要,构建贴近网络传播发展前沿的实践教学立体模式。

(1)借鉴厦门大学新闻传播学院的经验,针对大学一年级学生进行基础素养训练,设立专业素养和通识素养实训课程,由指导教师为学生开列必读书目及案例分析内容,以实践课的形式进行考核评分,让学生利用大一的课余时间积累从事网编工作应具备的文史、科技常识,并培养专业的观察力、分析评价等能力。

(2)借鉴中国人民大学新闻传播学院的教学方法,在学生大学二年级主要进行专业理论的实践化教学，以理论课教学为主，在课堂授课中充分运用案例教学、任务驱动教学等实践教学方法，将专业理论与实践结合起来。同时协调理论课之间的实践内容，体现整体协作原则，锻炼学生的采写编评以及多媒体表现的基本技能。

（3）借鉴汕头大学长江学院引进国内外知名记者编辑进行实践教学的做法，在学生大三期间开设与业界一线直接接轨的专业课设，可聘请业界专家以真实项目作为学生课程或课设内容，真正让学生在实践中学习。如汕头大学"直击美国大选"、"重走越战之路"等被称为"颠覆中国新闻教学想象的采访"的实践教学活动，通过一个综合项目锻炼学生新闻采写能力、版面设计、评论策划、音视频编辑、多媒体表现等多种专业技能，产生了多门专业课设整合之后的立体实践教学效果。

（4）在学生大四期间，根据学生的发展规划安排针对性较强的毕业实习。参与实践基地提供的实战项目，将毕业实习与毕业论文及未来就业有机结合起来。网络传播专业实践教学立体模式的构建有利于学生加深对理论知识的理解，提高专业实战能力，为将来读研或就业打下良好的基础。

## 四、实践教学立体模式的具体内容

实践教学立体模式可以系统梳理网络传播专业的实践教学体系，在打造素质底座的基础上，协调基础理论课的实践教学内容，利用实战项目进行专业技能整合实训，以期学生以完备的专业素质博得用人单位的认可。

网络传播专业实践教学立体模式的主要特色在于教学内容的完整构建、教学方法的综合运用、实践程度的逐级深入。如右图所示：

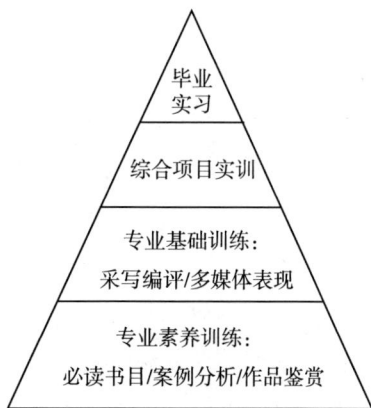

网络传播专业实践教学立体模式

（1）专业素养训练。

在大学一年级主要为学生开设基础课程，包括写作基础、传播学原理、传播史等课程。同时利用学生的课余时间，为学生开列必读书目书单，内容涉及哲学、文学、历史、经济、心理学、艺术、社会学等广泛领域。例如，欧亨利的作品、房龙的作品这类具有独特表现方式的作品都可以成为拓宽学生视野的启蒙读物。除了读书，还要帮助学生构建专业敏感性，让学生进行大量的案例收集及分析就是一个很好的做法。既可以分析新闻事件又可以收集广告案例，学生根据自己的兴趣点，对案例进行加工整理，分门别类形成特色鲜明的数据库，为未来个人发展奠定基础。

（2）专业基础训练。

在大学二年级主要开设专业基础课程，如网络信息采集、广告学、新闻写作、新闻采访、摄影摄像、平面设计等课程。这一阶段重点培养学生专业技能和专业素养，夯实传统新闻制作的采写编评各个环节的基本功，同时结合网络时代提出的新要求，加强学生多媒体表现能力的培养。从网页设计、图片效果处理、视音频制作等方面入手，锻炼学生实战能力。在专业课的授课过程中，要讲究授课技巧，实现多种教学方法的综合利用。例如网络信息采集课，利用机房的试验设备，采取课业考评的方式，将网络信息采集设计成具体的模块，结合网络编辑的要求，安排学生以个人或小组为单位完成文字信息采编、图片信息采编、音频信息采编、视频信息采编以及综合内容采编网页发布等环节。让学生深刻了解网络编辑的具体工作性质及工作要求，并为自己未来发展与就业明确方向。

（3）综合项目实训。

在大学三年级主要开设专业实践课，如网页制作、动画制作、视频剪辑、数字音乐制作等课程以及网络编辑实训、产品策划与推广、媒体特性分析等实验环节。大学三年级的综合项目实训环节是实践教学立体模式的核心环节，综合项目的设计要能够考查学生网络编辑的综合能力。例如"网络编辑实训"就是选定解放军艺术学院文化管理系士官学员队这一全军唯一俱乐部主任培训的基地，具有新闻价值、可实施性及统一的评价标准。运用任务驱动教学方法完成实训，安排学生自发寻找新闻话题进行网络新闻专题采编发布。通过完成这一实训，学生可以将所学专业内容综合运用，指导教师也可将新闻采访前的准备、新闻选题策划、实地采访、新闻写作、视音频剪辑、网页设计、新闻发布等多个实践环节在一个综合实训中加以实现。再如"产品策划与推广"课程设计就是和大学生广告设计大赛挂钩，利用大赛给出的实体选题，按照大赛要求完成产品的策划和推广。在学生提交的策划方案中要包括产品分析、市场及竞争对手分析、消费者分析、广告分析、营销提案、创意设计方案、媒体方案、项目预算等多项内容，也是对学生综合能力的考察。而且策划方案不仅仅是一个课程设计作业，还是学生参加学校广告比赛以及全国广告大赛的作品，一旦获奖，也增加了学生的自信心以及创造欲望。

（4）毕业实习。

在大学四年级主要是完成毕业实习以及毕业论文。实践教学立体模式力求将两部分结合起来，指导教师根据学生自身特点设计论文方向，学生根据导师的建议选择实习内容为论文收集资料。我院建立的实习基地基本上涵盖新闻采编（即包括传统媒体和新媒体两部分）、产品推广、媒体策划等多个就业领域，可以为学生提供较为丰富的选择。如，文字功底强的学生可以选择做新闻写作以及广告文案等工作，而熟悉软件的学生可以参与网页设计、广告设计等工作，在营销及策划方面比较有心得的学生可以完成产品推广及媒体策划工作。而毕业论文和学生的实习经验紧密结合，利用实习完成毕业论文的一手资料收集工作，这样写出的毕业论文针对性及实用性都远远高于单纯的理论性论文。例如一位毕业班同学在网页设计及网站推广方面比较擅长，选择的论文题目是"试析网络社区的形态演变——从 BBS 论坛到校内网"，他选择在"人人网"以及"百度贴吧"等基地实习，收集到了相当可观的一手资料，为其论文撰写提供了大量帮助。最终，该同学因为优秀的个人能力以及良好的实习表现被百度录用，为开拓未来的事业迈出了成功的第一步。

综上所述，我们发现网络传播专业实践教学立体模式的构建有利于理顺网络传播专业实践教学思路，明确网络传播专业实践内容；有利于在专业理论课的教学过程中引入各种实践教学方法，达到理论与实践的有机结合；有利于帮助专业课设建立关联性，设计综合性实战项目库；有利于协调专业课程之间的实践内容，使其全面满足网络传播从业要求，又避免重复实践造成的资源浪费现象；有利于提高网络传播实验室的利用率，为实验设备的更新升级提出具体方向；有利于增强学生实践的系统性，使其与业界一线接轨，为毕业后深造或就业打好基础……

在借鉴英国 BTEC 教学模式以及对国内相关院校深入考察的基础上，我校的网络传播专业一定要结合北京信息科技大学的整体资源和人文社科学院的文化底蕴，根据自身特点构建实践教学环节，为学生打造坚实的专业素养和过硬的专业技能，为网络时代的中国培养更多的优秀网络编辑人才。

## 参考文献

［1］傅松涛，蒋洪甫. 英国 BTEC 课程模式的内容及其实施效果［J］. 中国职业技术教育，2007：（26–17）.

［2］罗晓蓉. BTEC 课业教学本土化的实践探索［J］. 教学研究，2006（6）：509–511.

［3］黄根隆，谢梅英. BTEC 模式——解决"中心与本位"的途径［J］. 北京教育（高教版），2005（3）：52–53.

# 传播学专业实践教学研究

高　平

（北京信息科技大学人文社科系　实验室）

**摘　要**　本文对高校传播学科教育过程中出现的问题进行了分析，旨在探索高校传播学科如何按照需求导向的规律重新构造传播学科的实践教学体制，提出了传播学专业人才培养模式的三种改革模式，规划了专业课程组织结构的改革思路，明确了实践教学的改革方案。

**关键词**　培养模式　实践教学　培养目标

传播学科属于应用性学科，重视实验教学和学生实践能力的培养，我院传播学专业坚持"加强基础、重视实践、服务社会、面向未来"的办学理念，长期以来，在这一办学理念的指导下传播学实践教学不断加强软硬件投入，逐步建立起科学的、具有学科特色的实践教学创新体系，教学实践一体化，互相衔接，互相贯通，互相促进，以更新实践教学内容、改进实践教学方法为重点，培养具有创新精神和实践能力的有思想的传播学专业人才。

## 一、人才培养模式的改革

我国传播学专业人才培养的现状与社会需求之间的矛盾迫使我们必须对传播学人才培养模式进行反思、调整，甚至重构。社会发展需要应用型创新人才，但目前大多数地方高校现有人才培养模式不能很好地满足地方经济发展战略和地方产业的需求，原来的人才培养模式和课程设置与企业的需求之间存在很大差距。因此，需要探索应用型人才培养改革的新思路，形成一套具有自身特色的应用型创新人才培养思路，从而为提升我院的办学质量奠定坚实的基础。地方高校必须根据行业、企业及社会的实际需要修订人才培养方案、调整课程设置，整合企业和社会的优势资源，与其他高校合作，共同推进教育教学改革，努力开发适合培养应用型创新人才的教材、教法和教学模式，最终形成一整套应用型创新人才培养模式。

（1）"学校教学与业界互动"的传播学创新人才培养模式。即开设传播学专业的高校与业界保持互动关系。一方面，可以通过邀请业界的精英加入教师队伍，通过课堂授课或者开设讲座的方式，向学生传授一线媒体的实践技能与知识经验；另一方面，可以与业界建立联合培养的模式，在校内外建立实践基地，使学生拥有更多动手实践的机会，减少学校培养与业界需求"脱钩"的现象，使传播学毕业生更符合业界的标准与要求。

（2）凸显"学校特色+专业"的复合人才培养模式。即以学校较有特色的学科为背景，要求学生在掌握传播学基本理论与实践操作技能的基础上，同时掌握好特色学科的基本理论知识，从而形成一种双学科的复合型人才，满足媒体对特定专业领域从业人员的需求。

（3）依托"地方特色"建立传播学实践创新人才培养模式。即以开设传播学专业院校所处的地方特色为立足点，在培养传播学人才时，将地域特色元素加入其中，从而形成学生相对于外来竞争者的新优势。[1]

## 二、专业课程组织结构的改革

课程组织结构指的是按一定标准选择和组织起来的课程内容所具有的各种内部关系，它直接影响着学生的知识、能力和素质，是学校专业教学目标能否实现的根本保证。

专业课程主要由以下三个部分组成（见图1）：

①课程信息。包括课程内容、课堂、教师及教学等基本信息的详细描述。

②课程内容。包括课程的主体架构及内容，要求课程的主体框架保持统一性、完整性的同时能提供扩展功能便于教师进行个性化的建设。除此之外，课程的教学设计应该从支持学生自主学习的角度出发，课程的各个栏目应以满足学生自主学习需要为目的，整个课程的建设需要体现先进的网络教学理念。

③特色内容。"特色内容"的建设是课程建设的一个重要内容。要求课

程不仅要适合于学生自主学习，还应该充分体现出课程的特色。要求提供"特色资源"和"课程工具包"体现课程特色，同时要求为教师提供开放的特色资源支持功能，此外要求开发丰富而实用的课程工具包，以增强学生与课程的交互性。

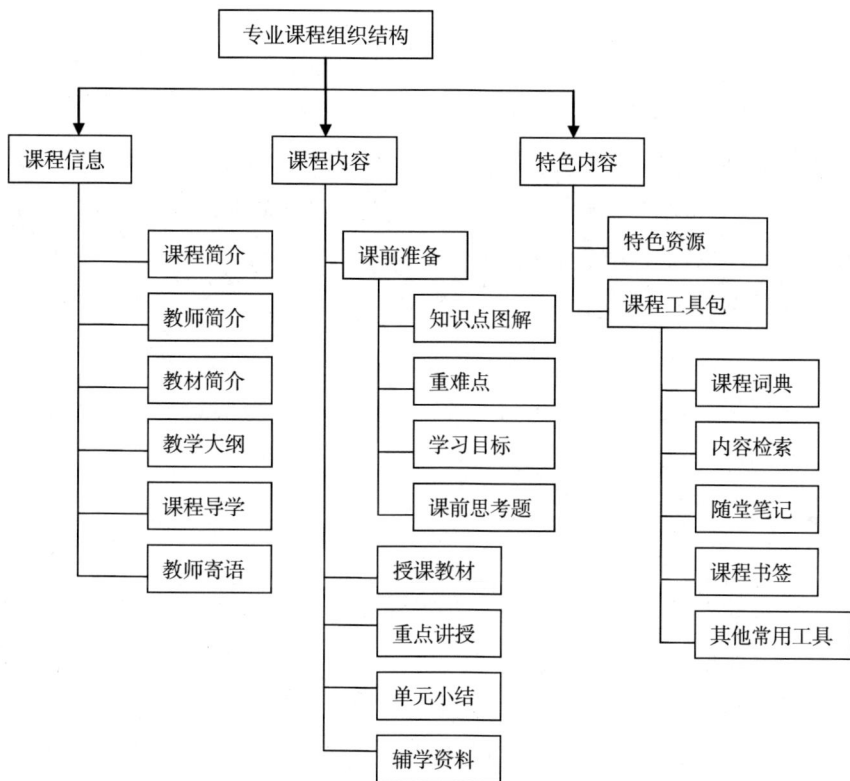

图 1　专业课程结构图

## 三、实践教学的改革

实践教学改革的总体思路是：根据实践教学定位，从"课程体系、创新实践、平台扩展"三位一体的教学模式出发，以现有实践课程体系建设为基础，强化对学生实践创新（包括支撑学生科研立项、专业竞赛、自主创新研究项目等）的支持，并大力拓展各项平台扩展功能，完善校内外双基地建设和校内外实践基地创新实践，促进实践教学成果的交流。实践教学改革将利用优良的资源，结合传播学专业学习特点及多学科交叉的现状，打造文、理、艺术多学科交叉融合的实践教学和培训平台，通过组织学生参加课程基础实验、课程综合性实验、专业综合性设计性实验、跨专业综合实践、校内外实践双基地实习五个层次的教学实践活动，通过校内和校外实践基地联合培养的方式进行传媒人才培养，实现学生自主学习与教师导向作用相结合、学校教学与传媒实践基地实地教学相结合、专业知识学习与实际从业技能学习相结合、理论升华与理论应用相结合，融知识传授、能力培养、素质提高为一体，培养高素质的实践创新人才。

根据总体思路，确定实践教学改革的主要任务和措施：

①改革和理顺实践教学体制，系统规划和完善实践教学项目体系，探索建立强有力的实践教学激励机制。

②完善实践教学精品课程建设，建设独立的实践课程；继续拓宽现有实践课程内容，优化开设多种层次、品种丰富的实践课程。

③更新和搭建实践创新平台，为全天候高效开放实验室提供条件保障，支撑学生的各项创新实验。

④研究和建设实践教学的创新体系和平台拓展功能，继续拓宽实践研究领域，为提高实践教学水平创造条件。

⑤加强校内创作实践基地和校外实践基地的"双基地建设"，探索教学模式的创新发展。

⑥培养和用好实践教学队伍，建设一支具有较高水平的高素质骨干实践教师和实践技术管理队伍，培养出在全国具有影响的传播学实践教学带头人。

传播学专业实验室建设的目标是：在原有实验室的基础上，根据行政管理学专业、传播学专业培养目标定位和公共政治课建设的需要，依照专业建设和教学改革的需要，加大课程改革力度，努力增强操作性课程和技能型课程的效能，加大和增强培养学生发现和解决问题的能力，加强实践教学环节。与此同时，进一步整合实验室设备，进一步提升实验室软硬件条件，力争在三年内把实验室建设成为体系较为完整、结构较为合理、功能比较齐全、效果比较明显，能够服务传播学专业、行政管理学专业和公共政治理论课教学，以培养学生能力和技能为主，具有教学、科学研究和社会服务三位一体的综合性实验室。具体目标有以下三个方面。

①在现有实验室基础上，努力提升"传播学专业实验室"硬件和软件条件，开发网络传播方向研究领域的研究性实验教学项目，促进本科实验教学走向专业化水平。

②加大软件建设力度，在原有设备的基础上，大力购置与公共管理尤其是行政管理相关的软件设备，建设能够为行政管理专业提供实验条件的行政管理实验室，满足行政管理专业实验教学和实践教学的需要。

③创造条件，建设公共政治课社会实践网络教学平台，以适应公共政治课加强社会实践、提高公共政治课效能的发展需要。

④在此基础上，进一步开发全校性公共实验课，加强开放实验室的建设。

总之，传播学专业是一门实践性很强的学科，因此在教学之前必须认清教学中存在的问题，在教学中明确教学的原则并且优化教学方法，在教学后注意反思教学中的不足，以此循序渐进达到教学改革的目的。相信只有不断进行教学手段和方法的探索和改革，才能使传播学专业的教学内容更加容易被学生接受和理解，才能使学生学有所用，从而达到我们的教学目的。

## 参考文献

［1］胡钦太等. 传播学专业实践创新人才培养模式探析［J］. 当代传播, 2010（2）.

［2］黄雯. 新闻传播学专业"需求导向型"实践教学模式探索［J］. 中国科技信息, 2010（17）.

［3］徐幼雅. 影视实践环节在传播学专业的定位与实施［J］. 中国校外教育, 2010（20）.

［4］张明新. 新闻传播学专业案例教学的理念与实践［J］. 东南传播, 2009（8）.

# 案例教学法在法学公共选修课中的运用

唐　彦

（北京信息科技大学政治理论教育学院）

**摘　要**　高等院校法学公共选修课的教学质量往往因为诸多原因而差强人意。采用有效的教学方法，提高法学公共选修课教学质量是当前法学公共选修课教师面对的一个问题。已经在西方高等学校法学教育中运用超过百年的案例教学法早已被证明是一种卓有成效的法学教学方法，在法学公共选修课教学中认识案例教学法的优点，正确使用案例教学法，从而达到优化法学公共课教学效果的目的。

**关键词**　法学公共选修课　案例教学法　教学效果

为了普及法律常识，让高等院校学生在踏入社会之前储备必要的法律知识来应对纷繁的社会中可能出现的各种法律问题，我国各高等院校普遍开设一定数量的法学公共选修课程。然而，法学公共选修课在我国高等院校特别是理工科院校中却并不受重视，就笔者承担的法学公共选修课教学中来看，学生选修课程的目的大多是为了凑足公共选修课学分，学习目的定位的偏差必然导致学习兴趣的缺失，因而法学公共选修的教学效果一直差强人意。加之，法学课程因有着较强的专业性，对于缺乏法律必要常识的选修课学生来说，要达到较好的教学效果更非易事。本文拟在对笔者从事的法学公共选修课教学方法进行一定的探讨，以期提高法学公共选修课的教学质量，提高学生法律素质，让学生成为一个真正懂法守法的公民。

## 一、法学公共选修课的教学现状

（1）学生选修法学公共选修课目的的偏差。

就笔者任教的法学公共选修课教学班级来看，一些学生选修法学公共选修课是出于对法学学科的兴趣，一些学生是为了获得必要的法律常识来应对踏入社会后可能出现的法律问题，但多数学生是为了凑足公共选修课学分。这种目的定位的偏差就导致了多数学生上课兴趣不高，逃课现象严重，上课态度不认真，不积极参与老师的课堂案例讨论等问题的出现。尤其是逃课现象，如果教师不严格要求考勤，逃课现象最严重的时候会达到学生出勤率不到选课人数的四分之一。

（2）法学学科本身的专业性妨碍了学生对法学公共选修课的兴趣。

众所周知，法律课程具有相当的专业性，专业理论结构复杂，专业术语繁多。一般情况下，学生选修法律课程最好需要一定的法理学、法制史学基础，这样才能更好地帮助其理解教学内容。在多数学生没有法律一般常识的情况下，学生要较好地理解教学内容难度是比较大的，不能理解教学内容自然就会妨碍学生的学习兴趣，从而加重了逃课或者上课不认真积极的现象的严重程度。

（3）法学公共选修课课时的有限性增加了学生对学习内容的理解难度。

各高校为了统一协调公共选修课的课时，往往对法学公共选修课的课时做了限制，就笔者教授的法学公共选修课而言，学校制定的教学计划一般在24学时，在24学时内要把专业性程度高且内容繁杂的法律课程教授好，对教师而言也有一定挑战。教师需要在全面把握学科特点的基础上高度精练，提纲挈领地对法学课程的内容进行全面介绍。如果教师本身专业能力有一定问题，在有限的学时内教授法学课程必然会加深学生的理解难度，从而影响教学效果。

基于法学公共选修课讲授特点以及存在的各种教学问题，为了提高法学公共选修课的教学水平，使其真正达到开设课程的目的，我们有必要对其教学方法进行一定的探究。

## 二、案例教学法的优点

（1）案例教学法在法学课程中的应用。

案例教学法是法学课程教学中常见的教学方法。它最早起源于哈佛法学院，19世纪下半叶，哈佛法学院院长兰代尔创立案例教学法应用于法学院的教学，其目的主要是基于研讨法律实务，而非研究抽象理论，因为英美法系内容包含许多缺乏统一理论的判例，案例教学法很快在哈佛及芝加哥、哥伦比亚、耶鲁等精锐的法学院深受欢迎，兰代尔的学生们也不断地广泛传播这种方法，到1920年，案例教学法成为占主导地位的法律教育方法并延续至今。案例教学法在后来的实际教学过程中又有了发展，哈佛法学院的教授们进一步将经典的法律案例中最关键的章节萃取出来并将之重编，要求学生于课前将各项要素了然于胸，以便课堂中与教授交换个人意见；教授则了解学生是否已能从个案中判断和明了正确的法律知识。若有意见不同之处，则成为课堂探讨的重点。[1]

随着我国高等院校法学教育的发展以及与国际法学教育的接轨，国外普遍使用且已有成熟经验的案例教学法便借鉴到国内法学教育中。在教学中，恰当地引入案例，使其在教学效果中发挥最有效的作用。案例具有形象化、具体化的特点，教师通过对案例的分析或指导学生对案例的分析，可以使学生学习新的知识，获得思考问题的方法，培养学生分析问题和解决问题的能力。但是在不同的教学内容中，案例的引入时机、引入目的、引入方法却有不同之处，要考虑到教与学的整个环境。在法学教学中，案例教学作为很重要的一种教学方法，已经成为法学教育者的共识。

（2）案例教学法的优点。

第一，案例教学法能够直观、形象、生动地帮助学生理解和掌握法学理论。法学理论本身具有专业化程度高、理论艰深枯燥的特点，采用传统的讲授式教学方法，"满堂灌"或"填鸭式"教学的效果往往差强人意，学生处于被动接受学习的地位，对于法学理论问题的理解程度有限，这种教学方法使得学生对法律学科的学习基本上处于一种"抄笔记、考笔记、背法条"的误区，学生理解和运用能力得不到培养和锻炼。而案例的直观性和生动性恰恰能改变了法学理论枯燥难懂的特点，通过案例的分析能让学生较好地对法学理论问题进行理解和把握。把法学教学的灌输式教学变成了对每个具体案例的剖析和总结，这就使得法学学习变得饶有生趣，而兴趣是最好的老师，在兴趣的引领下，学生的学习积极性也会大为提高。

第二，案例教学法能够调动学生学习的主动性与积极性。法学专业是实践性、应用性都非常强的专业，它要求理论与实践的结合、统一，案例教学法能够贯彻理论联系实际的原则。教师在教学中运用案例这一中介，使学生置身于具体的实践活动中，因而学生的参与意识强，主动性和积极性都得到了极大的发挥。与传统的"填鸭式"灌输相比较，案例教学法能更好地调动学生的主观能动性，在对案例的讨论分析中加深对法学基本理论知识的理解和掌握。此外，这种方法不仅向学生阐明了法学的基本理论和基本原理，而且提高了学生在实践中运用所学知识解决具体实际问题的能力。

第三，案例教学法具有较强的互动性。单向的灌输式教学只是以教师为主体，而案例教学是以教师为主导，以学生为主体。通过案例讨论，教师与学生之间的双向流动，教师能很好地把握学生的法学理论水平、对教学内容的接受能力以及课堂情绪，便于教师更好地因材施教。孔子在《论语·学而》说："不患人之不己知，患不知人也。"[2]孔子在教育学生时强调"因材施教"，其基础就是对学生的充分了解。案例教学法具有的特有的师生间的互动性能使教师很好地了解自己的学生，针对学生的理论水平和接受能力进行课堂教学，从而取得令人满意的教学效果。

## 三、案例教学法在法学公共选修课程中的运用

（1）案例的选择。

首先，所选案例要具有代表性，而不是实践中根本不会发生或多少年难遇的案例，案例的选择最好能结合当下社会发生的热点法律事件。法学教育的目的在于应用于实践，案例的选择具有代表性有利于学生对社会的认知。其次，案例的选择要具有典型性，一个案例能够较好地说明一个知识点或多个知识点，教师在教学中可以针对教学知识点对案例进行一定的改编，使其能够更加清楚地阐释教学知识点。第三，针对法学公共选修课选课学生的特点，必须考虑案例的难易度、复杂程度，在给无任何法学基础知识的选修课学生讲授课程的时候，案例的选择尤其要注意不宜过于复杂艰深；最后，如果一个知识点可以收集多个案例予以说明，应当尽量选择其中趣味性较强的案例，这样容易吸引学生的注意力并调动学生的学习兴趣。例如，在刑法学选修课的教学中，讲授犯罪未遂这一知识点的时候，犯罪未遂是指犯罪行为人已经实施犯罪，但是由于犯罪人意志以外的原因导致犯罪没有得逞的犯罪停止形态。犯罪人意志以外的原因包括犯罪人的认识错误。在讲解认识错误的时候笔者选择了这样一个案例请学生讨论犯罪行为人贾其的行为是否构成

犯罪：贾某与杨某有宿仇。贾某一直寻机报仇。一天深夜，贾埋伏在杨必经之路上，杨途经贾的时候心脏病突发当场倒地身亡。贾看到杨躺在地上，并不知道杨已经死亡，仍然拔枪向杨某要害部位射击数枪，而后离去。选择这个案例既有效地说明了犯罪未遂中认识错误这一知识点，而且学生们对于对着已经死亡的尸体开枪依然构成故意杀人未遂总是兴趣浓厚，并在课堂上引起热烈讨论，可见有趣而有益的案例选择对课堂教学效果有着较大的影响。

（2）案例教学法的教学形式。

在法学公共选修课教学中，案例教学法可以根据具体讲授法学理论的需要，选择采用下列具体教学形式。

第一，列举案例法。这是案例教学法的基本形式，也是举例教学法在法学教学中的运用。列举案例法是指教师在授课中，为了解释某一法律制度理论、某一法律条款内容或某一实践问题而列举一个或一组案例进行示例性解说的教学方法。[3]列举案例法的目的在于揭示现象、说明问题。列举的案例既可以是发生的真人真事，也可以是为教学需要对真人真事进行加工后的案例；既可以把整个案件全部呈现，也可以只讲与本次课内容相关的部分关键性内容；既可以是十分严肃的案例，也可以是轻松自由的生活小事。这些要根据讲课的具体内容由教师自主灵活地掌握和使用。

第二，讲评案例法。这是点评教学法在法学教学中的运用。讲评案例法是指教师为了帮助学生理解某一教学内容而对某一案例进行深入剖析，从中挖掘出比较深刻的东西，并通过讲评案例使学生掌握教学内容。[4]比如，在讲解交通肇事罪的时候，可以选择使用2009年引起社会大众高度关注的成都孙伟铭无照醉酒驾车案，孙某严重醉酒后无照驾车造成四死一重伤的严重后果，最终以"构成以危险方法危害公共安全罪"被判处无期徒刑。教师通过该案可以向学生讲解交通肇事罪的犯罪构成及加重情形，同时，可以引入法学界对本案的争论，讲解以危险方法危害公共安全罪与交通肇事罪的区别。此外，该案的一审判决死刑而二审改判无期徒刑，这一改判反映了犯罪行为人在犯罪主观方面是直接故意还是间接故意对量刑产生的重大影响。这一案例的讲评可以使学生明确交通肇事罪、以危险方法危害公共安全罪、犯罪直接故意和犯罪间接故意等多个知识点。当然，讲解本案时选择多媒体教学可能效果更好，笔者在优酷网上下载了中央电视台关于该案深度采访的视频，给学生一边观看一边讲解，这样的讲解更加生动也更容易引起学生的兴趣和思考。

第三，讨论案例法。这是讨论教学法在法学教学中的运用，也是案例教学法最为常用的形式。教师在介绍案件主要情节和细节后，提出有关问题，要求学生运用生活常识与所学的法学理论来讨论。既可以分小组讨论，也可以大班讨论；既可以先合后分，也可以先分后合。要让每一个学生都有表达自己见解的机会。最后教师还要对学生中出现的不同意见进行一一评析，给出标准答案并说明理由。培养学生分析问题、解决问题的能力是运用讨论案例法的关键和目的。同时，教师也可以从讨论中了解学生对所学内容的掌握水平，做到因材施教。

第四，旁听案例法。这是观摩教学法在法学教学中的运用，也是最受学生欢迎的一种教学形式。旁听案例法作为一种现场教学方法，有助于提高学生对选修课的学习兴趣，同时能使学生对于法庭诉讼有一个直观的感性的认识。教师为配合讲课内容，有针对性地选择人民法院审理刑事、民事、行政等案件，组织学生进行旁听。旁听完后，教师应当对所涉及案件进行及时的讲解和剖析，这样往往会获得令人满意的教学效果。

（3）案例教学法中多媒体教学手段的运用。

在案例教学中应当尽可能采用多媒体教学形式。在案例教学中，适当的图片和视频的使用会收到事半功倍的效果。从认知心理学的角度来看，学生对视觉信息的接受要远远优先于听觉信息的接受，视频的使用会很好地吸引学生的注意力并激发其学习兴趣。[5]此外，仅单纯地依靠教师口述有关案件事实，既占用大量的课堂时间，又显得不够直观生动，难以将案例描述得清清楚楚，通过图片和视频等多媒体材料的运用，则能充分调动学生的情绪，增加案例教学的生动性、形象性，同时还能有效地增加课堂信息含量，极大地丰富教学内容。案例教学中使用电视媒体中受大众欢迎的案例说法节目视频是非常好的一种教学的选择。有的案例说法节目还辅以专家点评，有很强的说服力和影响力。教师应当在日常生活中注意积累具有典型意义和理论深度的视频教学素材，在电视上看到了比较好的案例视频节目要及时下载，并根据课堂教学的需要进行适当的剪辑。

任何一种教学方法都不是万能的，都不是"放之四海而皆准"的，案例教学法也不例外。案例教学法并不能贯穿法学教学的所有教学环节，也不能贯穿某一课程的全过程，而是有其具体的应用条件。教师对案例教学法的运用技能水平也直接影响教学效果，案例的选择、课堂案例讨论的组织与教师对案例的总结讲解都要通过教师在教学实践中不断地摸索来积累经验并提高教学技能。针对法学公共选修课的学生特点，笔者通过多年的教学摸索，感觉教学中应当尽量多用案例，并尝试先给出案例提出问题，让学生带着问题去听与之相对应的理论讲解，随后再返回案例予以总结的教学顺序，这样做能吸引学生注意力，提高学生的听课兴趣，优化教学效果。此外，法学公共选修课也应当尽量实行小班授课制，实施案例教学引导学生进行案例分析讨论，班级规模过大必然影响教学质量。笔者从事法学公共选修课课堂人数一般在150人到200人，在这种大班中开展案例教学是比较困难的，即便勉强采用，也难以产生应有的教学效果。高校教学部门在安排法学公共选修课程的时候，应当考虑法学课程往往采用案例教学法的教学特点，根据学生选课的规模合理排课，如果一门法学课程选修学生人数过多，教学部门应适当将其分为多班进行教学，一般来说，在教学班级人数上一个班级在50人以下方能保证案例教学法在教学中得到有效的实施。

## 参考文献

［1］见维基百科网站"案例教学法"词条.

［2］李泽厚. 论语今读［M］. 合肥：安徽文艺出版社，1998.

［3］王继福. 论法学教学中的案例教学法［J］. 河北师范大学学报（教育科学版），2008（8）.

［4］刘云亮. 论法学教学中的案例教学法［J］. 海南大学学报（人文社会科学版），2000（3）.

［5］王平. 案例教学法在非法学专业法学课程教学中的应用探析［J］. 教育与职业，2007（17）.

# 普通高校民族音乐教学探索

陈 红

（北京信息科技大学人文社科系 传播学教研部）

**摘 要** 我国的国民音乐教育长期以来是以西方音乐的理论体系和阐释模式为主，西方音乐一直是音乐教育的中心内容，这直接导致了当代大学生对中国民族音乐的隔膜和疏离，面对不容乐观的现状，笔者在民族音乐的教学实践中进行了探索和改革，以期能够激发起大学生对民族音乐的热爱，意识到自己对民族音乐文化的传承肩负着责任，使中华民族优秀的精神食粮和宝贵的音乐文化遗产能够代代相传。

**关键词** 普通高校 民族音乐 教学探索

中国的民族音乐在世界浩瀚的音乐海洋中独具特色，蕴含着丰富的历史文化信息和审美积淀，是中华民族优秀的精神食粮和宝贵的文化遗产。然而，由于我国的国民音乐教育长期以来是以西方音乐的理论体系和阐释模式为主，西方音乐一直是音乐教育的中心内容，再加之大学生们受到成长环境和生活经历的制约，以及追求时尚的审美趣味，这一切直接导致了当代大学生对中国民族音乐的隔膜和疏离。他们对我国的民族音乐基本上不感兴趣，对优秀的民歌、民族器乐、传统戏曲大多不甚了解，也不屑一顾，作为一名高校的艺术教育工作者，笔者深深地为这样的现状感到担忧。如果祖国优秀的音乐文化断送在我们这一代人的手中，不能传承下去，意味着教师的失职。教师的使命感和责任感促使笔者在对大学生进行音乐教育的过程中，有意识地加强了民族音乐的教育，在教学实践中进行了一些探索和改革，取得了一定的成效。

## 一、以民歌作为大学生打开民族音乐大门的钥匙

众所周知，歌曲是音乐与文学结合的产物，由于有了歌词，因此歌曲较之纯器乐作品更易于为人们所理解和接受。民歌作为劳动人民集体创作的结晶，有着悠久的历史传统，几千年来，民歌一直与人民相依相伴，表达着他们的思想情感，记录着他们的历史，哺育着千千万万的艺术家。许多民歌作品充满着生活的哲理和人生的智慧，语言生动活泼，富于民族特色。基于这些原因，笔者在中国民族音乐的教学上就以中国民歌作为引领大学生进入民族音乐大门的钥匙，以激发他们的学习兴趣。

面对我们国家不同民族、不同地区、各个时期浩如烟海的民歌，在有限的课时里，什么样的民歌作品才能尽快拉近学生与民歌的距离，消除他们对民歌的疏离感和陌生感呢？笔者认为选择合适的民歌作品是教学成功的关键。因此，旋律优美动听、特点鲜明浓郁、有代表性的风格各异的优秀民歌作品被纳入笔者的教学之中，力图能够组成色彩斑斓的民歌大餐向学生呈现。在笔者的课堂上，有充满诗情画意的云南弥渡山歌《小河淌水》，富于想象、淳朴生动的川南山歌《槐花几时开》，深情款款的表达青年男女对美好爱情生活憧憬的新疆哈萨克族民歌《可爱的一朵玫瑰花》，具有浓烈西北韵味的陕北民歌《泪蛋蛋泡在沙蒿林》，以及充满乡村野趣的《对鸟》和台湾童谣《天黑黑》等，不一而足。这些民歌作品优美的旋律、蕴含着真挚的情感表达、鲜明强烈的表现手段和被百姓普遍认同的自然美好的表达形式，呈现出的感人的力量和勃勃生机感染了学生们。众所周知，现在的大学生即便是在农村长大的孩子，也是迫于学习压力，鲜有机会也没有意识主动去接触这样鲜活生动的民歌，而在城市里长大的孩子，对这些原汁原味的民歌更是闻所未闻，颇感新鲜。通过接触这些民歌作品，他们受到了感染，应该说是作品本身的魅力征服了学生们，使他们觉得中国民歌是可以听和可以亲近的。

民歌从古至今，生生不息，具有无限的生命力，是艺术家们创作的源泉。我国的国产故事片《刘三姐》曾荣获第二届大众电影百花奖最佳音乐奖等大奖，电影中的歌曲是由词作家乔羽、曲作家雷振邦根据广西民歌素材创作的，原汁原味的腔调使人几乎以为这些歌曲就是广西民歌。电影中刘三姐率领群众用山歌和三个秀才对歌斗智的场景引得学生们忍俊不禁，在笑声中他们体

会到民歌不仅能直抒胸臆，表达爱情，还可以成为战斗的武器，其中更是闪耀着劳动人民的智慧。这些优秀的艺术作品使学生体会到民间音乐对艺术家的滋养，也深刻地印证了俄罗斯音乐之父格林卡的一句名言："创造音乐的是人民，而我们艺术家，不过是把它编成曲子而已。"

笔者力图通过中国民歌的教学，使学生们意识到：民歌是中华民族的精神瑰宝，它是不应该被我们遗忘的，因为民歌本身就在编织着历史。它是一份特别的备忘录，留存着一代又一代人的旋律与歌声；它是一份宝贵的遗产，向后人展示着自己民族文化的丰盛；它是一种时代的声音，代表着一种民族的精神和力量。作为中国人，作为大学生，我们有责任有义务把这一中华民族的精神瑰宝传承下去。

## 二、以民族乐器和传统名曲激发大学生对中国音乐的审美兴趣

我国是一个拥有五千年的光辉历史和灿烂音乐文化的国度，按照常理，让大学生了解和接受自己国家的民族乐器和传统名曲，应该说是一件比较容易的事情，然而实际情况却并非如此。虽然这几年国家开始重视对青少年进行民族音乐教育并出台了相关的文件，但从目前情况来看还远未达到预期效果。

探究大学生对中国民族音乐产生隔膜的原因主要有以下几个方面：第一点是由于大学生对民族音乐接触得很少，不知道民族音乐的特色以及优美的地方；第二点是学生们认为民族音乐年代久远，陈旧落伍，与时代脱节，与充满青春活力的自己格格不入；第三点是在他们的潜意识里，认为民族音乐土里土气，与他们对时尚的追求是相悖离的。除了学生们的想法，许多家长的决定也潜移默化地影响了他们。在孩子们小时候家长为他们选择乐器学习时，绝大多数都会选择西洋乐器，选择学习民族乐器的屈指可数，家长对孩子的培养以及家长的喜好在很大程度上左右了孩子们的趣味。当然不可否认的是，对于身处当今社会，追求新、奇、特的大学生，要他们自发自觉地去欣赏、去了解千百年来流传下来的传统音乐是不太可能的，教师的工作就是要引领他们探寻民族音乐之美，激发他们对中国音乐的审美兴趣。

笔者认为，对大学生进行民族音乐教学不能仅仅是音乐理论的讲授和音

乐形式的分析介绍，那样学生只是获得音乐的知识和技巧，而很难得到对音乐深层的鉴赏力与美感趣味，因此，讲课的重点是要阐释蕴含在音乐语言中的文化内涵，让学生在历史、文化与生命的律动中体味民族音乐之美，感受文化的力量。

以我国的民族乐器青铜编钟为例，笔者在讲授之初，先请学生们听一段由编钟演奏的传统名曲《梅花三弄》，因为许多学生对编钟这个乐器和《梅花三弄》这个作品只是闻其名而未闻其音，因此立即有了兴趣，学生们对编钟那沉着而又清脆、厚实而又余韵不绝的独特音色，以及矜持高贵的演奏风格有了直观的感受。当他们陶醉在编钟带来的神秘幻想之中，体会着乐曲所表现的梅花高洁傲世的品格之时，笔者开始了对编钟的文化阐释。编钟出自久远的商朝，其声音从容不迫，张弛有度，具有天然的高贵气质和绅士风度。作为当时王公贵族专门享用的乐器，编钟的青铜材质使它的声音沉着、浑圆，极富穿透力，很好地体现出他们闲适雍容、华贵矜持的气派，具有男性的阳刚之美。另外，每种乐器都是时代的产物，传达着时代精神，编钟也是商周时期娱神意识和宗教氛围的完美体现。而在编钟的制作技术上，我国在先秦时期已经达到空前绝后的地步。令人骄傲的是，我国在 1978 年出土于湖北随县战国曾侯乙墓的一套 65 枚的巨型编钟，改变了中国古代只有五声音阶的结论，它证明了中国音乐早在公元前五世纪就已经使用接近十二平均律的十二音音阶了，这比西方整整早了 1800 年。通过这样对编钟富于文化意味的阐释，不但使学生感觉到似乎是在历史中穿行，又使他们转变了长期以来认为中国音乐不如西方音乐的观念，增添了一份民族自豪感。

而在引领学生徜徉于传统音乐的海洋之时，笔者也注意向学生揭示产生音乐的文化生态环境，强调音乐艺术所具有的独特的美根植于产生它的文化之中，文化才是孕育艺术之花的土壤，使学生了解中国艺术致力于情感、心灵与自然形象的融合，注重意境创造的特点。例如笔者在介绍传统合奏曲《春江花月夜》时，并没有直接进入音乐作品本身，而是先以"月"在中国文化中的重要地位作为导入，讲述它与西方"日神"、"酒神"迥然不同的审美精神。作为中国传统音乐的一个母题，许多器乐曲都以月为题材，如《关山月》、《汉宫秋月》、《平湖秋月》、《彩云追月》等。因为在我国，月亮所具有的象征意味代表着中国文化崇尚温柔和谐的一面，而后再让学生在音乐中去细细品味月之和谐、宁静、超脱的文化意蕴，体会乐曲中所传达的意境，这样的民族音乐教学就不会只停留于音乐的表象，而具有了更为深远的文化意蕴。

## 三、完善普通高校民族音乐教学的建议

我国的民族音乐是民族艺术的精华，是中华民族的气质和精神的象征。在普通高校对大学生进行民族音乐教育，目的不仅仅是让他们了解几件乐器和几首作品，更重要的是通过民族音乐使他们了解中国文化的精髓所在，以其中的文化内涵激发起他们对民族音乐的热爱，意识到自己对民族音乐文化的继承与弘扬肩负着责任，使中华民族优秀的精神食粮和宝贵的音乐文化遗产能够代代相传。但是目前我国普通高校民族音乐教学的现状不尽如人意，存在着许多问题亟待解决，对于今后的民族音乐教学，笔者有一些建议：

①希望每个大学生能够学唱几首中国民歌，通过亲自学习演唱来使他们获得对民歌艺术的切身感受，切实体会民歌的生动传神。

②增加大学生的学习和观摩的机会，可以"走出去，请进来"，充分利用北京的文化资源，让学生观摩文艺演出，听音乐会。

③希望学校能够为大学生营造欣赏民族音乐的氛围，学校的广播可以每天设定一个时间播放民歌民乐，介绍民族音乐知识，耳濡目染，环境熏陶的作用不可小觑。

④充分利用当代大学生格外青睐的网络来推介中国的民族音乐，使民族音乐能够通过网络广为传播，成为大学生的精神食粮。

总之，作为中国人，作为大学生，要担负起民族音乐文化传承的责任；作为音乐教育工作者，培养当代大学生热爱祖国优秀的民族音乐文化是我们的职责，为此，我们需要不懈努力。

## 参考文献

［1］朱良志. 曲院风荷［M］. 合肥：安徽教育出版社，2006.

［2］刘承华. 中国音乐的神韵［M］. 福州：福建人民出版社，2004.

# 政府门户网站公众关注度研究

吴谦　高平　屠金如

（北京信息科技大学　人文社科系）

**摘　要**　从公众关注度角度对政府网站建设过程中发现的问题进行讨论，以期找出问题的根源，促进我国政府门户网站的发展，促进我国电子政务事业的发展。

**关键词**　政府门户网站　公众关注度　根源

政府网站是各级人民政府及其部门在互联网上发布政务信息、提供在线服务、与公众互动交流的重要平台，对于政府及其部门依法行政、提高社会管理和公共服务水平、保障公众的知情权、参与权和监督权、加强政府自身建设和推进行政管理体制改革都具有重要意义。但现在的政府门户网站建设面临政府上了网、公众不上政府网的尴尬局面。公众关注度低已经成为当前政府门户网站建设维护中一个必须解决的重大问题。

政府门户网站的公众关注度是指社会中的个人、企业以及其他组织对政府门户网站的使用及关注程度。政府门户网站作为当地政府部门对外宣传的窗口、政务公开的主渠道和服务公众的网络平台，在展示政府形象、提高政府行政透明度、加强政府和公众沟通、促进当地社会经济发展等方面都发挥着重要作用。而公众作为政府门户网站的主要服务对象，他们对政府门户网站的接受和使用程度将直接影响政府门户网站的绩效水平，进而关系到国家电子政务工程实施的成败。因此，以科学的方法分析影响政府门户网站公众接受度的因素，并给出相应的推进策略，具有十分重要的意义。只有从根本上解决关注度问题，我国的政府网站建设才具有真正的现实意义，电子政务的建设成果才能真正体现，转变政府职能，建设服务型政府的理念才能真正落到实处。

## 一、研究思路

现阶段我国对政府门户网站建设、维护的研究多围绕"以用户为中心"、"建设服务型政府网站"的主题，针对网站所提供的服务，研究我国政府门户网站发展的现状、网站的内容及功能、发展趋势以及政府网站的绩效评估。另外，现阶段的研究多是针对全国政府门户网站的整体研究或中央及省市级政府网站的研究，对于县（区、市）级的研究较少。

应该说以公众的需求为中心进行政府门户网站的研究思路和评估标准是完全正确的，符合政府职能转变、建设服务型政府的趋势，同时也与政府门户网站建设的目的相吻合。但这样做带来的一个疑问就是政府门户网站的建设者真的完全了解公众的需求吗？从历年调查的公众关注度来看，答案并不容乐观。所以本文以公众对政府门户网站的需求为研究的出发点，以关注度最低的县（区、市）级政府门户网站为研究对象，首先明确公众登录县（区、市）级政府门户网站的各种需求，其次在满足公众需求的基础上分析县（区、市）级政府门户网站建设和维护使用的特殊性，探讨县（区、市）级政府门户网站公众关注度低的原因，并最终为县（区、市）级政府门户网站的进一步发展完善提出建议，力求建设一个公众关注度高的县（区、市）级政府门户网站。

## 二、公众需求分析

（1）公众需求分析的必要性。

在现阶段，虽然服务公众的理念被提到了十分重要的地位，但政府门户网站的建设者和维护者依然是各级政府部门，所以现阶段对政府门户网站的研究包括对政府门户网站的绩效评估都主要是从政府的角度进行的。这样的研究和实践对推进我国政府门户网站的建设是有积极意义的，但另一方面这样建设的政府门户网站也是存在缺点的。

首先，政府主导建设的政府门户网站不可避免地会使网站的功能由于部门界限、办事效率等原因过于呆板、专业化、行政化、程序化，不能兼顾浏览网页时的用户体验，建设者和研究者所关注的重点往往是网站功能设置的完备程度、是否符合有关规定以及用何标准可以规范政府门户网站的建设。这与网络的便捷快速等特点是背道而驰的，也给用户的使用带来了诸多不便。这样的网站久而久之必然会遭到公众的冷落。

其次，这样建设还容易造成政府有关部门重建设轻管理、只上网不更新的情况，致使许多部门的门户网站或其中的某些功能形同虚设，不仅不能服务公众，反而会抹黑政府部门的形象，同时还造成了资源的浪费。

于是我们得出结论：虽然政府门户网站的建设者和维护者是政府，但应该尽量降低政府部门对网站内容和功能的影响。政府门户网站不只是政府的网站，还应该成为公众的网站。与时俱进地了解公众的需求、满足公众的需求、服务社会的发展才是政府门户网站的主要任务。

基层是国家政权的基础，是政府公共服务的落脚点。基层政府门户网站建设与百姓的工作和生活休戚相关，也是整个电子政务的基石。县（区、市）级政府门户网站较其上级及中央级政府门户网站来说具有其特殊性，其建设的好坏，不仅直接影响到我国电子政务的整体发展水平，也直接决定我国电子政务的公共服务能力。建设政府门户网站的初衷在于实现以服务对象为中心，通过整合各种政务信息资源，丰富用户服务渠道，使用户更充分地享受电子政府带来的便利。而一个不能满足公众需求的政府门户网站的建设显然是违背这一初衷的，是没有成效的，只有彻底突破这一问题，我国的政府网站建设才具有真正的现实意义。因此，对县（区、市）级政府门户网站进行公众需求分析就显得十分必要。

（2）公众浏览政府门户网站的需求。

公众浏览政府门户网站的需求是指浏览者能够以一种方便、便捷、快速的方式得到其想要得到的服务。这其中包含了公众需求的两个重要方面，一个是政府门户网站所提供服务的数量及质量，包括信息的完整性、即时性，业务办理服务的可用性、全面性等特性；另一个是政府门户网站所提供服务的方便性、易用性、可操作性、趣味性等特性。两个方面缺一不可，只有这样才能准确全面地描述公众对政府门户网站的全部需求。

社会公众真正需要的县（区、市）级政府门户网站是一个这样的网站：

①网站功能完备。包括主动公开和已申请公开信息的深度和广度能否满

足公众信息查询的需要、在线办事功能和互动交流功能的可用性等。网站信息和服务功能的完整是感知有用性和感知易用性产生的前提。

②网站功能应用便捷。对于政府门户网站的浏览者来说，不仅希望其所浏览的网站功能齐全，能够满足本人全部的合理需求，还希望能够节约时间，尽可能便利地查找到所需的信息，完成需要办理的业务、得到希望的答复等。当政府门户网站的功能设计十分简捷、方便时，就会提高网站的感知易用性。

③页面设计。页面设计的风格、色彩搭配要协调，功能分块要有条理，整个页面排版要有特色，不能千篇一律。当页面设计给浏览者耳目一新的感觉时就会提高网站的感知有用性和感知易用性。

④对民生问题的关注。县（区、市）级政府门户网站直接面对的是广大的社会公众，着重关注民生，关注与人民群众切身相关的信息、事件，使社会公众能够获得更多的关于生产、生活的信息和服务，可以更好地服务社会，拉进政府与社会公众之间的联系，提高网站的感知有用性。

# 三、县（区、市）级政府门户网站在定位和功能设置上的特殊性分析

仅仅了解公众浏览政府门户网站的需求，还是不足以建设出一个公众关注度高的县（区、市）级政府门户网站，因为县（区、市）级政府门户网站还存在建设和维护的特殊性。所谓县（区、市）级政府门户网站建设的特殊性是指县（区、市）级政府门户网站建设维护过程中所面对的环境条件。这些环境条件是由网站的建设维护者和浏览者共同组成的。网站的这些特殊性也决定了这些网站在功能定位和设计上的特殊性。

（1）县（区、市）级政府门户网站在建设和维护过程中具有特殊性的根本原因。

县（区、市）级政府门户网站在建设和维护过程中具有特殊性的根本原因在于县（区、市）级政府门户网站的建设维护者的特殊性、浏览者的特殊性以及地域特殊性。

①网站建设维护者的特殊性。县（区、市）级政府门户网站的建设维护者是县（区、市）级政府与较高级别的政府部门相比，县（区、市）级政府主要有三方面的不同。一是政府所担负的职责和功能不同，二是存在着对政

府门户网站认识上的不同，三是存在着资金、技术、人员、设备等资源的配置方面的不同。

政府网站的职能根源于现实政府的职能。政府职能是指政府在国家和社会中所扮演的角色以及所应起的作用。而不同级别的政府由于所要面对的社会公众范围的不同，其政府职能也会有所不同，这也就决定了县（区、市）级政府门户网站在服务功能设计上的不同。

在县（区、市）级政府内部，有的部门领导没有把网站建设作为一项重要工作来抓，认为网站建设纯粹是务虚，做不做无关紧要，只要把其他重要工作抓好就行；有些单位表面上重视，也成立相关机构，也成立网站，也下发文件要加强网站建设，但平时从不过问，任由网站"荒芜"；一些领导和机关干部习惯于传统的办事程序和办事方式，对网上办公、电子政务有抵触和畏难情绪，不能把本职工作和网站建设结合起来。这些问题都是影响县（区、市）级政府门户网站建设的巨大阻碍，也是在今后的工作中需要解决的重大问题。

另外，作为县（区、市）级政府门户网站特别是偏远地区的县（区、市）级政府门户网站，由于没有充足的资金和相应的技术，致使门户网站的一些功能形同虚设，门户网站的及时更新更无从谈起。各种硬件设施以及人员的配置问题确实是摆在这些政府机关及其部门面前的一个非常现实的问题。

②网站浏览者的特殊性。县（区、市）级政府门户网站所面对的浏览者绝大多数市所辖区域内的居民、企业及其他组织，这些浏览者的需求往往比较具体，如查询某条具体信息、办理某项具体事务等。相对于其他级别较高的政府门户网站的浏览者来说，这些浏览者的目的性更强，而所关注的事件更小，同时这些浏览者的文化程度不等，对网络这种新型的传播媒体的接受程度各异，这就对县（区、市）级政府门户网站的设计提出了一些诸如信息查询更简便、在线办事更方便、互动交流更灵便，同时重视网站后期的宣传工作等特殊的要求。

（2）县（区、市）级政府门户网站定位及功能的特殊性。

由于网站建设者维护者以及浏览者的不同，县（区、市）级政府门户网站的网站定位及功能也与较高级政府网站有所不同。

对于一个国家级的政府门户网站来说，其网站定位应该是服务全国人民，为全国上下的所有个人和组织提供一个与政府沟通交流的平台，甚至还要成为在国际上展示本国政治、经济、社会、文化等各个方面的平台。但对于一个县（区、市）级政府门户网站来说，由于它服务的范围仅是本辖区，所以它应该定位为信息传播的网络平台、公共服务的网络平台、汇集民意反映民生互动交流的网络平台、政务公开的公众监督平台、地方优势和特色宣传的网络载体招商引资和吸引旅游的网络平台等。

基于县（区、市）级政府网站的定位，其功能应包括：

①政府信息公开功能。本项功能服务的对象主要是本辖区内的公众，主要是在本辖区范围内进行舆论宣传和政府信息发布，目的是引导社会舆论，同时保证公众的知情权、监督权。

②在线办事功能。本项功能服务的对象也主要是本辖区内的公众，主要作用是利用网络打破时间和空间的限制，方便公众进行各种与政府有关的事件的办理。

③公众交流功能。本项功能服务的对象也是本辖区内的公众，是在政府和公众之间搭建一个互动交流的平台，使政府可以倾听民意、获得政策反馈信息，使公众可以反映问题、监督政府工作，拉近政府与公众的距离。

④对外宣传功能。本项功能主要面对的是辖区外的公众。让辖区外的公众了解本辖区内的社会经济发展状况，吸引外地公众来本辖区旅游、定居、投资，促进当地经济发展。

⑤促进社会经济发展功能。本项功能主要面对的是本辖区内的企业和组织。主要是通过发布各种前沿信息、提供细致周到的服务来方便企业生产和组织运作，促进当地经济的发展。

⑥关注民生、服务生活的功能。该功能主要面向的是本辖区内的居民，主要是提供各种生活信息、服务，方便当地居民。

## 四、县(区、市)级政府门户网站公众关注度低的原因

县（区、市）级政府门户网站公众关注度低的原因：一是公众的需求没有真正满足，二是网站建设维护中的特殊性中所包含的弊端没能很好克服，包含的问题没能很好地解决。另外，各级政府部门在网站建设好后的公众宣传方面也存在问题。具体来讲，有以下几点：

（1）网站的功能不能满足社会公众的需要。主要问题是网站功能弱，互动性差。打开各政府部门的网站，会发现不少网站信息数量少，更新不及时，有的甚至是几个月前更新的内容，有人概括为"三多"现象，即"空站"多、"老站"多、"死站"多。具体表现为"三不"，即建设"不合格"、更新"不及时"、资讯"不完备"。建站时热热闹闹，但是缺少管理，面目陈旧，很快大众就对这些网站失去了信任，于是网站无人问津。有的政府部门网站上设立的网上服务只是徒有形式，实际的业务处理还要在网下进行，与公众的需要还有很大差距，网上申报、网上招标、网上审批的"一站式"服务也有待进一步加强。这三方面功能的不足显然在网站的感知有用性方面有很大的负面影响，从而也大大影响了公众关注度的提高。

（2）网站功能的实现方式不直观方便。首先是栏目安排混乱，信息冗余现象严重。有时候浏览者为了获取某些信息往往要"费尽心机"，致使浏览者望而却步，从而转向其他渠道。其次是网站前台页面设计没有遵循 3C 原则，即简洁、一致性、好的对比度。简洁原则是指用一种更单纯、清晰和精确的方式表达出网页的内容、主题和意念，这样的设计能给浏览者留下一个深刻的印象；一致性主要表现在页面的色彩搭配、留白设计、网页元素及整个站点设计风格上一致，是体现网页独特风格的重要手段之一。对比度是指在一致性的基础上，突出重点内容、链接的程度，好的对比度使内容更易于辨认和接受。同时政府门户网站对民生热点的关注出现了表面化趋势，只是从民生栏目设置上下工夫，不能从深层次、从实际上为公众提供必要的信息，提供必要的服务。

（3）对政府门户网站的宣传工作也在很大程度上影响关注度，而这正是许多政府及其部门忽视的问题。虽然政府及其部门将各自的门户网站放到了网络上向社会公众开放，但却没有让公众知晓这一网站的存在、网站可以实现的功能以及公众利用此网站所得到的便利，这样的结果只能是政府门户网站无人问津、形同虚设。所以政府应该借助电视、报纸等媒体以及各种活动来宣传自己的网站，真正让政府门户网站走进社会公众的工作生活中。

## 五、结束语

只有取得社会公众的普遍关注，政府门户网站才能起到应有的作用。县

（区、市）级政府门户网站在定位和功能设置上具有特殊性，这种特殊性在很大程度上是由这些网站所面对的公众的需求决定的，对公众需求的研究是提高政府门户网站公众关注度的必由之路。令人欣慰的是，现在已经有很多政府部门开始了探索，相信在不久的将来，我国的地方政府门户网站特别是关注度低的县（区、市）级政府门户网站可以打破这一瓶颈。

## 参考文献

［1］李康华. 地方政府门户网站建设研究［D］. 吉林：吉林大学，2008.

［2］刘金荣. 地方政府门户网站公众接受度及推进策略实证研究［J］. 情报杂志，2011（4）.

［3］唐茹. 对加强地方政府部门网站建设的几点思考［J］. 华章，2010（31）.

第四部分　教学管理改革

# 高校教学管理创新的思考

刘建兰

（北京信息科技大学 人文社科系）

**摘 要** 本文认为原有的高校教学管理是在以工厂化生产方式占主导地位的物质生产方式、计划经济以及高校在实质上被纳入行政管理的现实的基础上形成的，今天高校教学管理的基础已经发生并正在发生深刻的变化，高校教学管理必须创新。高校教学管理创新必须从教学管理理念的创新、教学管理体制的创新、教学管理制度的创新和创新教学管理的环境等多方面入手。

**关键词** 高校 教学管理 创新

教学工作是高等学校的中心工作，教学管理是高等学校教学工作的重要组成部分。教学管理工作的好坏直接影响着高等学校的教学水平、教学质量以及学校的效益和发展。随着我国社会的快速发展以及高等教育的大众化，原有的高等学校教学管理体制已经远远不能适应和满足社会发展对高等学校教学工作的要求。高等学校教学管理工作的创新，已经成为高校发展迫切需要解决的重要问题。故此，人们都在纷纷探索高校教学管理的创新问题。笔者亦就该问题作了一些思考，现就高校教学管理创新策略或途径提出以下看法并就教于各位。

## 一、创新教学管理理念

教学管理理念是教学管理的前提和基础。大学的社会功能要求大学必须具备先进的教学管理理念，并以此为前提开展卓有成效的教学管理，从而履行其启迪智慧、探索真理、发展科学、传递文化、造就人才、服务社会的职责和使命。离开了先进的教学管理理念的指导，大学的教学管理就可能走向盲目和低效，大学也就难以全面履行其所承担的职责和使命。在相当一个时期内，以工厂化生产方式占主导地位的物质生产方式、计划经济以及高校在实质上被纳入行政管理的现实，在很大程度上影响了大学教学管理的理念，使得本该以人为本的教学管理理念迟迟未能在大学教学管理中居于应有的地位，严重影响了大学教学管理体系的建设。随着新技术革命的逐渐深入发展，原有的以工厂化生产方式占主导地位的物质生产方式已经并正在发生深刻的变化，计划经济已经为市场经济所取代，大学去行政化的呼声日渐高涨，大学教学管理创新的任务已经提上了议事日程。实现高等学校教学管理创新，首先就要革除工业化社会之初以工厂化的生产方式为模本的教学管理理念，创新教学管理理念，构建以人为本为基础的高校教学管理理念，坚持以教师为本和以学生为本，在教学管理中充分调动教师的积极性和主动性，充分发挥教师的主导作用，使之真正成为教学和教改的主人；教学管理要树立以学生为中心的教学理念，建立以学生为主体的教学体制，充分尊重学生学习的主体地位，充分发挥学生的主动性、创造性，使每个学生都能成为具有特色和特长的创新人才。

## 二、创新教学管理体制

教学管理的组织体制是教学管理的重要载体。教学管理组织体制的设置得当与否，直接关系到教学管理的运行和成效。以往高校的组织体制是在长期计划经济的基础之上偏重行政管理的体系。故而其教学管理的组织体制在学校主要分为校系两级。近来随着校内组织体制的调整，大体分为校院两级。从组织体制来看，学院的组建可以减少学校统一管理的局限性，增强教学管理的实效性。然而，由于计划经济的长期影响和学校的行政化倾向，以及教学管理意识的局限，教学管理制度的不健全，使得相当一部分高校的教学管理权力以及教学中的各种资源的支配主要集中在学校一级，院系只停留在完成日常教学及日常的教学管理事务上，始终难以成为教学管理的主体。二级管理体制多流于形式，造成了校级教学管理部门工作的超负荷和学院教学管理工作质量难以提高的惰性。因此，创新教学管理体制，最关键的就是进一步明确学校和院系的责权利，建立科学、严谨、规范、高效的教学管理体制，努力使教学管理重心下移，让院系真正成为教学管理的主体。已经实行两级管理体制的学校，要进一步明确学校与院系之间的管理权限的分工。要科学地界定校级管理部门和学院的教学管理功能，校级管理部门要将直接管理转变为宏观调控，发挥监控及评估的重要作用。校级管理部门应立足于教学管理活动的中枢地位，将工作重点界定于人才培养质量标准和教学活动规范的制定上，对二级学院教学运作过程予以监控和协调，并对其教学条件的需求予以服务和保障；行使制定目标、监控评估、教学研究、资源调控和外部协调的功能；将主要精力置于全局性、综合性的教学管理工作上，而不是具体的教学管理上。学校教学主管部门要切实发挥二级学院的办学积极性，为其赋予更多的教学管理权限，使二级学院能够在自主管理的条件下，建设符合其实际情况和人才培养特色的办学环境；致力于本单位教学管理规划和特色型培养目标的制定；增强日常教学管理和常规性教育教学改革建设的实效性；科学调配教学资源，并充分发挥其效能。学校教务管理职能部门要走出微观管理、过程管理、事务管理的误区，强化宏观性、导向性、智囊型、服务型职能。要精兵简政，做好自己的事，而不是动不动就要求院系写汇报交总结，使院系整天围绕学校教务行政管理部门转，无法行使自己的职责，无法从事自己的管理工作。否则院系的分工仍然是一句空话，教学管理重心依然无法下移，院系依然是被动的执行者，院系自我发展的运行机制依然无法形成，更谈不上激发教师参与教学管理的积极性和发挥教师的民主参与作用。

## 三、创新教学管理制度

教学管理制度是教学管理的核心，是教学管理工作的尺度和标准。教学管理制度应当科学、合理、合情、适应时代的要求、符合学校的客观实际。我国高校的教学管理在制度建设上下了不少工夫，许多高校的教学管理制度也都有许多优点和长处，对高校教学的规范和教学秩序的稳定起了非常重要的作用，但也存在着严重的缺陷和不足。其中最主要的就是在长期的计划经济和行政管理的影响下，高校教学管理制度建设过于刚性，过于侧重管制，教学管理制度的各项规定过多、过细、过繁、过滥，缺乏相应的弹性和引导。面对刚性教学管理制度的严格约束，教学计划、教学内容、教学秩序、考试方式、考试成绩评定、教学质量评估日趋划一、呆板僵硬；作为学校主体的教师突破教学程式、改革教学方法、更新教学手段的积极性常被压抑；学生探索创新、发展个性的自由空间常遭封闭，教学活动缺乏活力。在这种约束机制下，师生有一种被"管束"的感觉和失落情绪，多数人实际上采取了谨慎、消极甚至抵触的态度，使管理效果明显打了折扣。更有甚者，统得太死、管得太严、压得太重的教学管理制度，因其越出了合理、合情和科学的界限而走向了反面，以致制度本身合理和科学的部分也常常得不到教师和学生的支持和遵守。面对这种情况，一些高校的领导在实际上遵循的是所谓的"不出事"的逻辑，不敢或不愿按照教学管理制度处罚一些平时过于出格的"刺头"，一些肆意违反制度的人和事常常被大事化小、小事化了。制度成了对付老实人的紧箍咒。

显然，要彻底矫正上述缺陷和不足，就必须以弹性管理为切入点，积极创新教学管理制度。首先要在教学管理上，改变教学计划一体化、教学过程同步化、教学方法单一化、教材使用一本化的倾向，按照教学有法教无定法的原则，允许和支持教师自主地选择能有效地提高学生素质和能力的教学方法。其次要在考试管理上，允许和支持教师按照能力导向变革考试内容和考试方法，提高考核的信度和效度，以考核为杠杆促进学生素质和能力的提高。第三要在学习管理上，允许和支持学生在教师引导的基础上按照自身水平和基础，自行安排学习进度。允许学生在修完专业核心课和专业基础课之后，自主选择感兴趣的课程，甚至允许学生自修一些课程，直接参加考试。设立奖励学分，对学科竞赛、科学研究、科研发明、社会实践中表现优秀的学生，给予学分奖励，推动学生广泛深入地开展自主学习和主动学习。第四要在教师教学评价管理上，建立以知识信息、技能、思维素质和创造性等评价指标为内容的教学质量和学生评价体系。对教师的评价要着眼于是否把发挥学生的主动精神放在首位，是否激起了学生学习兴趣，是否有助于学生掌握学习策略、研究方法，是否有助于培养学生的能力。

总之，在高校管理制度的创新上，我们要做的事情很多，有许多问题还处在研究阶段，有待提炼和升华并形成制度。但我们也应当注意，制度不是万能的，高校的教学和学习在本质上都是创新性的，如果我们试图通过教学管理制度把教师怎么教、学生怎么学从原则到具体实施都规定得清清楚楚，要求教师和学生完全按照琐细的规定规规矩矩地照办，那么我们的创新也会走向反面，也会扼杀创造性的教学和学习。

## 四、创新教学管理校园环境

教学管理是一项系统工程，教学管理创新更是一项系统工程，而且是一项更为复杂和艰巨的系统工程。正如任何一个系统不能离开环境而生存和发展一样，作为系统工程的教学管理创新同样不能离开环境而生存和发展。因此，高校教学管理创新必须营造一个适宜高校教学管理创新的校园环境。否则，高校教学管理创新只是一句口号、一句时髦的用语。当然，高校教学管理创新的环境建设也很复杂和艰巨，也不是一蹴而就的。从当前的情况看，首先应从以下几个方面入手：一是建立适合高校的选人用人机制。教学的关键在人才，人才的作用比资金、设备和其他工作条件都重要。因此，首先就要创新选人用人机制，必须以人为本，建立起有利于人才脱颖而出的用人机制；必须从整体上达到尊重知识、尊重人才的要求，核心就是选贤任能的聘任制。这种聘任制应该是彻底做到评聘分开、科学设岗、按岗位聘人、按岗位职责考核、按岗位付酬，真正地聘任选拔优秀人才，鼓励优秀人才各尽其责、尽其所能。在这个问题上尤其要注意我们所讲的高校优秀人才的评价标准应当与其他行业的有所不同，因为教师担负着教育人的职责，必须为人师表。做不到为人师表者，不能为师，只能到其他领域供职。同时应注意，我们所说的优秀人才必须是可用之才和能用之才的结合。否则，就不能称之为才。要通过真正实施合同制，把选人用人的视野和范围扩大到全社会，形成一种良性的人才流动机制，不断提高教师队伍的素质和水平。

其次，要努力营造一个能充分展现才华和发挥创造能力的环境氛围，以便充分发挥教师的创造能力。只有有了创造能力的教师，才可能培养具有创新能力的学生，学校教育质量的提高才会有所保证。因此要造就自主性强、并且有创新思维和能力的人，就要营造一个"以人为本"的教学管理氛围，充分开发人的潜能，尊重人的个性，提高人的素质，使学生的知识、能力、素质能协调发展。我们现在存在的最大问题就在于政府部门、教育管理机构常常从自己的一己之见出发，凭借手中的权力、资金编制一个又一个项目，要求学校教师申报一个又一个项目，试图引导或者说指挥教师这样干，而不是那样干。坦率地说，这样的做法，其本身就是与教学管理的创新背道而驰的，因而也不能实现高校教学的创新。

其三，要建立并不断发展有利于教学管理创新的校园文化，鼓励创新、鼓励拔尖向上、鼓励竞争合作、鼓励出人才出成果；鼓励广大教师开展学术争鸣和探索，促使大家开展教学成果和学术交流；要逐步推行课程招标、教师竞争任课、挂牌上课、学生自主选择任课教师，个别课程还可安排"指导教师小组"去替代"任课教师"的传统做法，鼓励教学质量高的教师多承担教学工作；要把培养的学生有无创新精神和创新能力作为判断一名教师、一所学校教育质量和水平的重要标准之一，要把教学工作质量作为教师职务聘任的重要依据。改变教师职务聘任只重科研论文，忽视或对教学工作质量重视不够的现状。

## 参考文献

[1] 李雯. 试论高校教育管理的创新 [J]. 武汉大学学报（人文科学版），2004（2）.

[2] 钱厚斌. 浅论高校教学管理创新 [J]. 创新论坛，2007（2）.

[3] 王蓉蓉. 浅析高等教育管理的创新 [J]. 中国科教创新导刊，2009（7）.

[4] 霍德茹. 浅论如何推进教学管理创新 [J]. 北京理工大学学报（社科版），2007（4）.

[5] 谈晓曙. 论高校教学管理创新 [J]. 华中农业大学学报（社会科学版），2006（5）.

[6] 张向军. 创造性人才培养与高校教学管理创新 [J]. 文教资料，2005（29）.

# 思想先行　规划先行
## ——院系教学秘书工作创新刍议

郭　旸

（北京信息科技大学人文社会科学系）

**摘　要**　高校教学管理工作中，院系教学秘书是一个不可或缺的岗位。院系教学秘书的工作具有助手参谋作用、组织协调作用和服务保障作用。院系教学秘书大多具有较强的责任感和使命感，然而工作中也存在主动参与意识不足、科研能力不强等问题。要创造性地开展工作，必须做好提高认识、做好规划、不懈学习和强化协调等四个方面的工作。

**关键词**　高校教学管理　院系教学秘书　创新

高校的中心任务是培养人才。高校各项管理工作中，直接为培养人才服务的教学管理是重中之重。高校教学管理工作由学校和院系两个层次的教学管理体系协作配合完成，包括主管教学的校领导、学校教务处、院系教学领导、教学秘书和教师等不同角色、不同层次的管理者。

在这个教学管理体系中，作为基层管理者的院系教学秘书，是不可或缺的一个重要环节。院系教学秘书工作中，既有承担常规性的日常管理工作，又有处理一些突发性的教学情况。一个个周而复始的学期中，面临着大大小小的繁多事务，很多情况下，若干事务交错进行，齐头并进。

在这看似"被动"和程序化的工作中，如何发挥院系教学秘书的主观能动性，创新性地完成教学管理工作，这是一个引人深思的问题。本文将从院系教学秘书工作的定位、现状分析、创新思路等三个方面，论述院系教学秘书如何创新性地开展工作。

## 一、院系教学秘书工作的定位

作为高校教学管理的基层人员，院系教学秘书工作既面向学校教务处、院系教学领导，又面向院系全体教师和学生。在学校与院系之间，学院与学院之间，教师之间，以及教师和学生之间，院系教学秘书起着桥梁和纽带作用，上令下达，下情上达，承上启下，协调左右，沟通信息，改善关系，组织安排，各方协调。

日常工作中，院系教学秘书全方位服务于师生，与教学相关的一系列活动都与教学秘书息息相关。院系教学秘书的工作有力地支撑和保证着上课、实验、实习、毕业论文等各项教学活动的有序进行。同时，院系教学秘书在贯彻国家教育方针、稳定教学秩序、提高教学效率、保证教学质量、培养全面发展的合格人才等方面，也起着重要的作用。如果教学秘书工作出现闪失，就可能产生信息不能及时反馈、部门之间工作不协调等混乱现象。

院系教学秘书的工作范围宽广，涉及事务繁杂琐碎，其作用可以总结为如下三个方面。

（1）对教学领导而言，起着助手和参谋的作用。

院系教学秘书是教学领导的得力助手，协助教学领导完成培养计划和学期教学计划的制定与实施、落实与检查、评价与改进等很多具体事务。同时，院系教学秘书还应该是教学领导的重要参谋。

（2）对教学过程而言，起着组织协调的作用。

在教学管理过程中，教学秘书负责组织、落实各项教学工作。教学主管领导的工作一般是决策性、全局性、统筹性的，而面向广大师生的、具体的工作则由教学秘书直接管理和落实。同时，教学秘书也是教师、学生和教学职能部门之间的纽带和桥梁，具有上传下达、协调左右、沟通信息、改善关系、互通情况、合理统筹的作用，其协调职能发挥得好坏对院系的教学活动会产生直接影响。

（3）对教师和学生而言，起着服务保障的作用。

管理就是服务。在教学管理中，教学秘书扮演的是"服务教学、服务教师、服务学生"的角色，和处在第一线的教师及教学的主体——学生，都有密切、直接的联系。加强与教师、学生的沟通，主动为广大师生着想，及时反馈教学信息，切实做好本职工作，真正把服务落实于各项教学管理工作中，为日常教学活动的顺利进行保驾护航，这是院系教学秘书工作的重要内容。

## 二、院系教学秘书工作现状分析

与院系其他岗位相比，由于工作待遇、进修机会、职称评定、评先评优等方面或多或少地遭到忽视，教学秘书对岗位的荣誉感和成就感普遍不尽如人意。尽管如此，基于岗位的不可或缺性，大多数院系教学秘书仍然具有很强的责任感和使命感，兢兢业业、不遗余力地为教师和学生当绿叶、做助手，有效地维护和保障了教学秩序的正常运转。目前院系教学秘书工作中存在的问题有以下几点。

（1）主动参与意识不足，科学预见性和创新性差。

院系教学秘书是高校教学工作一线的组织者和管理者，工作千头万绪，任务繁多，有极强的时间性，不容拖延和马虎。院系教学秘书在高校的整个教学管理中处于纽带桥梁位置，上听命于学校教务处和学院领导，下服务于广大师生。基于以上两点，院系教学秘书常常处于各种具体事务的"纠缠"之中，习惯于按照领导的指示和文件精神处理问题，习惯于按照经验办事。院系教学秘书在工作中主动参与的意识不足，并且科学预见的积极性和能力不足。

（2）院系教学秘书队伍流动性强，队伍不稳定。

在高校教学中，人们往往对教学秘书的工作缺乏正确的认识和评价，轻视或忽视教学秘书在高校教学管理中所发挥的作用。教学秘书工作长期任务重、责任大、难度高，付出的劳动却得不到尊重和理解，取得的成绩得不到公正的评价和认可。因而教学秘书的工作积极性不高，思想压力大，精神负担重，不安心于教学秘书的工作岗位，有的转向了待遇相对好、工作相对轻松的岗位。院系教学秘书的队伍由于流动性强而呈现不稳定的状态，不利于教学管理工作效能的提高。

（3）院系教学秘书缺乏培训和提高机会。

长期以来，院系教学秘书接受培训、参加进修和交流的机会很少，而且很不系统、不正规。由于无法接受到完整、系统的培训和常规性的继续教育，院系教学秘书知识更新严重不足，知识的储备和积累远远不够，现代信息意识薄弱。管理者知识陈旧、视野狭窄，这大大制约了他们教学管理能力和科研能力的提高，使他们适应不了新时期高校发展的需要。

（4）科研能力不强。

由于工作性质、职业前途等原因，院系教学秘书的工作一般是"兵来将挡，水来土掩"，保证"不掉链子"。他们按照教学周期、领导安排和有关文件精神，认真地完成一件件事情，解决一个个问题，推动和确保教学工作各个环节的有序进行。这其中体现了他们的责任心和使命感，是应予肯定的。但是，从更高层次的要求来看，院系教学秘书"敏于行"而惰于思，缺乏对教学管理的理论知识和有关实际事务、问题的学习、钻研和思考。教学秘书研究问题和进行科研的能力亟待提高。

## 三、院系教学秘书创新性工作的思路

综上所述，院系教学秘书的工作很重要，但是又面临着许多尴尬而无奈的现状。在此情况下，是有所为，还是不为？如何创新性地开展教学管理工作，提高教学管理的效益？如何重新认识院系教学秘书这繁忙而平凡的工作？如何在日复一日的常规工作中变被动为主动，平凡之中创出亮点？笔者认为以下四点可以作为院系教学秘书创新性地开展工作的切入点。

（1）提高认识：理性、客观、全面地认识岗位职责。

教学秘书工作本身主要是一个实务性的工作，工作权限主要来自于学校的规章制度。所谓的"权力"行使，应建立在规章制度所赋予教学秘书这个岗位具有的相应的行为能力上。教学秘书在实务工作中应该明确区分工作的归属，对于这个岗位没有权限操作的工作要尽快明确该工作的归属，使其正确、迅速地得以处理。没有规矩，不成方圆。只有遵守了规矩，工作才能更有效率。创新不是违规和"和泥"，而是要有章有法，唯有如此才能有效有序。承担了工作职责以外的工作不仅仅不会使该工作得到正确的解决，也不能承担起相应的责任。

（2）做好规划：规划先行，不被事务"拖"着走。

院系教学秘书应熟知教学规律，在教学活动实施前准备就绪，实施中讲求效率，不做无效劳动，不做重复工作，争取教学资源的有效配置和教学效应的最佳发挥。院系教学秘书的工作不仅是执行，更要做好设计。虽然是做着同样的事情，但如果能思想先行，规划先行，不被事务"拖"着走，而是以自己的知识和智慧"带"着事务走，就能事半功倍。设计的前提是深入地了解和掌握。了解了教学运行的全程，掌握了教学管理的规律和章法，教学秘书就能够做好具体工作的设计，也能做好自己职业发展的设计。同时，教学秘书应及时总结工作中的得与失，成与败，学习和养成做好工作记录的习惯，自我考评，勤奋思考，及时修正。

（3）不懈学习：不断更新和扩大知识储备，争当教学管理工作的排头兵。

目前院系教学管理工作都实现了办公自动化，各种文档的整理、归档通常要利用 excel、word 等办公软件来处理，院系教学秘书必须能够熟练运用文字处理、数据库、教学管理系统、网上办公系统来快速处理各种事务。

院系教学秘书的工作涉及面广，综合性强，不仅要了解教学管理的专业知识，还需熟悉本院系开设专业的基本情况和一定的专业知识，如各专业的教学计划的培养目标、主要课程内容、课程设置原则等。

院系教学秘书承上启下，面对各方面的问题，必须懂得一定的高校教学管理的规律，懂得学籍管理规定等规章。

各种新思想、新技术、新手段不断涌现，院系教学秘书必须知晓教育教学管理的现状和前沿动态，反思自己的工作，把新知新识用于实际工作。

诸如以上种种，对院系教学秘书提出了巨大的挑战。21 世纪是教育和学习的时代。院系教学秘书须充分认识到提高业务素质感的紧迫感，以"学无止境"的学习精神，不断更新知识和扩大自己的知识储备。勤于学习和善于学习是做好院系教学秘书工作的必备条件。只有爱学习，勤思考，肯钻研，才能做好高校管理工作的排头兵。

（4）强化协调：坚持原则，求同存异，共同打造和维护良好教学秩序。

作为教学管理中的重要枢纽和桥梁中介，院系教学秘书须具备高度的协调能力。在安排教学任务时，要统筹兼顾，反复核对，仔细检查。实践证明，任何一个环节稍有疏忽，就会造成教学混乱，进而严重影响教学秩序。在教学计划完成的过程中，要随时提醒各位老师做好教学时间安排。对个别教师特殊情况下的调课、停课，要及时与学生核实上课时间。对重修自修学生，要适时与任课老师明确和沟通。此外，院系也是一个小社会，每位教师的性格、爱好、教学风格、学术造诣、特长等都不尽相同，每个学生的学习状况、家庭背景、性格特点等情况也千差万别，因此教学秘书的工作虽然繁琐平凡，但也不能因此而忽视处理问题和解决问题的方式。遇上棘手问题时，教学秘书要善于听取不同意见，力求在坚持原则和尊重他人的基础上，求同存异，共同打造和维护良好的教学秩序。

总之，院系教学秘书的工作虽然不起眼，但也只有在深入认识岗位性质、主动做好设计规划、不断提高工作能力、有效构建和谐人脉的基础上，才能起好桥梁和纽带作用，才能出新意，上水平，求发展。

## 参考文献

［1］曹爱平. 关于加强高校系（部）教学管理工作的几点思考［J］. 山东教育学院学报，2003（1）.

［2］段玉玲. 重视高校教学秘书工作，加强教学管理［D］. 高教论坛，2004（4）：151-152.

［3］胡黎明 童兆坤：加强高校二级院系教学管理的思考［J］. 当代经济，2009（2）.

# 后　记

　　摆在读者面前的是一本教学研究论文集。论文集的作者们是北京信息科技大学从事人文社会科学教学的教师。论文集则是教师们在近一两年开展人文社会科学教学研究中取得的部分研究成果。作者们之所以在承担和完成繁重的教学和科研任务的同时，积极从事人文社会科学教学研究，乃是他们深切地认识到：教学研究是更新教育理念、优化教学过程、促进教学工作与时俱进，不断提高教学质量的重要措施。正是基于这样的认识，他们多年来坚持教学研究，从人才培养模式、课程体系、教学内容、教学方法、考试方式等方面开展教学改革，并将其研究成果运用于教学实践中，努力为国家培养合格的高级专门人才，为祖国的强盛、中华的崛起贡献自己的力量。他们的努力，也从一个侧面反映了中国的人文社会科学教育正在努力向前。

　　由于本书的作者是从事人文社科教学的众多教师，本书是集体努力的结果，本书的主编取名为郑文，不是指某一个具体的人，其中的"郑"实际上是从事政治理论教育的"政"的谐音，"文"则是从事人文社科专业教学的简称。参加本书统稿工作的有刘建兰、杨成虎、曾毅红三人。

　　本书的责任编辑张水华女士为本书的出版做了大量的工作。她对工作的认真负责赢得了大家的一致认可和敬佩。她对工作的精益求精，为本书增色不少。在此，谨表谢意。

编　者

2012 年 8 月